古代歷史文化研究輯刊

十五編

王明蓀 主編

第8冊

魏晉南北朝史事考釋（上）

李文才 著

國家圖書館出版品預行編目資料

魏晉南北朝史事考釋（上）／李文才 著 — 初版 — 新北市：
花木蘭文化出版社，2016〔民 105〕
目 4+216 面；19×26 公分
（古代歷史文化研究輯刊 十五編；第 8 冊）
ISBN 978-986-404-605-8（精裝）
1. 魏晉南北朝史 2. 史學評論
618   105002218

ISBN-978-986-404-605-8

古代歷史文化研究輯刊
十五編　第 八 冊　　　　　ISBN：978-986-404-605-8

魏晉南北朝史事考釋（上）

作　　者	李文才	
主　　編	王明蓀	
總 編 輯	杜潔祥	
副總編輯	楊嘉樂	
編　　輯	許郁翎	
出　　版	花木蘭文化出版社	
社　　長	高小娟	
聯絡地址	235 新北市中和區中安街七二號十三樓	
	電話：02-2923-1455／傳眞：02-2923-1452	
網　　址	http://www.huamulan.tw 信箱 hml810518@gmail.com	
印　　刷	普羅文化出版廣告事業	
初　　版	2016 年 3 月	
全書字數	597026 字	
定　　價	十五編 23 冊（精裝）台幣 45,000 元	

魏晉南北朝史事考釋（上）

李文才　著

作者簡介

李文才，男，1969 年生，江蘇東海人，歷史學博士，揚州大學社會發展學院教授，從事魏晉南北朝隋唐史研究。1988～1998 年，先後就讀於揚州師範學院、陝西師範大學、北京師範大學，分別獲歷史學學士、碩士、博士學位。迄今在《中國史研究》、《民族研究》、《文史》、《漢學研究》（臺）、《慶州史學》（韓）等刊物發表論文近九十篇，出版《南北朝時期益梁政區研究》（商務印書館，2002）、《魏晉南北朝隋唐政治與文化論稿》（世界知識出版社，2006）、《兩晉南北朝十二講》（中國國際廣播出版社，2009）、《李栖筠及其政治生涯》（社會科學文獻出版社，2011）、《隋唐政治與文化研究論文集》（花木蘭文化出版社，2015）等著作。

提　要

　　魏晉南北朝乃是中國古代一系列典章制度從發展到完善的重要過渡時期，也是社會、政治、經濟、軍事、民族、文化各個領域發生重大變動的時代，研究魏晉南北朝史，有助於梳理、把握中華歷史發展的脈絡。本書所收論文 26 篇（包括《代序》），涉及魏晉南北朝政治、軍事、制度、文化、民族等多個方面，冀於魏晉南北朝史研究的進一步展開有所裨益。

　　《代序》一文，從四個方面概括了魏晉南北朝的時代特色。以中書機構、太子舍人爲題二文，係官制史研究內容，重在考察魏晉之際的變化。以秘書、著作官及出版機構爲論題之五文，從官制角度剖析魏晉南北朝圖書編撰出版機構，揭示圖書業發展的概況、原因及特點。以「中堂」、太極東堂、華林園爲題三文，雖屬歷史地理範疇，但重在考察其與現實政治之關係，以言建康「中堂」，不僅爲東晉南朝首都軍事防衛之重心所在，亦與多項政治活動密切相關；太極東堂則爲魏晉南北朝各代政治活動的重要場所之一，對十六國政權尤爲重要，係其中央最高決策之主要場所；建康華林園不僅爲魏晉南北朝時代皇家園林之傑出代表，且在政治化的程度上最高，與南朝的政治運作存在著極爲密切的關聯。《宋明帝安排輔政格局及其破壞》、《南齊政權的建立與淮陰》爲南朝政治史專題論文，前者以宋末中樞政局及其變化爲論述重點；後者從地緣政治的角度，分析蕭道成賴以建立南齊政權的根據。渤海封氏、楊播家族二文，係對北朝世家大族的個案研究，前者重點考察渤海封氏與慕容鮮卑的關係；後者則全面、深入地考論楊播家族在北魏，乃至整個北朝的興衰沉浮。以太史令、漢趙決策制度爲題二文，係十六國政治史專題研究，圍繞中央決策制度爲核心展開。以赫連氏爲題三文，系統考述赫連氏族屬、官制以及統萬城的歷史地位。北齊史三題，要在闡述文宣帝之用人、事功、器識及渤海高氏之家族氣質。佛教史二文，前者重點闡述巴蜀地區佛教發展的獨有特色；後者意在揭示佛教傳播對其時圖書事業的促進作用。尒朱氏一文，以尒朱氏興衰爲切入點，從政治、文化的層面剖析北朝末年的胡化與漢化之爭。

目

次

謹以此書向業師黎虎先生八十華誕致慶！
敬祝恩師福體康寧，壽比南山！

亂世流離：魏晉南北朝的時代特色
（代序）

　　在中國的歷史長河中，魏晉南北朝可謂頭緒最為紛繁的時期，近四百年的歷史階段，所留給人們的印象，可以用一個字來概括，那就是——「亂」。

　　「亂」並非後人對這段歷史的總結，而是那個時代人們的切身體驗。據《北齊書》記載，北齊王朝的奠基者高歡為考察兒子們的志向，曾舉行過一次很有意思的測試，用於測試的東西非常普通，一團亂麻——古代中國人最為熟悉的一種紡織原料。測試的要求也很簡單，就是要他們用最簡潔的方法在最短時間裏，把這團亂麻理出頭緒。大凡比賽或測試，結果只能有一個人勝出，那麼，是誰贏得了這次比賽呢？他就是後來的北齊王朝的建立者——北齊文宣帝高洋，那個總是口水鼻涕橫流、總是被兄弟們輕視的二王子。高洋又是如何獲勝的呢？他的方法同樣很簡單，面對眼前一團纏繞無緒的亂麻，高洋並未稍加思索，抽出腰間佩刀就剁，同時說道：「亂者須斬。」

　　每看到這裏，我總是要想，高歡為什麼要用一團亂麻來搞這個測試呢？要猜出高歡的心思，關鍵不在「麻」而在於「亂」。「亂」是個象形字，許慎在《說文》中指出，「亂」的本來含義是「治」，也就是整理的意思。楊樹達氏進而解釋說，「亂」字從爪、從又，「爪」和「又」都是手的意思，因此「亂」就像是一個人在用一隻手拿著一團亂絲，另一隻手在進行整理。可見所謂「治」與「亂」原本就是一棵藤上所結出的兩隻瓜，原本就是血脈相連，如《孫子》中就說「亂生於治」。這樣我們就可以揣摩高歡的想法了，他大概是有感於時代的紛亂，於是就想通過這千絲萬縷、毫無頭緒的一團亂麻，來

觀察兒子們應對亂世的智慧和能力。這個近乎智力測驗的遊戲，正映像出一個亂世梟雄對於時代、時勢的獨特視角，以及對由「亂」到「治」途徑、方法的思考。

的確，這是一段混亂不堪的歷史，戰火連綿不斷、干戈日夜相尋、社會動蕩不堪、政局變幻無常、人民流離失所。然而，這只是當時人們所承受的物質世界的巨大痛苦，與此同時，人們的心靈深處，也充滿了困惑和迷亂，玄學清談的虛無縹緲、天竺佛教的地獄輪迴、神仙道教的三災九難，都從精神上折磨著那些本就疲憊不堪的軀體。這實在是一段帶給人們無盡苦難的亂世！因為是亂世，所以這也是一段曾經倍受冷落的歷史，出於華夷之防和追慕「盛世」的心理，傳統士大夫每每談及這段歷史，除了歎息就剩下漫罵了，歎息的是盛世不再、命運多舛，漫罵的是「夷狄人面獸心」……傳統士大夫如此，在中國歷史的學術研究中也有類似情況，與周、漢、唐、宋、明、清各朝相比，對魏晉南北朝歷史的研究也曾經長期處在受冷遇的境地，其中原因自然也是由於「亂」！因為魏晉南北朝不像那些「一統天下」的朝代，有「盛世」、有「英主」、有「武功」、有輝煌燦爛的典章制度、有比較發達的經濟文化，當然，還有人民的安居樂業和頌唱太平。

「亂」，的確是魏晉南北朝最突出的時代特色。魏晉南北朝到底是怎樣一個「亂」法呢？下面就從四個方面來談一談吧。

一、紛繁的歷史頭緒

先來說一下這段歷史的起迄時間。無論是「魏晉南北朝」還是「兩晉南北朝」，時間下限都沒有爭論，即公元 589 年，隋朝滅陳、實現中國再統一。說到上限，「兩晉南北朝」還好辦，即司馬炎亡魏成晉的時間，也就是公元 265 年。「魏晉南北朝」就有些麻煩了，關於魏晉南北朝的起始時間，學界一直有爭論，或以為應當從公元 184 年黃巾起義算起，或以為應當始於公元 192 年董卓之死和曹操鎮壓黃巾軍。我贊同周一良氏的意見，即魏晉南北朝開始於 196 年（即漢獻帝建安元年），因為這一年曹操把漢獻帝迎到許昌，從此挾天子以令諸侯，漢朝名存實亡，正像翦伯贊氏所說的那樣，曹操在這個時候已經「把皇袍當作襯衣穿在裏面」了。因此，魏晉南北朝如果從 196 年算起，到 589 年結束，則共有 397 年，這個時間比起「兩漢」（西漢、東漢）的四百多年稍短，但比唐、宋、明、清等朝的時間都要長久。如果是「兩晉南北朝」，

則從 265 年開始，589 年結束，共 324 年，依然比唐（289 年）、宋（北宋、南宋加起來共 319 年）、明（276 年）、清（包括「後金」在內，共 295 年）的時間長久。所以，從時間跨度而言，魏晉南北朝或是兩晉南北朝的歷史都不容忽視。

說到魏晉南北朝的時代特點，「亂」大概是人們最先想到的一個詞。這個「亂」字的內涵是什麼呢？我個人認爲，首先就是這個時期的歷史頭緒紛亂蕪雜，王朝更迭頻繁，皇帝姓氏不斷變化，不像李唐、趙宋那樣，根據帝號紀年就基本能夠說出王朝的終始。爲了讓大家對這個「亂」字有個初步印象，我們下面就從魏晉南北朝的朝代名稱說起。

對於這個歷史時期的稱呼，最爲人熟知者曰「魏晉南北朝」。此外，還有人稱「六朝」，也有人叫「兩晉南北朝」，當然還有人乾脆就叫「五胡十六國」，總之叫法很多。爲什麼會有這麼多叫法呢？首先是文化心態方面的原因，稱爲「六朝」或「兩晉南北朝」，都多少反映出對漢人政權正統地位的認可，所謂「六朝」是指三國時期的孫吳、司馬睿爲開國君主的東晉，加上緊隨其後的宋、齊、梁、陳四個江南政權，「六朝」的叫法不僅在事實上忽略了和它對峙的北朝政權，不能準確涵蓋這個歷史階段的全貌，同時更是漢人正統文化心態的徹底暴露。「兩晉南北朝」的叫法，包括了北朝，似乎不存在這個問題，但實際上也隱含了這層意思，如史學大師呂思勉氏撰寫《兩晉南北朝史》時，正值抗戰，出於強烈的愛國之心和民族觀念，因此有意識地使用了「兩晉南北朝」一詞，因爲在他看來，建立北魏政權的拓跋鮮卑也是異民族，他們在建立政權的過程中曾殺戮了大量漢人，於是就決定棄用「魏」字，以表達自己的民族感情。在老一輩史學家中，像呂氏這樣的還有不少，他們所以不稱「魏晉南北朝」而稱「兩晉南北朝」，在很大程度上是有感於所處的時代，他們是想通過這種方式表達對國家、對民族的熱愛之情。

在眾多稱呼中，「魏晉南北朝」是最爲流行的叫法，也最準確，因爲無論「六朝」、「兩晉南北朝」，還是「五胡十六國」，都比較偏頗。這裏首先要弄清楚的是，魏晉南北朝的「魏」指的是哪個「魏」？也許有人會說，這也算是問題？不過，我還是敢肯定地說，就是歷史學專業出身者，也有很多人搞不明白，因爲在這個時期以「魏」爲國號的政權就有很多個。第一個當然是由曹操開創、曹丕建立的「魏」，我們一般稱爲曹魏；另一個大家也比較熟悉，就是拓跋鮮卑建立的「魏」，我們習慣上稱爲北魏，也有學者叫它後魏、元魏、

拓跋魏，北魏後來又分裂爲東魏和西魏，東、西魏的皇帝雖然仍由拓跋鮮卑的子孫來當，但政權的實際操縱者卻是高歡和宇文泰，關於拓跋鮮卑所建立的北魏，還有一點需要說明，那就是它在改國號爲「魏」之前，還有一個名稱叫「代」，稱「魏」是從道武帝拓跋珪登國元年（386）開始的。如果說曹魏、北魏、東魏、西魏還不難說出的話，那麼由冉閔建立的「魏」（350～352），和翟斌建立的「魏」（330～393），學界習稱前者「冉魏」、習稱後者「翟魏」，這兩個政權可能就鮮爲人知了。

「魏晉南北朝」的「魏」指哪個「魏」呢？如果讀者除了知道三國的「魏」，壓根就不知道還有這麼多「魏」的話，可能他不用思考，張口就會說出是三國鼎立的那個曹魏了。問題是，如果他知道還有那麼多「魏」的話，他還敢這麼不假思索地脫口而出嗎？所以說，有些時候確實是「無知者無畏」，因爲知道的不多，所以不用顧慮重重，把知道的說出來就是了。言歸正傳，該說正確答案了，「魏晉南北朝」的「魏」，的確就是指三國的曹魏。

「魏」的問題基本講清楚了，再說一說「五胡十六國」的問題，這也是人所熟知的一個歷史名詞。不過，要真正把「五胡十六國」的內涵講明白，也並不容易。「五胡」顧名思義，就是五個少數民族，「十六國」即十六個政權，問題是：哪五個少數民族？哪十六個國家？「五胡」與「十六國」有什麼關係？

所謂「五胡」，是指匈奴（胡）、鮮卑、羯、氐、羌五個民族，最早提到「五胡」名稱的史籍是《晉書・劉曜載記》，是這麼講的：劉曜在渭城（今陝西咸陽）設置單于臺，並親自擔任大單于的職務，同時還設置了左右賢王等官職，這些官職「皆以胡、羯、鮮卑、氐、羌豪傑爲之」。其中的「胡」指匈奴，古籍所講到的「胡」一般情況下往往專指匈奴。不過，在劉曜統治的時候，還沒有人把它們叫做「五胡」，就好比「四書五經」，這些書早就存在，但將之合在一起叫做「四書五經」，卻始自北宋大儒朱熹，易言之，從北宋以後才有「四書五經」的叫法，曾經看到過許多電視劇，看到劇中的漢朝人或唐朝人，也滿嘴「四書五經」的喊著，除了感到好笑之外，更深爲傳統文化教育的欠缺而憂慮。講到「五胡十六國」，也同樣存在這個問題，「五胡」民族的歷史十分悠久，但把他們合稱爲「五胡」卻比較晚。也許有人會問：「五胡」難道不是我們現代人的叫法嗎？實際上，「五胡」並非現代人發明的歷史名詞，把這幾個民族合在一起稱爲「五胡」，是前秦的傑出領袖苻堅，說句玩

笑話，如果當時也有知識產權一說，那麼「五胡」一詞的知識產權應該歸苻堅所有。苻堅不僅創造了「五胡」一詞，還說出了「五胡」的次序：胡（匈奴）、羯、鮮卑、氐、羌。

至於「十六國」的名稱來源，就必須說到崔鴻的《十六國春秋》。崔鴻，北魏歷史學家，曾撰寫過一部歷史著作《十六國春秋》，所謂「十六國春秋」也就是十六國的歷史。崔鴻所記「十六國」有自己的標準，這個標準是什麼呢？用他本人的話來說，是「能建邦命氏，成爲戰國者」。至於寫十六國歷史的目的，崔鴻也講了，就是要通過這些國家興衰成敗的經驗教訓，爲後來的統治者提供前車之鑒。崔鴻所列十六國，分別是：前趙（匈奴）、後趙（羯）、前燕（鮮卑）、前涼（漢）、前秦（氐）、後秦（羌）、後燕（鮮卑）、西秦（鮮卑）、後涼（氐）、南涼（鮮卑）、西涼（漢）、北涼（盧水胡）、南燕（鮮卑）、北燕（漢）、夏（匈奴）、成一漢（賨）。在崔鴻的十六國中，前趙是第二個建立的政權，不過劉淵建國時並不稱「趙」，而是稱「漢」，這是劉淵的一種策略，劉淵起兵的時候爲了增強在漢人中的號召力，就說自己是劉氏漢朝的繼承人，說自己起兵是爲了恢復漢朝，他還宣佈追尊劉禪爲「孝懷皇帝」、「立漢高祖以下三祖五宗神主而祭之」。改稱「趙」是到 319 年劉曜攻佔長安（今陝西西安）以後，職此之故，由匈奴建立的這個政權，學界往往稱之曰「漢趙」。還要注意的是，在崔鴻的「十六國」中，有三個政權是漢人所建，即前涼（張軌）、西涼（李暠）、北燕（馮跋）。成漢政權爲十六國中第一個建國的，其建立者李特是賨人，不過也有人認爲，賨又稱爲巴氐，實際上也是氐人的一個變種。據此可知，「十六國」並非全出「五胡」建立。

另一方面，「五胡」建立的國家中，有些卻並沒有進入「十六國」的序列，例如，同樣由慕容鮮卑所建立的西燕政權，就沒入崔鴻的法眼，大概在崔鴻看來，由慕容泓開創基業的西燕不符合「建邦命氏，成爲戰國者」的資格。而歷史的實際情況卻是，慕容泓建立西燕與慕容垂建立後燕幾乎同時，都在公元 384 年，不過這兩個燕從建立的時候起，就相互指責，都說自己是大燕的合法繼承者，後來慕容垂的後燕滅掉了慕容泓的西燕。不過，滅掉西燕的後燕也沒有維持多久，就被重新崛起的拓跋鮮卑所滅，慕容垂的兒孫相繼被殺，他的弟弟慕容德在 398 年正月先是跑到滑臺（今河南滑縣）稱燕王，400年又跑到廣固（今山東青州）稱帝，這就是南燕。在十六國時期，先後出現五個「燕」政權，即前燕、後燕、西燕、南燕，北燕，前四者都是慕容鮮卑

所建，北燕則是鮮卑化的漢人馮跋所建。在「五燕」政權中，前燕——後燕
——南燕的世系是所謂的「正統」。

總之，「十六國」與「五胡」之間原本並無必然的聯繫。所以，我們今天
講「五胡十六國」，首先要明白，它只是一個歷史概念。所謂「五胡」，一方
面的確是指匈奴、羯、鮮卑、氐、羌這五個少數民族，另一方面還涵蓋了其
它眾多少數民族，用「五胡」來表示種類繁多的少數民族，是因爲它們在當
時的北方地區最爲活躍、最有代表性；「十六國」也決不只有崔鴻所說的十六
個國家，還有漢人冉閔建立的魏、丁靈翟氏建立的魏、武都氐楊氏建立的仇
池國、慕容鮮卑建立的西燕、拓跋鮮卑建立的代國，它們也應該列入「十六
國」序列之中，如此一來，所謂「十六國」至少包括了 21 個胡漢民族政權。
這些政權，絕大多數由少數民族建立，由於「五胡」在當時最具有代表性，
又由於崔鴻《十六國春秋》是當時流行的史學著作，於是人們就很自然地把
「五胡」與「十六國」聯繫起來講，「五胡十六國」的稱呼就是這麼來的。

二、詭異雜亂的史料記錄

魏晉南北朝之亂，在很大程度上還和記錄這段歷史的資料紛繁蕪雜有關
係。由於世道混亂，國家控制力減弱，因此這個時期的私人修史十分活躍，
但凡別史、雜史、載記、志怪之類，基本出於私人之手。魏晉南北朝歷時不
到四百年，但所含「正史」卻包括：一志（《三國志》）、八書（《晉書》、《魏
書》、《宋書》、《南齊書》、《梁書》、《陳書》、《北齊書》、《周書》）、二史（《南
史》、《北史》），如果再加上《隋書》，總數達到 12 種，占「二十四史」正好
一半。這正好說明魏晉南北朝史料的紛繁雜亂。更爲重要的是，在這些史籍
中，記載有許多充滿神秘感，甚至是十分「詭異」的素材，這些材料不僅絕
大多數指向「動蕩」、「混亂」，有些還令我們百思不得其解，弄不清楚它是對
當時情況的實錄，還是後人的追記或編撰。總之，史料記述的雜亂，使得魏
晉南北朝歷史的混亂狀況進一步彰顯。

魏晉南北朝時期的大動亂，據說上天早就已經做出了頻繁的警示。例如
《晉書·五行志》記載：晉惠帝元康五年（295）五月，洛陽的武器庫失火了，
除了燒毀庫裏可供二百萬人使用的武器甲胄之外，還燒掉了裏面珍藏的所有
寶物，如王莽的頭顱、孔子穿過的一雙鞋子、漢高祖劉邦斬白蛇起義的斬蛇
劍。對於這次火災事故，一些「有識之士」開始憂心忡忡，他們先是上書皇

帝，說這是上天對錯殺太子的懲罰；進而又說，這是天下將要崩潰的前兆，希望朝廷能夠採取相應措施以資拯救。然而，晉惠帝司馬衷基本上是一個白癡，實際上的執政者皇后賈南風又忙於權力的爭奪，因此對這些上疏根本就不予理會，自然也就沒有採取什麼補救的措施。事情的發展可想而知，隨著「八王之亂」愈演愈烈，賈南風被殺、惠帝被趕出洛陽、「五胡」入據中原，西晉不久就在胡騎的掃蕩之下，滅亡了。

《宋書·五行志》的一則記載更加詭異，內容大致如下：晉惠帝元康（291～299）到永寧（301）年間，也就是「八王之亂」發生期間，江淮地區的許多交通乾道上，到處可以看到一堆堆的破蓑衣（「敗編」），這些破蓑衣，也就是「敗編」，多到什麼程度呢？反正書上說了，它們堆放在大路上，已經造成了交通堵塞。蓑衣是個什麼東西呢？筆者小時候在農村還見過，就是用蓑草編織成的衣服，防雨水效果很好，是農村人最常用的雨具。因為江淮是個多雨的地區，因此這兒的人，幾乎家家都會編織蓑衣，每個家庭都少不了這種東西。看到成堆的「敗編」堆在路上，有人就把這個情況報告給了當地政府，有個叫干寶的地方官，還算是比較負責吧，覺得這些「敗編」堆放在路上，不僅有礙觀瞻，還阻礙了交通，於是就下令清除這些垃圾，把這些「敗編」扔到山林谷澗。可是，第二天又有人來報告，說那些被扔到山林的「敗編」，不知怎麼的，又出現在道路的中間。這不是見鬼了嗎？於是，干寶又去調查了一番。據當地的一些百姓講，他們看見了許多狐狸在搬運「敗編」，也就是說，那些被拋到山林的「敗編」，被一群勤勞的狐狸又銜到了路上。

狐狸當搬運工人？現代人聽了，自然是一笑了之，可是在一千五百多年前，在科學很不發達、迷信十分盛行的年代，人們絕對不會以笑話視之，在他們看來，其中肯定大有蹊蹺。前面說到的干寶，其實還是一個很有見識的學者，他有一個嗜好，那就是喜歡搜集整理一些奇聞異事，後來他把這些傳奇故事彙編為一本書——《搜神記》。我們並不知道干寶在聽到傳聞之後，是否進行過實地的考察，也不知道是不是真有那麼一大批狐狸，我們知道的是：干寶就「敗編」成堆這一現象，對社會的發展前景做出了自己的判斷。干寶告訴大家：這蓑衣（「編」）吧，是最卑賤的服裝，只有最下賤的百姓（「下民」）才會穿，穿這種衣服的人都是勞碌的賤命，所以說，蓑衣是就是下賤百姓的象徵（「下民之象」）。而蓑衣破爛了，就是老百姓疲憊不堪的象徵。道路呢，則是朝廷傳達政令所必須經過的通道。因此，破爛的蓑衣堆聚到大路的中間，

就好比下賤的民眾，因爲窮困潦倒而準備聚眾造反，從而斷絕了朝廷的政令。（「故今敗編聚於道者，象下民罷病，將相聚爲亂，絕四方而壅王命也。」）據此，干寶大膽推斷：天下怕是要大亂啊！

果然，時間不長，也就是到了 302 年五月，復辟不久的晉惠帝發佈了一道「壬午（五月初九）詔書」，徵發荊襄一帶人民當兵，前往益州征討以李流爲首領的流民叛亂，此即所謂「壬午發兵」。「壬午發兵」不僅沒有能夠達到預期目標，反而引起荊楚一帶民怨沸騰，義陽郡平氏縣（今河南桐柏）人張昌是個有頭腦、有野心的蠻族人，他乘機利用自己的社會影響，運用宗教組織的方式聚眾起事，一時之間「從者如流」，從而形成「張昌之亂」。不知眞的是張昌很有魅力，還是這一帶的百姓天性就愛鬧事，反正是在短短的幾天之內，張昌的隊伍就裏挾了數萬之眾，並在不到兩個月的時間裏，迅速佔據了荊州、江州、徐州、揚州、豫州等五州之地，使得已瀕臨崩潰的西晉王朝雪上加霜，更加動蕩不安。張昌之亂，印證了干寶判斷的準確無誤：「於是兵革大起，天下因之，遂大破壞。」

歷史的經驗表明，大凡雅道陵遲、世道混亂，就是妖魔鬼怪大行其道的時候，類似的「妖異」記錄，在這一時期的相關歷史著作中，可謂連篇累牘、不勝枚舉。例如，《晉書・五行志》就有「地生毛」的記載，達數十條之多。「地生毛」，就是地上長出了毛。這長出來的毛是什麼樣子呢？誰也沒有見過，書中也沒有交待，只說有白毛，也有黑毛，不過絕大多數都是白毛。如果放在秋冬季節，這地上長出白毛還好解釋，可能是下霜或下雪了吧。可如果是在天氣溫暖的暮春或是炎熱的夏季，這地上突然長出一片片的白毛，那的確夠嚇人的。話說晉成帝咸康（335～342）初年，大概是春夏之交吧，有人報告說，京城周圍的地上長滿了白毛，這是什麼兆頭啊？於是皇帝就召集大臣討論這事，有人說是好兆頭，果然不久，後趙的暴君石虎死了。石虎是何許人也？這是一位讓東晉君臣頗爲頭疼的胡虜，動不動就領兵南下，搞得東晉邊境雞犬不寧。這下子好了，石虎一死，邊境上總算可以消停一陣子了。看來，這滿地白毛還眞是好兆頭啊！於是東晉執政者那久懸不決的心終於可以放下了。可是，就在大夥都說好的時候，偏偏有個叫孫盛的人，就是那個寫了一本叫《晉陽秋》的歷史學家，給大夥迎頭潑了一盆冷水，他說這並不見得就是好兆頭，這地上長白毛，乃是老百姓疲勞的象徵，天下怕是不會太平啊。孫盛的話也並沒有錯。石虎雖然死了，後趙雖然滅了，東晉君臣最感

頭疼的外患也算一時消失了，可是東晉內部的政治鬥爭，卻因此而加劇了，內耗取代了外患，方鎮與方鎮之間、方鎮與中央執政者之間、中央執政者內部之間的矛盾鬥爭，都隨著外患的消失而浮出水面，於是「征伐徵賦，役無寧歲，天下勞擾，百姓疲怨」，果然是民怨沸騰！原來，這一地的白毛是為了百姓的仇怨而生長出來的！

耐心地把這一條條材料讀下去，我們驚訝地發現：其它幾十次的白毛遍地，也都無一例外地同戰爭、動亂、徵兵、徵租聯繫在一起的！

令人感到怪異的現象，並不只有地上長出白毛，還有許多更加詭異的現象，史籍也都林林總總地記錄著，什麼女人一夜之間變成男人啦、母雞變成公雞打鳴啦、什麼山崩地陷、秋冬花開、盛夏殞霜、枯木復生……大凡我們能想得到的種種怪異，充斥著記錄這段歷史的典籍，而在每一條怪異記錄的後面，又必然對應記錄著社會政治的變亂，也就是說，所有這些詭異的現象，都和一個「亂」字緊緊相連！「折戟沉沙鐵未銷，自將磨洗認前朝」，這些記載的真實性到底怎樣？它們究竟是實際發生了，還是時人或後人故意編造杜撰？今天自然都無法考證。不過有一點可以肯定，那就是這些記載所揭示的魏晉南北朝時期社會大動盪、大混亂的狀況，所展示的魏晉南北朝動亂的時代風貌，卻是無需懷疑的。

俗話說，「亂世出妖怪」，在中國歷史上，越是世道混亂，這一類妖異鬼怪的現象就越多。所以，我們說魏晉南北朝之「亂」，不僅「亂」在頭緒繁多、世系複雜，還「亂」在記載這段歷史的典籍的蕪雜詭異。每當翻開那微微泛黃的古籍，每當讀到那一個個充滿神秘色彩的故事，每當看到那一次次殺戮無數的戰爭，總是心中充滿了無數的感慨和疑惑，感慨的是中華民族的歷史竟是如此多災多難，疑惑的是我們的祖先對於苦難究竟有多大承受力，他們就是在這樣艱難的條件下創造出領先於世界的燦爛文明嗎？

三、洶湧的移民浪潮

魏晉南北朝是一個大變動的歷史時期，這種大變動不是一時一地，而是曠日持久、全面展開，可用「空前絕後」來形容。造成魏晉南北朝大動盪、大混亂的原因是什麼呢？這種大動盪、大混亂的表現又是如何呢？這個問題提得好，因為這也是魏晉南北朝史研究領域的基礎性論題，中外研究者曾提出過許多種解釋。儘管每個人的研究思路、解釋方法、論證途徑各不相同，

得出的結論也不盡相同。但歸根到底，大家都認同一點，也就是二十世紀三四十年代陳寅恪氏所提出的著名論點，即：魏晉南北朝三百多年的大變動，都是由人口的大流動、大遷徙所引起。

不愧為一代宗師，陳氏的這個論斷高瞻遠矚，迄今仍被學界奉若圭臬。由陳氏的論點出發，我認為魏晉南北朝的人口流動遷徙，有幾個特點必須注意：一，持續時間很長，魏晉南北朝時期的人口流動，在三百多年間始終沒有間斷，但是幾個高潮都出現在東晉的一百多年間；二，波及社會層面廣泛，魏晉南北朝時期的人口流動是整個社會的全員流動，涉及社會各個階層，無論統治階級，還是被統治階級都有遷徙，也不論民族界限，漢族、少數民族均有流動遷徙的經歷；三，流動遷徙範圍極其廣闊，四面八方都有人口流動，但是有幾個重點流入地區，就南北方向來說，向南方流動是主要的，另外還有回流的現象；四，造成人口流動的原因多樣化，一種為自發的人口流動，是人民為了躲避天災人禍、為了逃避戰亂而主動外出避難，這是一種非暴力驅迫下的遷徙，還有一種係政府行為，是統治階級為了控制人口而強制徙民，這是一種帶有暴力傾向的徙民活動。魏晉南北朝時期社會的大混亂，人口的大規模流動遷徙，始自「八王之亂」。

眾所週知，故土難離、落葉歸根是中華民族普遍性的心理特徵，安土重遷乃是中國人一種根深蒂固的觀念。中國人為什麼會形成這個觀念呢？這主要是歷代統治階級有意識的教化、引導甚至強制之下所形成的，因為在統治階級看來，流動人口是造成社會動亂的根源，因此，他們除了在輿論上大力倡導安居樂業之外，還採取了很多措施盡可能地限制人口的流動，比如大家所熟知的「重農抑商」政策，其根本的出發點都是為了限制人口的流動遷徙。作為最基層的國家機構，中國古代的鄉里制度，最主要職能就是統計戶口、勸課農桑、監督人民。長此以往，就使得中國人養成了留戀故土家園的民族性格，除非萬不得已，他們絕對不會拋棄桑梓、背井離鄉。

然而，「八王之亂」打破了人民寧靜的生活，連年不斷的戰爭，徹底粉碎了人們安居的夢想。在求生欲望的支配下，無數人背上行囊，神色匆忙地離開了心愛的家園。「八王之亂」期間第一撥較大規模的移民浪潮，最先發生在關西，也就是今天的陝西、甘肅一帶。這個地區不僅由於自然環境的原因，很容易出現饑荒，同時也是民族雜居的地方，民族隔閡、民族矛盾比較突出，極易形成民族之間的衝突和仇殺。就在「八王之亂」發生的第六個年頭，即

公元 296 年八月，已經連續幾年遭遇大災荒的關西地區，又爆發了氐人齊萬年領導的反政府叛亂。面對齊萬年咄咄逼人的攻勢，已經被「八王之亂」搞得焦頭爛額的西晉政府，即使有心武裝彈壓，也是力不從心了。關西地區一時狼煙四起，很快就變成了殺人如麻的屠宰場。眼見形勢一天天惡化，衣食無著的人民為了逃避戰火，也為能夠弄到一口飯吃，不得不拋棄經營多年的家園，開始向相對平穩的漢中地區前進。據歷史記載，齊萬年起兵以後，一次流入漢中地區的流民就有數萬家之多。可是，就在他們到達漢中，驚魂未定的時候，戰火很快又燒到這裏，於是這些還沒來得及喘息的難民，只能連同漢中地區的新難民，再次向南遷徙，流向素有「天府」之稱的成都平原，這就是史籍所說「由是散在益、梁，不可禁止。」這批難民在流向四川的過程中，形成為一支強大的流民隊伍，他們在到達成都平原之後，即與當地的土著居民發生了衝突，他們在巴氐李特等人的領導下，從參與西晉統治集團的內部廝殺，到走上對抗西晉政府的道路，最終建立了一個流民政權——成國（後來又改稱漢國，學界往往稱為「成漢」）。需要說明的是，成國建立之後的四川地區，局勢不僅沒有安定，流民動亂反而更加頻繁激烈，因為不僅有流民與士著之間的對抗，還有流民與政府的對抗，以及流民內部的爭鬥。四川地區的戰火，進而沿長江燃向下游的荊襄地區。

不過，發生在關西地區的這次人口流動，只是揭開了魏晉南北朝人口流動的序幕，其影響也主要在西北到西南地區。更大規模的流民浪潮，還是發生在以黃河流域為中心的廣大北方，時間則是從劉淵起兵，特別是永嘉六年（312）劉聰攻陷洛陽、虜獲晉懷帝司馬熾之後，也就是讓中原士大夫深感亡國之痛的「永嘉之亂」發生以後。「永嘉之亂」促成了魏晉南北朝時期人口流動的第一次高潮。

「永嘉之亂」懷帝被俘，神州陸沉，北方人民心中的最後一絲希望終於破滅，於是紛紛逃亡、四出避難。從全國範圍來看，當時北方人民的出逃線路主要有三個方向，即東北、西北、南方。流向東北的一支，被鮮卑慕容廆所收容，慕容鮮卑能夠坐大於東北，並建立前燕，在很大程度上有賴於所收留的中州流民，據歷史記載，由於流入東北的中州人士很多，慕容廆為他們專門設置了冀陽郡（冀州人）、成周郡（豫州人）、營丘郡（青州人）、唐國郡（并州人）。慕容廆還從這些流民中選拔所需要的人才，這批人在前燕建國和東北開發方面，都發揮了重要作用。另外，前燕在禮樂文化、制度設施等方

面，比起劉淵建立的漢趙、石勒建立的後趙都要先進，與慕容氏收容流民、注意從流民中選拔任用人才，有很大關係。

流向西北的一支，主要是投奔涼州的張軌，涼州當時被稱爲河西，張軌在相當長時間裏一直向司馬氏的晉政權稱臣，因此逃難來此的中原人士，對張氏頗有好感。也正因此，故占星家在夜觀天象之後，一致認爲：在天下大亂的時候，只有河西地區才是最好的避難之所，這是因爲涼州牧張軌是一個有道德、有度量的人，值得依賴。當京師洛陽淪陷，「中州避難來者日月相繼」，對於突然湧入的中州士民，張軌表現出很高的熱情，從武威郡中專門分出了一個武興郡，來安置這些避難的中州人士。中州士民進入河西，不僅帶來了中原地區先進的技術文化，有力地促進了河西地區經濟文化的進步，也爲其後「五涼」政權的建立和鞏固提供了智力支持。

不過，「永嘉之亂」後的人口流動，規模最大者還是流向南方的一支，《宋書》記載了這一人口流動的「盛況」，云：「晉永嘉大亂，幽、冀、青、并、兗州及徐州之淮北流民相繼過淮……徐兗二州或沿江北，江北又僑立幽、冀、青、并四州。」這幾句話的意思是，「永嘉之亂」發生後，幽州、冀州、青州、兗州以及徐州的淮北流民相繼渡過了淮河，有些人又來到長江以北，於是政府就專門爲這些流民僑置了幽、冀、青、并四州，如果再加上僑置於徐州的司州、僑置於京口（今江蘇鎮江）的南徐州，那麼，在永嘉之亂時僑置的州至少有六個。不過，這還只是此次移民的第一階段。晉成帝司馬衍咸和（326～334）初年，因爲發生蘇峻、祖約之亂，加上後趙胡騎南侵，這批滯留在江淮之間的流民再次遷徙，他們渡過長江來到江南。這是第二次較大規模的人口移動。東晉孝武帝統治時期（373～396），又發生第三次較大規模的人口移動，不過，這次流民的移入地不是長江下游的三吳地區，而是長江中游的襄樊地區，這是因爲關中和中原地區的少數民族政權之間發生了大規模戰爭，也就是史書所說的「胡亡氐亂」，「胡亡氐亂」的主戰場是雍秦（今河南、陝西）一帶，因此悽悽惶惶、絕糧在陳的民眾，只能雙眼含淚，揮手作別已經硝煙彌漫的家園，去尋找新的棲息地。

往事已矣，逝者如斯！當我們回眸這段塵封已久的歷史，就會驚奇的發現，當年這場席卷華夏大地的移民浪潮，原來並不只是一部民眾痛苦哀號的血淚史，在無數血腥屠殺和妻離子散的背後，文明的腳步依然在前進；在舊有文化中心遭到清洗的同時，卻是新的文化中心在孕育生成！「青山遮不住，

畢竟東流去」！從某種意義上說，我們今天侈談的「六朝文化」，就實質來說，乃是一種移民文化，如果沒有兩晉之際一撥又一撥的移民，江南的開發還不知要遲到多少年！所謂「永嘉之末，華夏衣纓，盡過江表」，絕對不是虛妄的誇張，而是歷史的真實寫照！就統治階級的核心層來說，不僅東晉的執政主體是永嘉之際南遷的北方世家大族，就是緊承其後的宋、齊、梁三朝，政權的主宰者依然是北方南來的次等士族，宋齊梁三朝皇室的祖籍地無一不在北方，只有到了陳朝，南方土著才開始在政治上趨於主導地位，不過這個時候，南朝已經走到了歷史的盡頭，由北方實現江山一統的前景已經隱約可見！

　　對於魏晉南北朝人口大流動的歷史意義，中外學者有過很多精彩的論述，儘管他們分析問題的角度不同、論證的途徑各異，得出的結論也不完全一致，但有一點卻是大家都認可的，即東晉南朝在本質上是一個「移民政權」。這個認識十分關鍵，在一定意義上可以說，為我們進一步認識和理解魏晉南北朝「混亂」的歷史撥開了迷霧。如譚其驤氏曾以《南史》列傳人物為切入點，在排除后妃、宗室、孝義等類項之外，共得 728 人，在這 728 人中，原籍北方者 506 人，原籍南方者 222 人，譚氏據此指出：「東晉南朝雖立國江左，然其廟堂卿相，要皆以過江中州人士及其後裔任之。」在此基礎上，譚氏進一步指出，大規模的人口南遷，乃是「中華民族發展史上之一大關鍵，蓋南方長江流域之日漸開發，北方黃河流域之日就衰落，比較純粹之華夏血統之南徙，胥由於此也。」陳寅恪氏則說，東晉南朝的政治局面，乃是北方移民及其後裔與南方土著的結合所開創，云：「南人與北人戮力同心，共禦外侮，赤縣神州免於全部陸沉，東晉南朝三百年的世局因此決定。」周一良氏則分析了東晉南朝政局的變化，他認為東晉時期中央政權還向南方人開放，但經過百年的鞏固，南下北人漸漸站穩腳跟以後，中央政權也就慢慢地對南人關閉了，宋齊梁三朝的權力中樞一直控制在「僑人」手中，這種情況到梁陳之際才又重新發生變化，南方土著的勢力才又重新抬頭。一句話，東晉南朝政權在絕大多數時間裏，是由南下的流民掌握的。日本學者中村圭爾氏則說，東晉以後北方人口的流入，「江南的開發也飛躍地展開，奠定了十世紀以後江南發展成全國經濟中心的基礎。」韓國學者朴漢濟的表述則充滿浪漫色彩，他說東晉南朝的人口南移，「如同乘坐『五月花（May Flower）』船的移住民（僑民）建立了新亞美利加一樣，東晉南朝時代南方的北來僑民成了主導歷史的勢力。」

對於以上表述，我們可以不盡認同，但他們所關注的人口移動問題，確是不能忽視的大課題。人口移動作爲魏晉南北朝史研究領域的基礎性課題，任何從事這段歷史研究的學者，對此都不應輕忽。從歷史實情來看，魏晉南北朝時期人口流動始終未曾停止，但大規模的流動，主要發生在東晉統治的一百多年間。其後宋、齊、梁、陳，也就是南北朝對峙局面形成以後，北方雖然不斷有人口向南方遷徙，但這些人口移動始終不成規模，就好像潺潺的溪流，雖偶有兩朵浪花激起，卻終究掀不起大浪。這是因爲北方在經過一百多年的戰亂之後，社會形勢開始趨於穩定，留居故土的漢人對胡族的排斥之情業已淡化，再加上少數民族的首領也開始注意禮待中原漢人士大夫，胡漢民族矛盾已經大大緩和。與此同時，南朝則由於內亂頻發，改朝換代不時而有，社會形勢比起北朝反而更加動盪。這樣一來，北方人民向南方遷徙的理由就消失了，安土重遷的思想觀念又開始發揮主導作用。

四、血腥多變的政局

魯迅氏曾寫過這樣兩句詩：「夢裏依稀慈母淚，城頭變幻大王旗。」此爲魯氏有感於其時中國的動盪局勢而作，意思是今天這個軍閥當政，明天那個政客又當上了總統；而人民妻離子散，兒子只能在夢中回憶慈母，卻不能當面侍奉。在我看來，用這兩句詩用來形容魏晉南北朝時期的政局，也十分貼切。魏晉南北朝作爲「亂」世，在很大程度上就表現在政局的變幻無常。今天你可能還生活在宋代，明天可能就已經進入齊朝了；皇帝今天可能還是姓劉，第二天當你一覺醒來，皇帝可能已經改姓蕭了。因此，生活在那個時代的人們，一不小心就可能經歷幾個朝代。

正因爲「社稷無常奉，江山無定主」，所以魏晉南北朝的政局，尤其複雜多變，講明白著實不易。又因爲篇幅的關係，魏晉南北朝的朝代沿革，我們只能簡而言之。

魏晉南朝系統是三國、西晉、東晉、宋、齊、梁、陳依次傳承。魏晉南朝各朝的建立者及起迄時間，簡示如下：曹魏（曹丕，220～265）、蜀漢（劉備，221～263）、吳（孫權，222～280）→西晉（司馬炎，265～316）→東晉（司馬睿，317～420）→宋（劉裕，420～479）→齊（蕭道成，479～502）→梁（蕭衍，502～557）→陳（陳霸先，557～589）。【其中蜀漢，於 263 年被曹魏所滅，孫吳於 280 年被西晉所滅。】

　　十六國北朝系統，「十六國」由於頭緒過於繁雜，且前面已有大致概述，這裏不再重複，只講北朝系統：386 年拓跋珪改國號為魏，北魏王朝正式開始，394 年北魏基本統一北方，與南朝的劉宋形成對峙局面，真正意義上的「南北朝」開始。北魏末年，由於六鎮叛亂等一系列事件，造成北魏王朝的瓦解，一般認為，北魏結束的時間為 534 年。北魏崩潰，分裂為東魏、西魏，東魏政權的實際控制者是高歡父子，西魏的實際控制者為宇文泰。550 年高洋廢黜東魏孝靜帝元善見，建立北齊；557 年宇文覺也傚仿高洋，廢黜西魏恭帝拓跋廓，建立北周。577 年二月，北周武帝宇文邕出兵攻滅北齊，完成北方統一。581 年二月，北周外戚楊堅廢黜周靜帝，建立隋朝，楊堅就是隋文帝。589 年正月，隋滅陳，再次統一中國。

　　北朝各代的建立者及起迄時間，簡示如下：北魏（拓跋珪，386～534）→西魏（元寶矩，535～556）、東魏（元善見，534～550）；西魏→北周（宇文覺，557～581）→隋（楊堅 581～619）；東魏→北齊（高洋，550～577）。

　　魏晉南北朝的政局複雜多變，主要不是表現為南朝和北朝的對峙與鬥爭，而表現為各政權的內爭。我們這裏講魏晉南北朝政局變動，主要就是從各政權的內部鬥爭的角度著手。

　　西晉是個短命王朝，265 年建國，316 年滅亡，僅存在 52 個年頭。西晉武帝司馬炎還算是個有所作為的皇帝，在他當政前期，曾進行過一些政治經濟改革，並於 280 年出兵滅掉東吳，再次實現中國的統一。但是從滅吳之後，晉武帝就開始將精力轉移到後宮三千佳麗的身上了，而且他是一位貪欲心很強，並極力縱容臣下貪污的皇帝。例如，有一次他問大臣劉毅，自己可以和漢朝的哪個皇帝相比？劉毅回答說，和漢桓帝、漢靈帝差不多。司馬炎就反問說：「你怎麼把我說成這個樣子？」劉毅就又說道：「漢桓帝、漢靈帝賣官的錢，都裝進了國庫，而陛下賣官的錢卻全部裝進了個人腰包。所以，陛下還不如桓、靈。」正是在晉武帝的帶頭下，西晉官場貪污成風，這也正是王愷與石崇鬥富為什麼出現在這個時期的原因。所以，儘管司馬炎在位時，還能夠控制政局，但西晉敗亡的隱患卻是他埋下的。

　　果然，290 年晉武帝司馬炎死後，西晉的政局立即陷入混亂之中。繼承晉武帝皇位的，是他的兒子司馬衷，司馬衷就是在歷史上素享白癡之名的晉惠帝。由於惠帝沒有執政能力，所以一場圍繞控制最高統治權的政治鬥爭就展開了。晉惠帝即位後，賈充次女賈南風被立為皇后，朝政則由晉武帝楊皇后

的父親楊駿總攬。賈南風也是一個不甘寂寞的女人，她想：皇帝既然是我的丈夫，我爲何就不能過問朝政呢？但是賈南風的想法卻受到楊駿的壓制。291年三月，賈南風聯合宗室楚王司馬瑋，殺楊駿、廢楊皇后，命汝南王司馬亮與衛瓘共同輔政。六月，賈南風又殺掉司馬瑋、司馬亮，任命賈模、張華、裴頠等掌管朝中機要。就這樣，由賈南風殺司馬瑋、司馬亮爲起點，歷史上習稱的「八王之亂」就開始了。

「八王之亂」引起了「五胡亂華」，西晉政權就在「五胡亂華」的過程中崩潰。公元306年十一月，歷經幾上幾下的惠帝司馬衷被東海王司馬越毒死。皇太弟司馬熾繼位，是爲晉懷帝。311年六月，匈奴劉聰攻陷洛陽，懷帝被俘，313年二月懷帝被殺。同年四月，秦王司馬鄴在長安繼位，是爲晉愍帝。316年十一月，劉曜圍攻長安，晉愍帝出城投降。西晉至此滅亡，歷時52年（265～316）。

317年三月，晉愍帝被俘的消息傳到江南，早就按捺不住的琅邪王司馬睿，在建康（今江蘇南京）名正言順地稱起了晉王，改元建武，史稱東晉。東晉在風雨如磐中，度過了104年，420年六月，被劉裕建立的宋朝取代。我們爲何用「風雨如磐」這個詞？因爲東晉立國的104年中，也是門閥政治最盛行的時期，在世家大族的操縱之下，政局最爲動盪不堪，先是「王與馬，共天下」，後來又是「桓與馬，共天下」、「庾與馬，共天下」……世家大族和皇權之間既合作又矛盾、大族與大族之間有鬥爭有妥協。在合作與妥協中，就有了「淝水之戰」抵禦外侮的輝煌勝利；在矛盾與鬥爭中，就出現了「王敦之亂」、「蘇峻祖約之亂」……。

接續東晉的是宋、齊、梁、陳四個政權，史稱南朝。因爲皇帝姓劉，所以南朝的這個宋，史籍一般稱爲劉宋，劉宋在南朝政權中立國時間最長，從420年到479年，正好60個年頭，一個甲子。479年四月，禁軍將領出身的蕭道成控制朝政，也像當年劉裕一樣，搞了一個禪讓的儀式，將13歲的宋順帝劉準趕下龍位，自己做了皇帝，這就是南齊，又稱蕭齊。南齊存在的時間很短，僅24個年頭，到502年就被本家蕭衍奪取了江山。

蕭衍建國號爲梁，史稱「蕭梁」，蕭衍就是歷史上以佞佛著稱的梁武帝。梁朝一共存在了56年，僅梁武帝一個人就做了48年的皇帝，所以從某種意義上說，梁朝就是蕭衍一個人的江山。蕭梁在「侯景之亂」中滅亡了，梁武帝的幾個兒子爲了爭奪皇位，展開了殊死鬥爭，最後結果卻是陳霸先漁人得

利，於 557 年建立了南朝歷史上的最後一個政權──陳。在宋齊梁陳四個南朝政權中，陳朝疆域最小。589 年，就在後主陳叔寶還在大談「王氣在此」、「長江天塹」的時候，隋軍兵分八路，在晉王楊廣指揮下，對陳朝長江防線發起全面攻擊，韓擒虎率先攻入建康，活捉陳叔寶，陳朝滅亡。從 557 年建國，到 589 年滅亡，陳朝共存在了 33 個年頭。

　　後人談起宋齊梁陳，往往不是感歎每個王朝的短命，而是感慨於皇室內部的自相殘殺，父子相屠、兄弟相殘在南朝，特別是在宋、齊兩朝實屬家常便飯。如劉宋建國不久，骨肉相殘的事情就開始上演了。據清人趙翼的統計：宋武帝劉裕的 7 個兒子，只有衡陽王劉義季善終，且有後代傳承，「其餘皆死於非命，且無後也」，其中劉義康死於哥哥宋文帝劉義隆之手，劉義隆則死在兒子劉劭手中，江夏王劉義恭死於姪孫前廢帝劉子業手中，劉義恭 16 個兒子中有 12 個死於劉劭之手，4 個死於劉子業之手；宋文帝劉義隆共 19 個兒子，除孝武帝劉駿、宋明帝劉彧先後繼承帝位，廬陵王劉紹、建平王劉宏善終，晉熙王劉昶逃跑到北魏，劉休業、劉休倩、劉夷父早死之外，其它 11 人都是不得其死，其中劉劭、劉濬、劉鑠、劉誕、劉渾 5 人死於孝武帝劉駿之手，劉褘、劉休仁、劉休祐、劉休若 4 人被宋明帝劉彧所殺，這些都是兄弟手足相殘；孝武帝劉駿共 28 個兒子，其中 10 人夭折，被前廢帝劉子業殺了 2 個，這是兄弟相殘，被宋明帝殺了 16 個，這是叔父殺姪。對於劉宋宗室自相殺戮之慘景，趙翼十分感慨，他說：「宋武九子（按，當爲「七子」），四十餘孫，六七十曾孫，死於非命者十之七八，且無一有後於世者……斯固南北分裂時劫運使然，抑亦宋武以猜忍起家，肆虐晉室，戾氣所結，流禍於後嗣。孝武、明帝又繼以凶忍慘毒，誅夷骨肉，惟恐不盡……眞所謂自作之孽也。」作爲一個封建史家，趙翼從南北分裂的「時運」、劉裕篡晉成宋時的殘暴，來解釋劉宋皇室自相殘殺的成因，自是可以理解。已經進入二十一世紀的我們，也能夠指出趙翼論點的偏頗，無論「劫運使然」還是「戾氣」流禍，自然都屬於唯心的觀念，但「自作之孽」一語確屬趙翼的卓見。

　　接下來的蕭齊，似乎也沒能擺脫趙翼所說的「劫運」，皇室自相荼毒的醜劇依然如故。不過，與劉宋不同的是，劉宋宗室自相殘殺，分別由宋文帝、孝武帝、前廢帝、宋明帝等人分別完成，而齊高帝蕭道成、齊武帝蕭賾的幾十位子孫，卻是被齊明帝蕭鸞一人所殺，趙翼因此感慨：「其慘毒自古所未有也」。對於劉宋皇室自相殘殺的惡果，齊高帝蕭道成有較爲清醒認識，所

以他在臨死前告誡兒子齊武帝蕭賾，說：「宋氏若不骨肉相殘，他族豈得乘其衰弊。」蕭道成說這話的時候，已經忘記自己當初是如何殘殺劉宋皇室成員了。蕭賾倒是蠻聽話，所以他在位期間，兄弟之間還能夠保全。但是到了齊明帝蕭鸞即位，就把這個告誡拋之腦後，蕭鸞殺人還有一個習慣，就是每次殺人之前，都要先燒起一柱香，痛哭流淚一番。久而久之，人們就習以為常了，只要看到蕭鸞燒香流淚，就知道今夜又有哪位王爺的死期到了。如此一來，齊高帝、武帝的子孫們人人惶懼不安、個個朝不保夕，上朝時都低著頭，因為他們不知道什麼時候就沒命了。如桂陽王蕭鑠，在一次朝參後，對同僚說道：「我前幾天看到皇上流淚哭泣之後，鄱陽王、隨郡王二人就被殺了。今天我又看到皇上流淚而且面帶愧色，該不會輪到我了吧？」蕭鑠的預感沒有錯，當天晚上他就被殺了。蕭鸞殺宗室諸王，不論年齡大小，連吃奶的娃娃也不放過，娃娃們都是由乳母抱著來受刑。蕭鸞還特別喜歡把大家聚到一塊集體處死，每當這個時候，「都水」（一個負責土木工程建造的機構）早已按照吩咐，準備好幾十口棺材在那兒等著了。正因為蕭鸞殘忍陰毒異於常人，所以個人修養頗佳的趙翼，還是忍不住罵道：「齊明之殘忍慘毒，無復人理，真禽獸之不若矣。」

　　相比之下，梁、陳兩朝的情況要好得多了，雖然統治集團內部的鬥爭與殘殺還是不時發生，但類似宋、齊兩朝的皇族之間的骨肉相殘，卻很少見到。如梁武帝蕭衍除了在即位前，殺了蕭齊皇室的幾個人物之外，在當上皇帝之後，對宗室就採取了比較寬大的政策。蕭衍在消滅齊明帝蕭鸞一支以後，還對蕭道成的嫡孫蕭子恪說：「我常常說，我們江南政權凡是改朝換代的時候，總是要大肆殺戮，這實在是大傷和氣，這也是國家為什麼都不能長久的原因。現在雖然是梁朝取代了齊朝，但情況和以前的宋取代晉、齊取代宋並不一樣。我和你們兄弟雖然已經出了五服，但畢竟還是一家子嘛……你們也可以想一下，是齊明帝殺了你們一門老少的啊。所以說，我起義兵，並不只是為我自己洗雪家恨，也是為你們兄弟報仇。再者說了，我是乘亂世奪取齊明帝家的天下，不是奪取你們兄弟的天下。」蕭衍後來又專門派人傳話給蕭子恪，告訴他：「儘管現在已經改朝換代，但我們還是情同一家。由於現在宗室還沒有分封，因此一時還不方便封你們的官，總之希望你們兄弟能夠安下心來，閉門高臥，日子長了你們就會看到我的心思。」周一良氏認為，梁武帝對前朝舊君和當朝宗室能夠採取寬大政策，除了人情方面的原因外，更主要的是他

即位時的情況與劉宋、蕭齊不同，是他本人對新王朝有充分信心，且梁武帝本人尚處壯年，有充分的精力和足夠的能力控制政局。周氏之見解頗有道理。

說到統治集團內部的矛盾與鬥爭，包括北魏、東魏、西魏、北齊、北周諸政權在內的北朝，自然也是無時不有。但如果與南朝的宋、齊相比，那種發生於皇室內部的自相屠滅，就要少得多了。如北魏在孝文帝元宏死後，政局曾陷入較長時間的混亂之中，這種混亂一直持續到北魏王朝的覆滅，應該說，北魏晚期政局也是動蕩不安。但統治階級的權力鬥爭多數表現爲權臣、外戚與宗室之間的爭奪，因宗室親王覬覦皇權而引起的政局變動則基本上沒有發生。如先後出現的元愉之叛、高肇專權、元叉專政、靈太后擅權等，都是以上三種勢力圍繞皇權展開角逐，也是北魏後期幾次較大的政治變動，在這幾次政局變動中當然也有流血，不過，流血者並不只是皇室成員，也有外姓權臣或是宦官外戚。另外，在北齊、北周也存在統治階級爭奪最高權力的鬥爭，但總體來說都不及南方的宋齊兩朝那樣殘酷血腥。

關於魏晉南北朝政局的多變，我主要是從皇室內亂的角度講述，至於其它影響政局的因素，如權臣的爭權奪勢、地方勢力與中央政權的對抗、民眾的反政府叛亂、南北之間的戰爭等，都沒有講。如果把這些因素都考慮進去的話，我們可以肯定地說：魏晉南北朝的政局無一年、無一月、無一日、無一時不處在動亂之中。一句話，魏晉南北朝乃是中國歷史上最「亂」的時代，魏晉南北朝的政局在中國歷史上也最爲動蕩不安！

行文至此，也該告一段落了，魏晉南北朝的歷史特徵是什麼？這原本是一個十分專業的學術論題，能夠說出來的自然很多，諸如：統治民族的眾多與民族關係的空前複雜；門閥制度的形成與階級階層結構的複雜化；政權林立、南北分裂與統治中心的多元化；戰爭的激烈頻繁和人口流動的異常劇烈；自然經濟比重的加大與商品經濟的倒退……等等。對於這些專業性很強的論題，我在這裏都沒有講，或偶有涉及，也只是略微陳述。我主要從一個「亂」字入手，所說的也只是個人的一些心得體會，而非眞正意義上的學術探討。爲何要作這樣的講解？目的只有一個，就是希望給那些對這段歷史感興趣的朋友一點提示，或增加一點閱讀的興趣。當然，我的講述是否貼切，「亂」字是否能夠代表魏晉南北朝的時代特徵，大家對我的講述認不認帳，這些都有待於讀者諸君的評判。

總之，「亂」是筆者對魏晉南北朝最直觀的感受，就像一首歌中所唱到的

那樣：「暗淡了刀光劍影，遠去了鼓角錚鳴……」，魏晉南北朝這一「亂世」的走向是什麼，它將去往何處？也許只有等到隋唐一統，塵埃落定的時候，我們才能夠清理出比較明晰的線索。所以，當我們敞開視野，從大歷史的角度回眸這段塵封已久的往事，我們竟會驀然發現：「亂」並不意味著無緒，「亂」更不代表死亡或毀滅。在紛繁蕪雜、混亂不已的歷史表象下，未嘗不是新生命、新事物在孕育成長。因為至少我們可以思考這樣一些問題：為什麼在三國紛爭、「分久必合」之後出現的西晉王朝，它的命運卻是如此短暫，竟如同曇花一現？又為什麼在近四百年的大混亂之後，繼之而起的隋唐，在很短的時間又成為當時世界上最強盛的帝國？這些疑問不僅一直困擾著中國歷代知識分子，近代以來的西方漢學家，對此也頗感費解。所以，一個「亂」字說得好，一方面它是動亂、離亂，是無數家庭的妻離子散，另一方面它又是新生命孕育過程中的忙亂、慌亂，是一個治世來臨之前的一時手足無措。

論中書機構在魏晉之際的發展變化

　　魏晉之際既是社會政治大變動的時期，也是中國古代各項制度發生重要變革的時期，從中央職官制度的角度來說，這個時期正是從所謂的秦漢三公制向三省制轉化過渡的開始階段，因此研究中國古代職官制度發展演變的歷史，就必然要關注魏晉之際職官制度所發生的這些變化。萌芽於魏晉、成熟於隋唐的「三省六部」制歷來頗受關注，學界對這個問題所進行的學術研究，積累素來深厚。〔註1〕筆者在爲研究生講授《中國古代政治制度史》課程時，不可避免地涉及到三省六部制的某些問題，在身受學界相關研究成果教益的同時，也感到一些問題仍有待發之覆。

　　三省制正式形成於曹魏，其主要標誌就是中書機構獨立成省，門下、尚書二省也完全擺脫少府文屬機構的身份而獨立成府。三省當中，尚書、門下二省成立的時間均早於中書，所以，從這個意義來說，三省制成立的時間，實際上應當由中書機構的建立所決定。後世所謂「三省六部制」中的中書省，其正式形成，是在曹魏時期。於是，這裏就有一個問題，曹魏時期爲何要成立中書機構？換言之，曹魏成立中書機構的背景是什麼？就讓我們帶著這些

〔註 1〕大陸學界有關漢唐職官制度（特別是與三省制相關）的研究論著，主要包括如下幾部（依出版時間爲序）：《秦漢官制史稿》（安作璋、熊鐵基 著，濟南，齊魯書社，1984。）、《漢魏制度叢考》（楊鴻年 著，武漢，武漢大學出版社，1985。）、《三省制略論》（王素 著，濟南，齊魯書社，1986。）、《漢唐職官制度研究》（陳仲安、王素 著，北京，中華書局，1993。）、《兩漢魏晉南北朝宰相制度研究》（祝總斌 著，北京，中國社會科學出版社，1998。）等。除上述著作外，其它一些有關漢魏南北朝政治制度的研究著作，也或多或少地涉及到「三省六部制」的相關問題。

疑問，對中書機構在魏晉之際發展變化的情況略加分析，以求正於方家。

一、東漢秘書監及其職掌溯源

「中書」作為職官機構的名稱，出現較早，就史籍所載來看，「中書」一詞最早出現於西漢武帝到漢成帝之間，但當時的「中書」只是「中尚書」的簡稱，屬於尚書的一個組成部分，因為其工作人員全部由宦官擔任，並在禁中工作，故名「中書」，易以今之表述方式而言，「中書」意即「尚書的禁中部分」。需要特別指出的是，當時無論「中書」還是「尚書」，至少名義上都還是少府的文屬機構。

我們知道，少府在漢唐時期甚至是整個中國封建時代，一直具有君主「私府」的性質，所以，無論「尚書」還是「中書」，如果不擺脫與少府之間的這種隸屬關係，就不可能有更進一步的發展。就漢代「中書」與尚書的關係來看，儘管中書只是尚書機構的一個組成部分，但在實際政治運作中，「中書」機構曾經一度因指揮尚書而凌駕其上。〔註2〕但是，在隨後的歷史進程中，尚書與「中書」的發展並非齊頭並進，從漢成帝廢除宦官擔任「中書」起，本為尚書一個組成部分的宦官「中書」就基本退出了歷史舞臺。與此同時，尚書機構卻得到了長足的發展，逐漸變成君主的秘書機構，不僅在權力運行機制中，竊奪了三公的部分出令權，並開始插手全國的行政事務。尚書機構權力的擴張，讓君主感到了一種莫名的威脅，感到有必要對其進行抑制。〔註3〕這樣一來，職官制度相應發生變化以適應新形勢的發展，就勢所難免了。

然而，曹魏時期新創設的「中書」機構，還有更為現實的原因。首先，創始於曹魏而發展於兩晉的中書機構，乃是一個與西漢由宦官充任的「中書」機構在性質上存在明顯區別的「新」中書機構。之所以言其「新」，一者因為

〔註2〕前揭《漢唐職官制度研究》認為，從西漢武帝以後到漢元帝在位期間，中書與尚書同時並置，「二者是一個機構，地位並不平等。中書是領導者，尚書是被領導者。這種情況在武（帝）、昭（帝）時期不顯，在宣帝以後屢見記載。」（第21頁）。

〔註3〕對於東漢尚書臺的權力，學界看法並不一致。陳仲安、王素兩氏認為：東漢時期尚書臺的權力已經凌駕於三公之上（前揭《漢唐職官制度研究》，第40頁）；祝總斌氏則認為：尚書臺確實掌握了很大權力，甚至奪取了三公部分決策權力，但在政治運作過程中，三公仍是真正的宰相，無論政治地位還是掌握的實際權力，三公都高於尚書臺（前揭《兩漢魏晉南北朝宰相制度研究》第五章《東漢的尚書》）。在這個問題上，筆者認同祝總斌氏的判斷。

這個機構並非是對西漢「中書」機構的繼承或延續；二者因爲從其參與政治運作開始，該機構就全部以士人充任而屬於朝官序列，從而和由宦官充任的「內職」在性質上有著根本性的不同。其次，曹魏的這個「新」中書機構並非憑空產生，也經歷了一個發展過程，曹魏「新」中書機構乃是在東漢末期秘書監的基礎上發展而來。

秘書監作爲職官機構，始置於東漢桓帝延熹二年（159）。據《後漢書》卷七《桓帝紀》記載，延熹二年八月壬午「初置秘書監官」，學界一般都把延熹二年看成是秘書監設置的最早時間。然而，有跡象顯示，秘書作爲一個機構，其出現的時間可能更早，因爲據《後漢書·賈逵傳》記載：「和帝即位，永元三年，以逵爲左中郎將。八年，復爲侍中，領騎都尉。內備帷幄，兼領秘書近署，甚見信用。」〔註 4〕賈逵以侍中的身份「兼領秘書近署」，其時間明確爲永元八年（96），這個時間就比延熹二年早了 63 年。據同卷所載賈逵於漢章帝建初元年（76）所上奏疏，其中有云：「臣以永平中上言《左氏》與圖讖合者，先帝不遺芻蕘，省納臣言，寫其傳詁，藏之秘書。」〔註5〕可知，賈逵在漢明帝永平年間（58～75），還曾就《春秋左氏傳》與圖讖相合等問題上過奏疏，且其意見被漢明帝採納後，命人撰寫相關著作，後來這些著作還被漢明帝下詔「藏之秘書」，也就是被收藏到「秘書」中，這表明「秘書」作爲國家典章詔令、圖書秘籍的收藏機構，甚至早在漢明帝永平之前就已經存在。

那麼，漢桓帝延熹二年「始置秘書監官」，又該作何解釋？我認爲可以這樣理解：在漢桓帝延熹二年「始置秘書監官」之前，「秘書」可能類似或隸屬於蘭臺，是一個專門負責收藏保管圖書典籍、詔敕政令副本等「秘記」的機構，從職能上說，其時之「秘書」更像是國家圖書館或檔案館，故古代文獻又稱之爲「秘書近署」。此外，其時之秘書可能在組織結構上還比較鬆散，因而只是一個沒有正式建制的準職官機構。《後漢書》所說漢桓帝延熹二年「始置秘書監官」，則是指從這一年開始，國家在秘書機構正式設置長官，並定名爲「秘書監」，這就意味著秘書機構從此正式納入國家職官體系。

漢桓帝始置秘書監官，秘書監成爲國家正式職官機構以後，其主要職掌

〔註 4〕【南朝·宋】范曄撰，【唐】李賢等注：《後漢書》卷三六《賈逵傳》，第 1240 頁，北京，中華書局，1965。

〔註 5〕《後漢書》卷三六《賈逵傳》，第 1237 頁。

應當就是負責國家圖書秘記的收藏保管，這是秘書機構原有職能的繼續。另外，我們注意到，秘書監的職能並不局限於掌管圖書秘記，有史料顯示，秘書監長官有權就時事政治發表評論，或提出建議，如張馴，在漢東末年曾「擢拜侍中，典領秘書近署，甚見納異。多因便宜陳政得失，朝廷嘉之。」〔註6〕張馴以侍中之職，同時典領秘書近署事務，曾多次對時政發表見解，並因此得到朝廷嘉獎。按，其時「侍中」之職與後世門下省長官「侍中」並不相同，屬於用為加官的內職序列，因此張馴能夠對時政發表見解，應該與他同時「典領秘書近署」，掌握較多文獻信息的優勢（即所謂「多因便宜」）存在一定關係。再如，前揭賈逵於漢和帝時期，曾「內備帷幄，兼領秘書近署，甚見信用」，表明賈逵也確實參與了現實政治運作。秘書官員能夠對時政參與意見，應當與秘書機構負責保管包括詔敕政令等檔案在內的圖書典籍，瞭解掌握著更多信息資源有某些關係。此外，也可能與秘書官員另有加官身份有所關係。〔註7〕

　　由此看來，漢桓帝延熹二年始置秘書監官的意義，不僅在於使秘書機構正式進入國家職官序列，而且使得秘書官員的職能範圍進一步擴大，作為國家圖書管理機構，秘書監負責整個圖書秘記的收藏與保管自然是其本職工作；但同時秘書官員也可依據所掌握的信息資源，參與現實政治的運作，這是秘書機構職能在新形勢下的拓展，而且正是秘書機構新拓展的這個職能，埋下了曹魏新中書機構成立的伏筆。

二、曹魏中書機構之組成及其職掌

　　東漢獻帝建安二十一年（216），「挾天子以令諸侯」的曹操在其魏王府也設置了秘書監。我們注意到，曹操魏王府秘書機構的職掌，除繼承東漢時期掌管圖書秘記之外，另一個就是「典尚書奏事」，而且就史籍所透露的信息來看，「典尚書奏事」應當是魏王府秘書監的主要職掌。〔註8〕我們認為，「典尚

〔註6〕《後漢書》卷七九上《儒林傳上·張馴傳》，第2558頁。

〔註7〕如前揭賈逵、張馴等人，均同時擁有侍中頭銜，侍中在漢魏之際不僅多用為加官，且都是近侍龍顏的親近之職，故賈逵、張馴能夠就現實政治問題向君主進言，與他們所擁有的「侍中」職銜應當也有一些關係。

〔註8〕【梁】沈約 撰：《宋書》卷四〇《百官志下》：「魏武帝為王，置秘書令，典尚書奏事，又其任也。」（第1245頁，北京，中華書局，1974。）曹操所置秘書令之職掌，《宋志》突出的是其「典尚書奏事」的一面，換言之，這應當正是魏王府秘書監的主要職掌。

書奏事」乃是曹操魏王府秘書機構與此前東漢秘書機構在職能上的最大區別，正是這個區別成為後來秘書監性質發生根本性變化的關鍵原因。何以言之？因為所謂「典尚書奏事」，就是典掌尚書機構的奏章文書，這一工作的性質與典掌圖書秘記大為不同，意味著魏王府的秘書監已經在事實上奪取原本屬於尚書機構的出令權，成為機要命令的撰擬者，從而形成一個新的決策中心。

曹操以秘書監典尚書奏事，其出發點自然是為了加強魏王府對決策權力的掌控，但此舉明顯對尚書機構形成了侵權。在眾多職官機構中，曹操所以選擇秘書機構作為新中樞政令的制定者，原因當如前所言，乃是因為秘書機構保存有各種檔案文獻，其中包括詔敕政令的副本，這就意味著秘書官員在掌握政治信息資源方面具有不可比擬的優越性。然而，由於秘書機構近乎與生俱來的文化職能，又使得它在承擔現實政治任務的同時，在角色上多少顯得有些不倫不類。對於秘書監身兼政治、文化雙重職任的尷尬情況，曹操本人心中未必沒有想法，但當時天下三分態勢尚未完全定型，戰場上仍然硝煙彌漫，並無在制度建設上投入更大精力的條件，因此只能權且以秘書監臨時充任新的決策中樞。

黃初元年（220）十月，曹丕以魏代漢後，便將秘書監改為中書省，以原秘書郎劉放、孫資分別擔任中書監、令，各加給事中，專門負責草擬機密文誥，此即史籍所載：「黃初初，改秘書為中書，以（劉）放為監，（孫）資為令，各加給事中……遂掌機密。」〔註9〕在改秘書為中書的同時，曹丕又另外成立秘書監，專職負責圖書秘記的保存管理工作。

黃初元年，曹丕甫即帝位，就將秘書改為中書。此事一則表明，現實政治環境業已有所改善，曹魏政權已經具備進行制度建設的一定條件，曹丕代漢稱帝，說明其時曹氏在北方的統治已經穩固，儘管與蜀、吳之間仍然征戰不斷，但三分天下的格局已經形成，因此有條件在制度建設上投入時間和精力。二則表明，此事具有急迫性，因為曹魏政權在進入相對穩定的狀態以後，需要更加專業的機構處理政治事務，秘書監以文化機構而身兼政治、文化雙重職能，顯然已經不能適應新的形勢，因此需要對職官機構加以調整。在所有政治事務中，又以中央決策最為重要，所以，曹丕即帝位後首先就是對中

〔註9〕【晉】陳壽撰，【南朝‧宋】裴松之注：《三國志》卷一四《魏書‧劉放傳》，第457頁，北京，中華書局，1959。

樞決策機構進行調整，將秘書改爲中書使之成爲專職的決策機構，而將圖書秘記保管的職能交給新成立的秘書機構負責。〔註 10〕從此，這個新中書就正式成爲曹魏政治決策最重要的出令機構。

曹丕成立「新」中書機構時，即以中書省爲名。據《三國志・劉放傳》注引《魏氏春秋》云：「烏丸校尉田豫帥西部鮮卑泄歸尼等出塞，討軻比能、智鬱築犍，破之，還至馬邑故城，比能帥三萬騎圍豫。帝聞之，計未有所出，如中書省以問監、令。令孫資對曰……帝從之，比能果釋豫而還。」〔註 11〕這是曹魏中書機構以省爲名的直接證據，歷來爲學界所徵引。對於曹魏新中書機構以省爲名的原因，學界曾有所探討，如陳仲安、王素二氏認爲：「當時『省』與『禁』似有不同，省是士人所能進出的地方，禁是后妃起居之地，士人不得隨便出入。中書設在省中，故以省爲名。」〔註 12〕這個解釋確有一定道理，但也並不盡然。中書稱「省」，並不一定完全就是因爲「省」、「禁」之區分，因爲我們注意到，劉放、孫資擔任中書監、令的同時，均有「給事中」之加官，而加官的主要目的就是爲了方便自由出入禁中，以中書機構當時的情況來看，對於保密性的要求極高，因此中書省剛剛成立的時候，也很有可能設在禁中。正是由於設在禁中，爲方便中書官員能夠自由出入，於是就給他們冠以給事中等加官頭銜，否則孫資、劉放二人「給事中」的加官，就多少顯得有些冗餘。〔註 13〕這裏需要要強調的是，不論中書稱「省」的原

〔註10〕 曹丕新置秘書監的職掌，史籍記載較爲明確。據《三國志》卷二《魏書・文帝紀》載，黃初三年十月，曹丕表首陽山東爲壽陵，並作終制云：「……其以此詔藏之宗廟，副在尚書、秘書、三府。」（第 82 頁）這表明曹魏秘書監有收藏保管詔書副本的職責，這裏的秘書機構，顯然不再參與機密詔敕的撰擬了。又《三國志》卷二三《魏書・楊俊傳》注引《魏略》云：「王象字義伯……魏有天下，拜象散騎侍郎，遷爲常侍，封列侯。受詔撰《皇覽》，使象領秘書監。象從延康元年始撰集，數歲成，藏於秘府，合四十餘部，部有數十篇，通合八百餘萬字。象既性器和厚，又文采溫雅，用是京師歸美，稱爲儒宗。」（第 664 頁）這是說王象在曹魏時以散騎常侍的身份，同時「領秘書監」典掌圖書秘記的撰寫、收集和整理工作。由此可見，曹魏時期秘書監的主要職掌除了收藏保管皇帝的詔書副本之外，還負責圖書典籍的收集整理。我認爲，這些也正是東漢桓帝延熹二年秘書監初成立時的主要職掌。

〔註11〕 《三國志》卷一四《魏書・劉放傳》注引《魏氏春秋》，第 458 頁。

〔註12〕 前揭《漢唐職官制度研究》，第 41 頁。

〔註13〕 我推測曹魏中書省有可能設置在禁中，還另有側證。據《宋書》卷四〇《百官志下》載：「（魏）文帝黃初初，（秘書令）改爲中書令，又置監，及通事郎，次黃門郎。黃門郎已署事過，通事乃奉以入，爲帝省讀書可。」（第 1245 頁）

因是否與「省」、「禁」的區分有關係,其成立伊始便以「中書省」爲名,則並無疑問。

曹丕初創新中書機構時,不僅中書省職官的設置很不完備,而且頭緒也很不清楚,如中書省的首長不僅有監,還有令,均爲三品,因此監、令的關係如何協調平衡,就存在問題。中書監、令同爲中書省的首長,均爲三品,本不應有高下之分,但有史實表明監似略高於令,如爰俞,「少有能名,辟太尉府,稍歷顯位,至侍中中書令,遷爲監。」〔註14〕這裏是說爰俞從侍中中書令遷爲中書監,我們知道,在古代官吏的遷除中,「遷」一般意義都有「陞遷」的含義,因此這個事例表明中書監在事實上可能略高於中書令。〔註15〕至於監略高於令的原因,可能與中書本由秘書改變而來,而秘書監作爲秘書機構的原來首長,在轉稱中書監後,在實際政治運作中,要比新設置的中書令略高一些,可能更易於爲該機關工作人員在心理上所接受。當然,這只是一種推測。監略高於令,可能還有其它更複雜的原因,如首任中書監劉放、中書令孫資的任職資格及政治地位有所差別等原因,從劉、孫二人的仕宦履歷來看,劉放的政治地位似乎略高於孫資。〔註16〕徵諸《晉書》所載,中書監、令並置的雙首長制,一直到東晉時期還存在,我認爲這種雙首長制正是一個新職官機構在初創時期,還有待進一步發展完善的表現。

曹魏中書省之職官構成,除監、令以外,另有中書侍郎4人、通事舍人4

《宋志》的這段文字記述,表明曹魏中書機構有「黃門郎」一職,所謂「黃門」者,禁中之黃門也,中書黃門郎即供職於黃門附近之中書省官員。因此,中書省有黃門郎一職,也可側證中書省在曹魏成立時,可能一度位於禁中。

〔註14〕《三國志》卷二八《鄧艾傳》注引荀綽《冀州記》,第781~782頁。

〔註15〕前揭《漢唐職官制度研究》也認爲:「監略高於令」。(第41頁)

〔註16〕據《三國志》卷一四《魏書・劉放傳》暨所附《孫資傳》,孫資傳附於劉放傳之後,已隱約透露出二人政治地位並不完全平等,當然這或許只是陳壽的個人判斷。從二人的仕宦履歷,劉放先得意於曹操,歷任參司空軍事、主簿記室、郃陽令、祋祤令、贊令等職,孫資明顯不如劉放親近,歷任縣令、參丞相軍事等職。曹操稱魏王以後,劉、孫二人同時出任秘書郎;曹丕繼承魏王位後,放、資二人轉爲左、右丞,數月後,劉放徙爲令;及曹丕篡漢成魏,改秘書爲中書,放任監、資任令,各加給事中,放賜爵關內侯、資爲關中侯,同掌機密;曹初三年,放進爵魏壽亭侯,資關內侯;魏明帝曹叡繼位,同加散騎常侍,放進爵西鄉侯、資樂陽亭侯……從中可知:劉放、孫資二人同掌中書,重要性不分伯仲,但二人在爵位上略有差異,劉放總是領先孫資一步,當劉放進爵魏壽亭侯時,孫資始得關內侯;及孫資進樂陽亭侯時,劉放已進爵西鄉侯。據此或可認爲,劉放的政治地位應當略高於孫資。

人，據《宋書‧百官志》云：

> （魏）文帝黃初初，（秘書令）改爲中書令，又置監，及通事郎，
> 次黃門郎。黃門郎已署事過，通事乃奉以入，爲帝省讀書可。晉改
> 曰中書侍郎，員四人。晉江左初，改中書侍郎曰通事郎，尋復爲中
> 書侍郎。〔註17〕

據此可知，曹魏初置中書省時，令、監之下設有通事郎、黃門郎兩類官員，
其工作程序是：黃門郎審查簽字之後，由通事郎持入禁中爲皇帝省讀，然后
皇帝在上面簽署意見（即「書可」）。到西晉時，將通事郎改爲中書侍郎，並
定員爲四人。及至東晉，又一度將中書侍郎改爲中書通事郎，但不久之後又
恢復中書侍郎的名稱。《宋志》的這些說法基本爲杜佑所繼承，但杜佑同時
也指出：改通事郎爲中書郎不在西晉而在曹魏，因爲魏明帝時曾詔舉中書
郎。〔註18〕驗諸史實，應該說這是杜佑的卓識，因爲《三國志》所載曹魏中
書郎、中書侍郎頗多，如鄧颺，「明帝時爲尚書郎，除洛陽令，坐事免，拜中
郎，又入兼中書郎。」〔註19〕王基，「大將軍司馬宣王辟基，未至，擢爲中書
侍郎。」〔註20〕虞松，「從司馬宣王征遼東，宣王命作檄，及破賊，作露布。
松從還，宣王辟爲掾，時年二十四，遷中書郎，遂至太守。」〔註21〕又同書
《鍾會傳》引裴松之注云：

> 嘉平元年，車駕朝高平陵，（鍾）會爲中書郎，從行。相國宣文
> 侯始舉兵，眾人恐懼，而夫人（按，即鍾會母親）自若。中書令劉
> 放、侍郎衛瓘、夏侯和等家皆怪問：「夫人一子在危難之中，何能無
> 憂？」答曰：……果如其言，一時稱明。會歷機密十餘年，頗豫政
> 謀。〔註22〕

是衛瓘、夏侯和等人在曹芳嘉平（249～253）年間，曾任中書侍郎之職。

〔註17〕《宋書》卷四○《百官志下》，第1245頁。
〔註18〕【唐】杜佑撰，王文錦等點校：《通典》卷二一《職官典三》：「後改通事郎爲中書侍郎」下自注云：「明帝詔舉中書郎，謂盧毓曰：『得人與否，在盧生耳。』又魏末張華遷長史，兼中書郎，朝議表奏，多見施用。」（第562頁，北京，中華書局，1988。）很顯然，杜佑認爲魏晉之際中書侍郎即中書郎，大概中書郎乃是時人對中書侍郎的簡稱。
〔註19〕《三國志》卷九《魏書‧曹爽傳》注引《魏略》，第288頁。
〔註20〕《三國志》卷二七《魏書‧王基傳》，第750～751頁。
〔註21〕《三國志》卷二八《魏書‧鍾會傳》注引《世語》，第785頁。
〔註22〕《三國志》卷二八《魏書‧鍾會傳》注，第786頁。

綜合以上所列，鄧颺入兼中書郎、司馬懿辟王基爲中書侍郎、虞松遷中書郎，均是在魏明帝曹叡統治時期；高平陵之變發生時，則有中書郎鍾會，中書侍郎衛瓘、夏侯和，此三例是在魏晉嬗代之際。凡此均表明，中書郎或中書侍郎等職，不可能遲至西晉時才出現。〔註23〕

不過，這裏還有一個問題，即排名在通事郎之下的黃門郎，其發展演變情況如何，包括沈約、杜佑等人在內，均未有隻字加以說明。也就說，在通事郎改爲中書侍郎，及後來中書侍郎又改爲通事郎等反覆變化過程中，負責「署事」的中書黃門郎究竟是一種什麼狀況？因爲從西晉開始，中書省似乎就不再有黃門郎一職的設置了（按，史籍所記述的黃門郎，後來一直是門下省的重要屬官），中書省的黃門郎究竟何時消失或者改換名稱呢？

種種跡象顯示，中書省的黃門郎當消失在西晉初年，而且很有可能改名爲中書舍人，或與中書（通事）舍人合而爲一。據《晉書·職官志》云：「中書舍人，案晉初初置舍人、通事各一人，江左合舍人通事謂之通事舍人，掌呈奏案章。後省，而以中書侍郎一人直西省，又掌詔命。」〔註24〕無論是西晉時的舍人、通事合作共事，還是東晉時通事、舍人二職合併，其所承擔的任務都是相同的，即「呈奏案章」，而「呈奏案章」，恰好包括了曹魏黃初年間通事郎、黃門郎二職的職掌。這也就是說，「呈奏案章」也包含黃門郎「署事」即審查的過程，因爲不可能把未經過審核的草稿直接呈送給皇帝批閱。換言之，西晉初年舍人、通事的合作與曹魏時黃門郎、通事郎之間的合作，實際上承擔著相同的任務，如果通事的職掌不變，那麼舍人所承擔的自然應當是原黃門郎所擔任的那一部分。因此，我認爲曹魏時期的中書省黃門郎，應當就是西晉初年的中書舍人，而且很有可能，中書舍人就是由黃門郎改變名稱而來。〔註25〕

曹魏中書省的職掌，最重要者爲專管詔令，尤其是事關軍國大政的機要

〔註23〕其實，唐人已經注意到《宋志》之誤，據【唐】徐堅等撰：《初學記》卷十一「中書侍郎」條注：「按魏志，明帝詔舉中書郎，謂盧毓曰：『選舉莫取有名，有名如畫地作餅，不可啖也。』毓舉韓暨，帝用之。又司馬宣王辟王伯興，擢爲中書侍郎，亦明帝時。據此，中書侍郎起魏代，沈約《宋書》云晉改，似謬也。」（第274頁，北京，中華書局，1962。）

〔註24〕《晉書》卷二四《職官志》，第735頁。

〔註25〕三省制度的發展演變過程來看，中書黃門郎在改爲中書舍人以後，黃門郎作爲職官名稱並未消失，只不過從此之後，黃門郎變成門下省的下屬職僚名稱了。

詔敕。但必須指出的是，當時草擬詔令由中書省長官中書令、中書監親自掌管，作為其屬官的中書侍郎，抑或是通事郎等，本來均無權過問詔令的草擬，這些已經成為學界的共識。〔註 26〕然而，在實際政治運作的過程中，卻不能完全排除中書侍郎或通事郎等屬官插手機要詔令的撰擬等事務，因為從制度設計的角度來說，屬官本來就有替長官排憂解難的職責。而且，魏晉之際確有中書侍郎參與詔書草擬的實際例證，如鍾會在擔任中書侍郎時，就曾幫助中書令虞松改訂奏表，史言：

> 司馬景王（按，即司馬師）命中書令虞松作表，再呈輒不可意，命松更定。以經時，松思竭不能改，心苦之，形於顏色。會察其有憂，問松，松以實答。會取視，為定五字。松悅服，以呈景王，王曰：「不當爾邪，誰所定也？」松曰：「鍾會。向亦欲啓之，會公見問，不敢饕其能。」王曰：「如此，可大用，可令來。」會問松王所能，松曰：「博學明識，無所不貫。」會乃絕賓客，精思十日，平旦入見，至鼓二乃出。出後，王獨拊手歎息曰：「此真王佐材也！」〔註27〕

對於這條文獻資料的真實性，裴松之曾有過懷疑，對此我們不作考辨。〔註28〕但文獻所反映的魏晉之際中書機構的職掌，則十分明顯：按照制度規定，草擬詔書乃是中書監、令的職責，作為中書監、令屬官的中書侍郎本無過問的權力。但是，鍾會作為中書侍郎，在見到長官虞松因為詔書修改而犯難時，主動提出修改意見，並因此得到司馬師的賞識。〔註29〕此事當然可以視為特例，但也從另一方面說明，中書侍郎在某些時候還是能夠參與機要詔敕的撰擬。

〔註26〕 前揭《漢唐職官制度研究》：「中書成立之初，草擬詔令之職，由監、令親領。」（第 42 頁）草擬詔令之權既由中書長官監、令親自典掌，其下屬官自然無權過問此事。

〔註27〕 《三國志》卷二八《鍾會傳》注引《世語》，第 784～785 頁。

〔註28〕 據《三國志》卷二八《魏書·鍾會傳》注引《世語》：「臣松之以為鍾會名公之子，聲譽夙著，弱冠登朝，已歷顯位，景王為相，何容不悉，而方於定虞松表然後乃蒙接引乎？設使先不相識，但見五字而便知可大用，雖聖人其猶病諸，而況景王哉？」（第 785 頁）很顯然，對於鍾會助虞松改字而蒙司馬師賞識一事，裴松之是持懷疑態度的。

〔註29〕 據《三國志》卷二八《魏書·鍾會傳》：「正始中，以為秘書郎，遷尚書中書侍郎。」（第 784 頁）

三、中書省在兩晉時期的發展（附論西省）

兩晉時期，草擬詔令的權力仍然由中書監、令親掌，這就是《通典》所說的「魏晉以來，中書監、令掌贊詔命，記會時事，典作文書。」〔註30〕有關這方面的實例，《晉書》所載頗多，不必枚舉。我們要關注的是，中書機構政治地位所發生的巨大變化。由於中書省掌握了草擬詔令的權力，因此成為時人矚目的權力中心。最為人所熟知的是，荀勖由中書監陞遷為守尚書令，有人向他表示祝賀，但荀勖本人卻顯得十分失落，史言：「勖久在中書，專管機事。及失之，甚罔罔悵恨。或有賀之者，勖曰：『奪我鳳皇池，諸君賀我邪！』」〔註31〕荀勖所以「罔罔悵恨」，不以品級擢升為喜，就是因為中書令掌管機要，守尚書令雖然品級較高，政治重要性卻有所下降。

稽考諸史所載，兩晉時期的中書監、令除專掌詔令以外，另有如下職掌：

（一）擬定遺詔，參輔朝政。如晉武帝疾篤時，遺詔中書省，以汝南王司馬亮與皇后父楊駿「夾輔王室」，楊駿擔心失去權寵，遂從中書省借走遺詔並將之藏匿，中書監華廙擔心事情泄露，多次向楊駿索要，楊駿始終不肯歸還。及至晉武帝臨終前，楊皇后遂奏請以楊駿輔政，於是「便召中書監華廙、令何劭，口宣帝旨使作遺詔……詔成，后對廙、劭以呈帝，帝親視而無言。」〔註32〕這是中書監華廙、中書令何劭奉命撰寫先皇遺詔。

除草詔權以外，中書監、令還有權參輔朝政，如晉成帝司馬衍即位，皇太后臨朝稱制，任命司徒王導為錄尚書事，「與中書令庾亮參輔朝政」〔註33〕。晉康帝建元元年（343）十月，「以驃騎將軍何充為中書監、都督揚豫二州諸軍事、揚州刺史、錄尚書事，輔政。」〔註34〕何充輔政的身份，自不止一端，但本條文獻所顯示之中書監有權參輔朝政，則是沒有疑問的。

（二）充當顧命，弼輔新君。據諸史載，晉成帝咸康八年（342）六月，「壬辰，引武陵王晞、會稽王昱、中書監庾冰、中書令何充、尚書令諸葛恢並受顧命。」〔註35〕及晉康帝司馬岳即位，「時帝諒陰不言，委政於庾冰、何

〔註30〕《通典》卷二一《職官典三》「中書令」條，第561頁。
〔註31〕【唐】房玄齡等撰：《晉書》卷三九《荀勖傳》，第1157頁，北京，中華書局，1974。
〔註32〕《晉書》卷四○《楊駿傳》，第1177～1178頁。
〔註33〕《晉書》卷七《成帝紀》，第169頁。
〔註34〕《晉書》卷七《康帝紀》，第186頁。
〔註35〕《晉書》卷七《成帝紀》，第183頁。

充。」〔註36〕這就是說晉成帝臨終前以中書監庾冰、中書令何充等人充當顧命大臣，及晉康帝繼承皇位後，朝政便由庾冰、何充二人主持。

從這條史料可知，在新皇帝即位後，中書監、令全面負責朝政，原先共同受顧命的宗室諸王，以及尚書令諸葛恢，並不在主持朝政大臣之列，適足表明中書監、令在輔弼新君的過程中地位更爲重要。

（三）出任帝師，教導儲君。徵諸史載，晉惠帝即位後，何劭曾以中書監的身份出任太子太師，負責教導皇太子司馬遹。〔註37〕

（四）制度建設，典掌著作。中書監、令在制度建設方面的職掌範圍頗廣，舉凡法律、禮樂、朝會、廟祭、郊祀、喪葬禮儀等方面，均有權參與或主持相關規章的調整或制定。

以言法律制度建設，如荀勖在晉武帝時，「拜中書監，加侍中，領著作，與賈充共定律令。」〔註38〕以言禮樂制度建設，晉武帝泰始九年（273），「中書監荀勖校太樂……勖乃部著作郎劉恭依《周禮》制尺……泰始十年，中書考古器，揆校今尺，長四分半……荀勖造新鐘律，與古器諧韻，時人稱其精密。」〔註39〕泰始十年（274），「中書監荀勖、中書令張華出御府銅竹律二十五具，部太樂郎劉秀等校試……勖等奏：……奏可。」〔註40〕校正整理聲律、樂器屬於禮樂制度建設，由中書監荀勖、中書令張華等人主持進行。

至於朝會、廟祭、郊祀、喪葬禮儀等方面，性質上也屬於封建國家的制度建設，在有些時候，中書監、令或是討論的組織者或是主要參議人。如晉武帝司馬炎駕崩，喪禮「亦遵漢魏之典，既葬除喪，然猶深衣素冠，降席撤膳」，於是包括太宰、太傅、太保、太尉、司徒、司空、尚書令、尚書僕射、中書監、侍中、車騎將軍、都護大將軍、中軍將軍等在內的重臣，紛紛就惠帝應服之喪禮聯合上奏，幾經反覆後，遂確定惠帝以「三年之喪」終孝三年。〔註41〕我們看到，中書監也是此次主要參議人之一。又如，東晉穆帝司馬聃駕崩，哀帝司馬丕繼立。由於哀帝和穆帝爲從父昆弟，故穆帝的舅舅褚歆就哀帝的繼祠問題上了一道奏表，「中書答表朝廷無其儀，詔

〔註36〕 《晉書》卷七《康帝紀》，第 184 頁。
〔註37〕 《晉書》卷四《惠帝紀》，第 89 頁。
〔註38〕 《晉書》卷三九《荀勖傳》，第 1153 頁。
〔註39〕 《晉書》卷一六《律曆志上》，第 490～491 頁。
〔註40〕 《晉書》卷一六《律曆志上》，第 480～481 頁。
〔註41〕 《晉書》卷二〇《禮志中》，第 613～614 頁。

下議。」〔註42〕由於哀帝和穆帝從父昆弟的關係，故哀帝繼位後究竟是繼祠穆帝司馬聃，還是成帝司馬衍，抑或是康帝司馬岳？由於存在這三種可能性，故褚歆上奏詢問。我們看到，接到奏章後，由中書省作出答表，告知尚無這方面的制度規定；隨後又由中書省草擬詔書，向諸司徵求意見。此事表明，關於哀帝繼祠問題的討論，組織者或主持人應當是中書省的長官。按，此事下議後，果然出現三種意見，分別為：尚書僕射江虨等人以為宜祠穆帝；衛軍王述等十五人以為宜祠成帝；尚書謝奉等六人以為宜祠康帝。最後，由中書省擬詔，採納了王述等人的意見，即以哀帝繼祠晉成帝司馬衍。〔註43〕

不僅帝王喪葬禮儀中書省有權參與或主持，即便是大臣的喪葬禮儀，中書省長官的意見也往往具有重要影響，如謝安死後，關於他的喪葬禮儀，「論者或有異同」，時任散騎常侍的徐邈，「固勸中書令王獻之奏加殊禮」〔註44〕。

中書監、令典掌著作，實與中書省由秘書監改變名稱而來，而秘書監當初的主要職掌之一又是負責圖書秘記的保管有直接關係。如《晉書·職官志》在記述著作郎職掌時，云：「著作郎，周左史之任也。漢東京圖籍在東觀，故使名儒著作東觀，有其名，尚未有官。魏明帝太和中，詔置著作郎，於此始有其官，隸中書省。及晉受命，武帝以繆徵為中書著作郎。元康二年，詔曰：『著作舊屬中書，而秘書既典文籍，今改中書著作為秘書著作。』於是改隸秘書省。」〔註45〕表明元康二年（292）以前，著作一事由中書省兼領，元康二年以後才改由秘書省掌管。

由以上論述可知，中書監、令的職掌範圍在其時仍較為寬泛，儘管它是專司詔令的決策機構，但在實際政治運作中，並未局限於詔敕的制定。這種情況一方面反映了中書省因為負責機要詔敕的制定，而拓展了權力的外延；另一方面也正好表明中書省作為一個新的職官機構，對其權限範圍還沒有相對嚴格的限制，結果就在事實上造成了中書機構越權的現象。舉例言之，中書省成為專司詔命的決策機關以後，按理說不應該繼續插手圖書典籍管理及著作等文化事務，因為這些事務已經有同時成立的新秘書機構專門負責，然

〔註42〕 《晉書》卷二〇《禮志中》，第616頁。
〔註43〕 《晉書》卷二〇《禮志中》，第616～617頁。
〔註44〕 《晉書》卷九一《儒林·徐邈傳》，第2356頁。
〔註45〕 《晉書》卷二四《職官志》，第735頁。

而在事實上，我們卻看到中書監、令仍不斷干涉這些文化事務。〔註46〕

　　另一方面，我們也必須清楚地認識到，中書省在兩晉時期的發展也並非一帆風順，中書機構的權力在東晉時似一度被削弱，甚至曾被省併。如杜佑就說過：「東晉嘗併其職入散騎省，尋復置之。」〔註47〕《唐六典》「左散騎常侍」條注也說：「東晉并中書入散騎省。故庾亮《讓中書箋》曰：『方今并省，不宜多官。往以中書并附散騎，此事宜也。方今喉舌之要，則任在門下，章表詔命，則取之散騎，殊無事復立中書也。」〔註48〕然而，《晉書》所載其間中書（侍）郎、中書監、中書令頗多，著名者如庾亮、庾冰等，均曾以中書監、令的身份執政。對此兩相矛盾的材料，我以爲不宜妄言孰是孰非，最可能的情況可能確如有些學者所說的那樣，當時確曾有過省併中書機構一事，但爲時甚短，並未對中書機構造成實質性影響。〔註49〕

　　儘管過程並不平順，中書省作爲中樞政令的主要制定者，還是一步步在向前發展。中書機構進一步發展的一個重要表現就是，至遲到東晉時期，草擬詔敕的事務已經不再限於中書省的長官——中書監或中書令了，作爲中書機構重要屬官的中書郎或中書侍郎，也已經從制度上獲得參與職掌詔令的權力。我認爲，中書郎或中書侍郎獲得參與制定詔令的權力，應當視爲中書機構的新發展，預示著中書機構在新的職官體系中將承擔著越來越重要的責任。

　　史實表明，中書侍郎參與擬定機要詔敕，至遲從東晉孝武帝統治時期就已經常態化了。中書侍郎參與草擬詔敕常態化的原因，則與它成爲「西省郎」的固定成員有著直接關係，因爲西省郎乃是當時負責詔令文書草擬的專職人員。按，「西省」一詞，始見於《晉書·職官志》，略云：「中書舍人，案晉初初置舍人、通事各一人，江左合舍人、通事謂之通事舍人，掌呈奏案章。後省，而以中書侍郎一人直西省，又掌詔命。」〔註50〕另外，同書《徐邈傳》則記載：

〔註46〕據《晉書》卷三九《荀勖傳》：荀勖「俄領秘書監，與中書令張華依劉向《別錄》，整理記籍。」（第1154頁）荀勖「整理記籍」尚無可厚非，因爲他畢竟同時身兼秘書監一職，至於中書令張華參與圖書秘記的整理，就難免有越俎代庖之嫌。

〔註47〕《通典》卷二一《職官典三》「中書令」條，第561～562頁。

〔註48〕【唐】李林甫等撰，陳仲夫點校：《唐六典》卷八「左散騎常侍」條，第246頁，北京，中華書局，1992。

〔註49〕前揭《漢唐職官制度研究》，第48～49頁。

〔註50〕《晉書》卷二四《職官志》，第735頁。

及孝武帝始覽典籍，招延儒學之士，邈既東州儒素，太傅謝安舉以應選。年四十四，始補中書舍人，在西省侍帝。雖不口傳章句，然開釋文義，標明指趣，撰正《五經》音訓，學者宗之。遷散騎常侍，猶處西省，前後十年，每被顧問，輒有獻替，多所匡益，甚見寵待。帝宴集酣樂之後，好爲手詔詩章以賜侍臣，或文詞率爾，所言穢雜，邈每應時收斂，還省刊削，皆使可觀，經帝重覽，然後出之。是時侍臣被詔者，或宣揚之，故時議以此多邈。〔註51〕

《晉志》講的是中書侍郎「直西省」而掌詔命。《徐邈傳》則講徐邈在擔任中書舍人以後，「在西省侍帝」，及其遷爲散騎侍郎以後，「猶處西省，前後十年，每被顧問，輒有獻替，多所匡益」。從這段文字中，我們知道徐邈在「西省侍帝」的十年中，實際上相當於孝武帝的政治顧問，並不能說明徐邈直接參與制定詔令。但「每被顧問，輒有獻替，多所匡益」的事實也告訴我們，在詔令制定的過程中，徐邈應該參與過意見或提出過建議。

關於「西省郎」的問題，《宋書·王韶之傳》有更爲明確的表述，略云：

晉帝自孝武以來，常居內殿，武官主書於中通呈，以省官一人管司詔誥，任（按，或作「住」）在西省，因謂之西省郎。傅亮、羊徽相代〔在職，義熙十一年，高祖以韶之博學有文詞，補通直郎，〕領西省事。轉中書侍郎。安帝之崩也，高祖使韶之與帝左右密加酖毒。恭帝即位，遷黃門侍郎，領著作郎，西省如故。凡諸詔黃，皆其辭也。〔註52〕

何謂「西省」？據《南齊書·百官志》云：「自二衛、四軍、五校已下，謂之『西省』，而散騎爲『東省』。」〔註53〕從所引《齊志》可知，所謂「西省」，乃是禁衛武官（包括左、右二衛，前、後、左、右四軍，屯騎、步兵、射聲、越騎、長水五校尉，以及其下的虎賁中郎將、冗從僕射、羽林監、積射將軍、強弩將軍、殿中將軍、員外殿中將軍、殿中司馬督、武衛將軍、武騎常侍）的駐地；散騎省則被稱爲「東省」，乃是文職人員的彙聚場所。

東晉孝武帝「常居內殿」，而以武官一人負責傳達詔敕文書，一者可能因爲其所居內殿距離西省較近，再者可能是因爲由武官傳達文書安全性、保密

〔註51〕《晉書》卷九一《儒林·徐邈傳》，第2356頁。
〔註52〕《宋書》卷六○《王韶之傳》，第1625頁。
〔註53〕【梁】蕭子顯撰：《南齊書》卷一六《百官志》，第326頁，北京，中華書局，1972。

性較高，因為所傳達的詔敕，均屬國家機密文件。然而，詔敕文書的草擬撰寫，卻是由在西省值班的文職「省官」，即「西省郎」所承擔。那麼，當時的「西省郎」包括那些官員？

據前引《宋書·王韶之傳》，王韶之以通直郎身份領西省事，表明通直郎屬於「西省郎」，及轉黃門侍郎，領著作郎，「西省如故」，表明黃門侍郎、著作郎均可算作「西省郎」。又如傅亮，東晉安帝義熙元年（405）「除員外散騎侍郎，直西省，典掌詔命……七年，遷散騎侍郎，復代（滕）演直西省。仍轉中書黃門侍郎，直西省如故……會西討司馬休之，以為太尉從事中郎，掌記室。以太尉參軍羊徽為中書郎，代直西省。」〔註54〕從中可知，散騎省（東省）的員外散騎侍郎、散騎侍郎、散騎常侍，中書省的中書（侍）郎，門下省的黃門侍郎等，也都可以充當「西省郎」。

在所有「西省郎」中，以中書侍郎、黃門侍郎二職最為重要，因為就史籍所透露的信息來看，此二職參與詔令草擬的次數相對較多，這大概與他們入直西省的頻率相對較高有直接關係。這種情況正是中書、門下二省在政治生活中扮演越來越重要角色的前兆，預示著中書、門下機構將面臨著更加廣闊的發展前景。

最後簡單說一下「西省」在南朝時期的發展演變，因為西省職能在南朝時期的變化，正從一個方面反映中書機構職能的發展與變化。

東晉孝武帝時期始出現的「西省」制度，在南朝得以保留並進一步發展，到後來的宋、齊、梁、陳諸朝，西省郎的成員繼續增加，如蕭梁時王僧孺「累遷鎮右始興王記室參軍，北中郎南康王諮議參軍，入直西省」〔註55〕，是王僧孺以宗室諸王諮議參軍、北中郎將的身份，入為「西省郎」。又如朱异，「特敕擢為揚州議曹從事史。尋有詔求異能之士，《五經》博士明山賓表薦异……高祖召見……仍召异直西省，俄兼太學博士。」〔註56〕是朱异曾以「揚州議曹從事史」的身份入為西省郎。再如周興嗣，以文學為梁武帝所知，曾先後入直華林、文德、壽光等省，天監十七年（518），「復為給事中，直西省」〔註57〕，是周興嗣曾以給事中的身份為西省郎。

〔註54〕《宋書》卷四三《傅亮傳》，第1336頁。
〔註55〕【唐】姚思廉撰：《梁書》卷三三《王僧孺傳》，第474頁，北京，中華書局，1973。
〔註56〕《梁書》卷三八《朱异傳》，第537～538頁。
〔註57〕《梁書》卷四九《文學上·周興嗣傳》，第698頁。

　　必須指出的是，至遲從蕭梁開始，「西省」在政治上的重要性已經大大弱化，遠遠不及宋齊時期，而是朝著文化事務官員的方向發展。蕭梁時期入直西省，所從事的主要工作絕大數與文化事務相關，如殷鈞，「天監初，拜駙馬都尉，起家秘書郎，太子舍人，司徒主簿，秘書丞。鈞在職，啓校定秘閣四部書，更爲目錄。又受詔料檢西省法書古迹，別爲品目。」〔註 58〕這表明梁朝初年，西省就收藏、保管古代書法墨迹，故梁武帝以殷均入省檢校此事。又如前揭王僧孺，曾「入直西省，知撰譜事」，撰寫譜牒雖與選舉不無關係，但與文化關係更爲密切。其它如沈峻、孔子袪等人，所從事的也多與文化事務有關，史言「時中書舍人賀琛奉敕撰《梁官》，乃啓峻及孔子袪補西省學士，助撰錄」〔註 59〕，其時沈峻任員外散騎侍郎、兼《五經》博士，孔子袪事蹟不詳，中書舍人賀琛奉敕撰寫《梁官》，大概因感到事務較多，故奏請以二人出任「西省學士」，協助自己撰寫國家職官令典。再如任孝恭，「高祖聞其有才學，召入西省撰史」，〔註60〕是西省郎參與撰寫歷史；劉峻「天監初，召入西省，與學士賀蹤典校秘書」〔註61〕，是爲典掌整理圖書秘記；虞荔、顧協「時左右之任，多參權軸，內外機務，互有帶掌，唯荔與顧協淡然靖退，居于西省，但以文史見知，當時號爲清白。尋領大著作。」〔註62〕鄭灼，「轉平西邵陵王府記室。簡文在東宮，雅愛經術，引灼爲西省義學士。」〔註63〕此三人均以文史或經學居於西省，所從事者與學術有關而與政治無涉。

　　正是鑒於西省的性質已經發生根本性的變化，故陳朝建立後，高祖陳霸先下詔設置西省學士，入預者的學術水平便成爲選拔標準之一，史載永定三年（559）四月甲午，「詔依前代置西省學士，兼以伎術者預焉。」〔註64〕我們看到，陳朝「西省學士」之設置，一方面是「依前代」而爲，這是對歷史的繼承；另一方面，「兼以伎術者預焉」，強調的是學術水平。至此，西省的文化味道更爲濃厚，已基本完成向文化事務機關的轉變。〔註65〕西省職能爲

〔註58〕《梁書》卷二七《殷鈞傳》，第 407 頁。
〔註59〕《梁書》卷四八《儒林·沈峻傳》，第 679 頁。
〔註60〕《梁書》卷五○《文學下·任孝恭傳》，第 726 頁。
〔註61〕《梁書》卷五○《文學下·劉峻傳》），第 702 頁。
〔註62〕《陳書》卷一九《虞荔傳》，第 256 頁。
〔註63〕《陳書》卷三三《儒林·鄭灼傳》，第 441 頁。
〔註64〕《陳書》卷二《高祖紀下》，第 39 頁。
〔註65〕學界關於「西省」的研究成績斐然，如周一良、祝總斌、閻步克、陳蘇鎮諸氏均有相關論述，其中以「西省」爲直接論題者有：周一良氏《東西二省》（周

何發生這個變化？其變化的意義又是什麼？

　　導致西省職能發生變化的原因，主要在於西省郎成員的不斷增加，造成了詔令制定保密性的下降，從而使得它不再適合繼續作爲詔令的制定者。作爲中樞制令機構，對保密性的要求歷來很高，西省既然在這個方面達不到要求，那麼其職能發生轉變也就勢所難免了。至於西省變化在政治層面上的影響，我認爲莫過於對中書、門下二省向專職中樞決策機構轉變的推動，從某種意義上說，正是由於西省郎成員駁雜而不再適宜參與制定詔令，結果就爲中書、門下二省官員提供更多參與制定詔令的機會，而隨著制詔權力向中書、門下二省集中，最終形成了中書出令、門下封駁的二省聯合決策模式，雖然這種決策模式要到隋唐三省六部制成熟時才最終確定下來。但追根溯源，正是西省郎淡出詔敕政令的制定以後，中書、門下二省掌控中樞決策權的速度才得以大大加快。

一良撰：《魏晉南北朝史札記》第 219 頁，北京，中華書局，1985。）、閻步克氏《仕途視角中的南朝西省》（《中國學術》2004 年第 1 期）、陳蘇鎮氏《西省考》（《周一良先生八十生日紀念論文集》，北京，中國社會科學出版社，1993。）等文，祝總斌氏則在其《兩漢魏晉南北朝宰相制度研究》第九章第三節以「南朝的中書侍郎與西省」爲題，對西省問題進行討論。諸家論述角度及觀點大致如下：周一良氏認爲東西二省分指門下省和中書省。祝總斌氏則指出：西省不是中書省；西省於東晉後期當是孝武帝讀書之地；南朝宋、齊的西省可能就是皇太子出居東宮前在禁中的住地──永福省。閻步克氏則從選官體制的角度對東、西省的性質進行分析，認爲「東、西省的地位、性質和作用，是此期官僚政治的重要方面，構成了漢唐候選制度的中介環節，且與官階制度變遷密切相關。」（前揭《仕途視角中的南朝西省》）閻步克氏後來又從官僚品位結構的角度，對西省性質作了進一步分析，略云：「在南北朝，這些品位性官職（筆者按，指侍中、散騎、給事中、奉朝諸職）構成了『東省』，而另一批禁衛軍校之職，由於用於加官（南朝稱爲『帶帖』），用作起家遷轉之位，也具有了類似性質，從而組成了所謂『西省』。東西省的官要番上值班，要承擔很多隨機事務，例如出使，並由此獲得選任資格。所以，南朝的東西二省與漢代郎署，是很相似的；就其功能及其在官制中的結構性位置而言，不妨說東省上承漢代的三署郎，西省上承漢代的羽林郎、虎賁郎。北朝也有東西省，二省都是散官充斥之所，其中的西省武職散官，已『文職化』了。」（閻步克撰：《從爵本位到官本位──秦漢官僚品位結構研究》上編第三章《分等分類三題之一：「比秩」與「宦皇帝者」》，第 116～117 頁，北京，三聯書店，2009。）陳蘇鎮氏則指出西省所在地爲秘書省。在諸家觀點中，本文看法與祝總斌氏較爲接近，祝氏的結論爲：「西省有一個發展過程，開始和中書侍郎、掌詔命緊密關連，後來幾經演變，大體上成爲一個學術機構，和政治性極強的中書省關係不大了。」（前揭《兩漢魏晉南北朝宰相制度研究》，第 339 頁。）

魏晉南朝太子舍人、中舍人述論

　　在中國古代儲君制度發展史上，魏晉南北朝時期的儲君制度處於承前啓
後的階段，對其進行研究有助於加深對中國古代儲君制度眞相的認識和理
解；另一方面，作爲魏晉南北朝政治制度的重要組成部分，對其時的儲君制
度進行研究，又有助於深化對魏晉南北朝政治史、制度史的研究。學界關於
魏晉南北儲君制度的研究成果頗豐，龐駿氏博士學位論文《南北朝儲君制度
淺析》一文在對學界已有研究論著評點的基礎上，對南北朝時期的儲君制度
進行了較爲全面的論述。〔註1〕

　　這裏首先要感謝學界的相關研究成果，因爲這些成果讓筆者受教匪淺。
學術公器，筆者在身受教益的同時，也感到一些問題仍有進一步探討的必要，
以本文所論魏晉南朝太子舍人、中舍人的問題而言，竊意就有一些待發之覆
需要加以指出。本文擬從職官制度史的角度，對魏晉南朝的太子舍人、太子
中舍人二職的性質、職能及前後變化稍加探討，希望能彌補既有研究之不足。

一、魏晉南朝太子舍人、中舍人之性質

　　作爲魏晉南朝東宮職官的重要成員，太子舍人、中舍人的性質及淵源，
在學界已有相關研究論著中一直語焉不詳。然而，欲準確認識太子舍人、中
舍人之職的性質，首先就要對舍人的淵源及內涵有所瞭解。

　　寡見所及，「舍人」一詞最早見於《周禮》，據《周禮注疏》卷九《地官》
略云：

〔註1〕龐駿博士學位論文：《南北朝儲君制度淺析》，指導教師：黎虎教授；授予學
　　　校：北京師範大學；完成時間：2001年5月。文藏北京師範大學圖書館。

舍人上士二人、中士四人、府二人、史四人、胥四人、徒四十人。」注云：「舍猶宮也，主平宮中用穀者也。【疏】……釋曰：在此者，案其職云掌平宮中之政，分其財守，以法掌其出入，謂平宮中米穀多少，故與廩人、倉人，連類在此……釋曰：鄭訓舍爲宮者，案其職云，掌平宮中之政，故就職內主平宮中用穀解之。〔註2〕

先秦舍人之職掌，據此大致可以明確。即「掌平宮之政」，所謂「政」者，用穀之政也，亦即掌管宮中米穀出入、分配之政。又，《周禮》將舍人與「廩人」、「倉人」放在一起敘述，蓋廩人、舍人、倉人三者所職均與米穀有關，分別職掌米穀之儲藏、保管、出入（分配），故三者同屬「司祿官之長」〔註3〕，即主管職官俸祿分發之官員。

首先需要指出的是，以上只是「舍人」在古代官制中的用法，與秦漢以後用法頗有不同。如太史公在《史記・秦始皇本紀》中有云：「呂不韋爲相，封十萬戶，號曰文信侯。招致賓客游士，欲以并天下。李斯爲舍人。」《集解》文穎曰：「主殿內小吏官名。或云侍從賓客謂之舍人也。」〔註4〕又，《漢書・高帝紀》秦二世三年二月，云：「其舍人陳恢曰：『死未晚也。』」注〔一○〕文穎曰：「主殿內小吏，官名也。」……師古曰：「舍人，親近左右之通稱也，後遂以爲私屬官號。」〔註5〕

據此可知，秦漢時代「舍人」之涵義，至少有三：一爲官名，係職掌殿內事務之小吏；二爲侍從賓客，係依附於別人之門客；三爲親近左右之通稱。就歷史的實際情形考察，無論是「主殿內小吏官名」，抑或是「侍從賓客」，均具有「親近左右」的特點，他們之間的相通之處，即在於舍人和上級或主人之間，均存在某種私屬關係，故顏師古在「親近左右之通稱」之後，緊接著說「後遂以爲私屬官號」。正是這一特點，直接影響到後世「舍人」一類職官的性質，舍人與長官的關係，並不僅僅是一種單純的上下級僚屬關係，而

〔註 2〕中華書局影印《十三經注疏》之《周禮注疏》卷九《地官》「舍人」條（第六十二頁），第 700 頁。

〔註 3〕據前引同書「廩人」條注：「藏米曰廩。廩人、舍人、倉人，司祿官之長。」（第 700 頁）

〔註 4〕【漢】司馬遷撰，【南朝・宋】裴駰集解，【唐】司馬貞索隱，【唐】張守節正義：《史記》卷六《秦始皇本紀》，第 223～224 頁，北京，中華書局，1959。

〔註 5〕【漢】班固撰，【唐】顏師古注：《漢書》卷一上《高帝紀上》，第 19、21 頁，北京，中華書局，1962。

且還往往具有較爲親密的私人關係，有點類似於後世出現的幕僚。〔註6〕

事實上，早在秦漢之前的春秋戰國時代，「舍人」與「賓客」有時就不甚分別，當時貴族王公的家中一般都畜有人數眾多的門客，這些門客有時就稱爲舍人，如田常，「乃選齊國中女子長七尺以上爲後宮，後宮以百數，而使賓客舍人出入後宮者不禁。」〔註7〕顯然，此處賓客與舍人內涵相同，他們都是田常畜養的門客。再如，著名的戰國四公子，每人門下各有成千上萬的門客舍人。對依附於自己的門客或舍人，主人往往是禮賢下士，加以厚愛善待；反過來，一旦主人遇到麻煩或難題，門客或舍人則常常會挺身而出，想方設法替主人排憂解難，甚至不惜付出生命的代價以報知遇之恩。先秦時期的著名「舍人」，如趙國平原君趙勝的舍人毛遂，曾上演一齣「毛遂自薦」的佳話〔註8〕；趙國宦者繆賢的舍人藺相如，則是完璧歸趙、負荊請罪、將相和等活劇的主角〔註9〕；呂不韋的舍人李斯，則是秦始皇滅六國、統一天下之後政治制度的主要設計者之一。〔註10〕上述諸舍人的故事，一直充滿著令人擊節讚歎的傳奇色彩。

時至秦漢，畜養門客或舍人的現象，仍然比較普遍，其時有地位、有身份的人一般都有數目不等的「舍人」，其著名者如：劉邦起兵時，就以樊噲爲舍人〔註11〕；漢惠帝時呂太后專政，以審食其爲左丞相，原因即在於「食其亦沛人。漢王之敗彭城，西，楚取太上皇、呂后爲質，食其以舍人侍呂后。其後從破項籍爲侯，幸於呂太后。」〔註12〕及呂太后崩，陳平與太尉周勃合謀，消滅諸呂，立孝文皇帝，「審食其免相」《集解》引徐廣曰：「審食其初以

〔註6〕 石雲濤氏在研究中國古代幕僚制度的問題時，對此曾有所關注，他認爲在戰國秦漢時期，將軍幕府中也有隨軍舍人，並將之比擬爲「入幕之賓」。（詳參氏著：《古代幕府制度溯源》，《民族史研究》第 4 輯，第 49 頁，北京，民族出版社，2003。）

〔註7〕 《史記》卷四六《田敬仲完世家》，第 1885 頁。

〔註8〕 《史記》卷七六《平原君列傳》：「毛遂按劍歷階而上……楚王謂平原君曰：『客何爲者也？』平原君曰：『是勝之舍人也。』」（第 2367 頁）

〔註9〕 《史記》卷八一《廉頗藺相如列傳》：「藺相如者，趙人也，爲趙宦者令繆賢舍人。」（第 2439 頁）

〔註10〕 《史記》卷八七《李斯列傳》：「至秦，會莊襄王卒，李斯乃求爲秦相文信侯呂不韋舍人；不韋賢之，任以爲郎。」（第 2540 頁）。

〔註11〕 《史記》卷九五《樊噲列傳》：「初從高祖起豐，攻下沛。高祖爲沛公，以噲爲舍人。」（第 2651 頁）。

〔註12〕 《史記》卷五六《陳丞相世家》，第 2060 頁。

舍人起，侍呂后、孝惠帝於沛，又從在楚。」〔註13〕可見，審食其當初以舍人身份侍奉呂雉時，其身份更像是呂雉的家傭，和呂雉之間與其說是君臣關係，還不如說是主僕關係。

秦漢以前的「舍人」，基本上都呈現出這樣一種狀態：即使他們是一種職官，但因爲與長官關係近密，故身份更近乎侍奉長官的私屬僕吏。〔註14〕正是由於「舍人」的這個歷史淵源，使得它進入國家職官序列之後，在相當長的時間裏還是不能完全擺脫這種「僕傭」的氣息，從而直接影響到太子舍人、太子中舍人之職的性質。基於以上，我們在討論魏晉南朝太子舍人、中舍人性質的時候，首先要考慮舍人的淵源等歷史傳承因素。除此而外，我們還必須充分考慮到舍人一職，在魏晉南朝時期的發展與演變。

事實上，學界對於太子舍人、中舍人的性質問題已經有所揭示，如前揭龐駿氏的博士學位論文，在相關章節中參考張興成氏《兩晉宗室制度研究》中對兩晉王國職官研究所採用的分類方法，將魏晉南北朝時期的太子詹事屬官分爲太子家政官（以太子三卿爲主的東宮事務性長官）、議政官（作爲太子的謀議、獻替侍從之臣）和侍從、儀衛等三類，太子舍人與中舍人均屬於第二類議政官，即太子的謀議、獻替侍從之臣。〔註15〕張小穩氏則以陳朝的東宮職官系統爲例，將魏晉南朝時期的太子屬官分爲東宮總領系統、東宮文職系統和東宮禁衛系統三類，其中太子舍人、中舍人均屬於第二類，即東宮文職系統。〔註16〕由於研究視角不同，使得以上兩種分類方法各有特色，前者

〔註13〕《史記》卷五六《陳丞相世家》，第 2061 頁。

〔註14〕閻步克氏曾對張家山漢簡《二年律令》所載「宦皇帝者」的問題進行考察，指出：「宦皇帝者」包括中大夫、中郎、外郎、謁者、執楯、執戟、武士、騶、太子御、太子駿乘、太子舍人等，他們構成了一個從官系統，從而與行政吏員即「吏」區分開來，「所謂『宦皇帝者』，其實就是一個侍從系統」。關於這個侍從系統中的「舍人」一職，閻步克氏認爲即指太子舍人，包括太子御、太子駿乘、太子舍人在內的太子侍從官，他們因爲替皇帝侍奉兒子，故從廣義上說也算「宦皇帝者」。關於舍人的性質，閻步克氏認爲，作爲一個古老的官名，具有私人性質，「在先秦與漢初，舍人只是私屬，正如郎官是君主的私屬一樣。」（詳參前揭氏著：《從爵本位到官本位——秦漢官僚品位結構研究》下編第四章《〈二年律令〉中的「宦皇帝者」》，第 370～379 頁。）

〔註15〕前揭《南北朝儲君制度淺析》第二章第三節《東宮詹事制度》，第 54～63 頁。張興成博士學位論文：《兩晉宗室制度研究》，指導教師：黎虎教授，授予學校：北京師範大學，完成時間：2000 年 5 月，文藏北京師範大學圖書館。

〔註16〕張小穩撰：《魏晉南朝時期的秩級》，《史學月刊》2004 年第 5 期，第 42～47 頁。

較爲具體，從職官分類就基本可以探知其職掌；後者概念則較爲寬泛，從職官分類只知其性質所屬，對於諸職的具體職掌則不甚明晰。相較而言，前者的分類方法對我們認識太子舍人、中舍人的性質，更有幫助。

我們注意到，太子舍人、中舍人作爲太子的謀議、獻替侍從之臣，從性質上說，正是繼承了秦漢以前的傳統，即他們與太子之間實際上也存在著一種「私屬」或「傭僕」的關係。可以說，正是這一歷史淵源的深刻影響，直接造成了舍人之職在魏晉南北朝職官系統中的廣泛存在，使得這一職官在這個時期呈現出「泛化」的狀態。以魏晉南朝而言，當時不僅東宮職僚中有舍人、中舍人之職，就是一般的王府、公府，甚至州郡長官的軍府，也都置有舍人之職，從性質上來說，這時候的舍人雖然已經朝國家正式職官的方向轉化，但他們與主官之間還存在著極強的私屬關係，尤其是地方州郡長官府屬的舍人，他們基本上都是隨主人進退而進退，主官陞遷時他們可能也會隨之雞犬昇天，主官落難時他們一般情況下也難逃受牽連的命運。之所以如此，主要就是因爲按其時選官制度的規定，州府舍人作爲地方僚佐屬員，一般情況下由長官自行辟除，舍人的任命權既屬於長官本人，那麼舍人與長官之間就勢必保持一種「私屬」關係。

當然，魏晉南朝時期的舍人畢竟也有不同於以前的地方，最大不同則是各級官府可以擁有的舍人，在員額上已經有一定限制。據諸《晉書·職官志》，東宮即太子府中有舍人 16 員、中舍人 4 員；王府則有舍人 10 員；諸公府及開府從公者，則有舍人 4 員。〔註 17〕《晉書·職官志》所載爲兩晉情況，這就表明舍人作爲職官名稱，一直到東晉時期還沒有成爲太子東宮職僚的專用稱呼。易言之，在職官制度的發展歷程中，舍人在相當長的時間裏，至少到東晉時期還一直是一種泛化的稱呼，名稱泛化的這種中間狀態，意味著該職在國家職官序列中的地位可能並非處於絕對必需的狀態。

何以言之？因爲就史籍所載來看，魏晉之際很長一段時間，東宮官屬的設置一直很不完備，如《晉書·李憙傳》中有云：「其年，皇太子立，以憙爲太子太傅。自魏明帝以後，久曠東宮，制度廢闕，官司不具，詹事、左右率、庶子、中舍人諸官並未置，唯置衛率令典兵，二傅并攝眾事。」〔註 18〕司馬衷被立爲太子時在晉武帝泰始三年（267），從這段記述可知，從魏明帝（227

〔註 17〕《晉書》卷二四《職官志》，第 743、744、727 頁。
〔註 18〕《晉書》卷四一《李憙傳》，第 1189～1190 頁。

～239 年在位）開始，到泰始三年（267）近 40 年間的時間裏，東宮職官基本
處於廢闕的狀態，其間東宮官屬僅有典掌東宮軍隊的衛率及太子太傅、太子
少傅等廖廖數職，包括太子詹事、左右率、庶子、中舍人等在內的東宮重要
僚屬幾乎全無設置。學者已經指出，東宮詹事制度在東宮職官制度構成中佔
有重要地位。〔註 19〕既然連最主要的太子詹事之職都廢置不定，那麼，作為
詹事屬官的太子舍人、中舍人，其必要性和重要性也就談不上了。

　　但是，我們畢竟要承認，作為太子東宮僚屬的太子舍人、中舍人之職，
與其時王府、公府的舍人在性質上已經有了根本性的不同。具體說來，王府、
公府或地方官府中的舍人，按慣例由主官自行辟除，因而舍人與主官之間的
私屬性更強；太子舍人、中舍人的任命權並不在太子東宮，而由皇命直接指
派或委任，因此他們已在事實上變成國家職官體系中的正式成員。

二、魏晉南朝太子舍人、中舍人之職掌

　　太子舍人、中舍人的職掌，《晉書·職官志》、《宋書·百官志》均有記載，
但語焉不詳，而且都只是比附性的說法，如《晉志》云：「中舍人四人，咸寧
四年置，以舍人才學美者為之，與中庶子共掌文翰，職如黃門侍郎，在中庶
子下，洗馬上」、「舍人十六人，職比散騎、中書等侍郎。」〔註 20〕《宋志》
所載與《晉志》大同小異，云：「中舍人，四人。漢東京太子官屬有中允之職，
在中庶子下，洗馬上，疑若今中書舍人矣。中舍人，晉初置，職如黃門侍郎……
舍人，十六人。職如散騎、中書侍郎。晉制也。二漢無員，掌宿衛如三署中
郎。」〔註 21〕

　　綜合《晉志》、《宋志》所載，我們大約可以瞭解到這樣一些情況：第一，
太子中舍人之設置時間晚於太子舍人，從西晉咸寧四年（279）始置此職，係
從太子舍人中優選出來，選拔的條件是「舍人才學美者」；職掌則是與太子中
庶子一起掌管太子府中相關文書的處理，類似於黃門侍郎；中舍人的品級低
於太子中庶子，而高於太子洗馬。第二，舍人「職如散騎、中書侍郎」、中舍
人「職如黃門侍郎」，都是兩晉制度。第三，兩漢時期的舍人，曾職掌東宮宿
衛，與三署郎類似。

〔註 19〕前揭《南北朝儲君制度淺析》第二章第三節《東宮詹事制度》。
〔註 20〕《晉書》卷二四《職官志》，第 743 頁。
〔註 21〕《宋書》卷四〇《百官志下》，第 1254 頁。

我們知道，魏晉南朝是中書、門下、尚書三省發展的重要時期，其間三省在職官構成及職掌等方面均發生了複雜而深刻的變化。以中書省而言，不僅中書侍郎在名稱和職掌上屢經變化，其重要性及工作性質上也多有變化。門下省的變化更多，從大的方面說，門下機構本由門下、散騎二省共同組成，二省官員的重要性原本不相上下，然而在魏晉南朝時期散騎卻最終獨立成省，並逐漸變成榮譽性的虛銜，與此同時，門下省在政治上的重要性卻日益凸顯，作爲門下省重要屬官的黃門侍郎，也從原屬中書省脫離出來，並固定爲門下省的職員。不僅如此，中書侍郎、黃門侍郎、散騎侍郎（包括員外散騎侍郎）還曾一度聯手入値「西省」，共同組成了參與決策的「西省郎」。中書、門下二省如此變化多端，因此《晉志》以二省屬官比擬太子舍人、中舍人的表述方式，實在讓人很難明瞭此二職在魏晉南朝時期的具體職掌。因此，要弄清楚太子舍人、中舍人在魏晉南朝時期的具體職掌，還得從史實出發作具體而微的分析。

先來看三國時期的情況。史籍所載三國時期的太子舍人、中舍人，不僅人數較少，而且對其職掌也沒有直接表述。據《三國志》所載，曹魏太子舍人，僅見張茂、成濟二人，前者在魏明帝曹叡時期曾上疏勸諫，後者則是魏晉嬗代之際，替司馬氏殺害高貴鄉公曹髦的劊子手。蜀漢的太子舍人官也爲數不多，大致有董允、費禕、霍弋、羅憲四人。孫吳太子舍人之職，《三國志》則沒有記述。因此，欲通過這僅有的 6 例任職情況，全面瞭解三國時期太子舍人的職掌，確實比較困難。以下只能依據這些有限的材料，略作簡單分析。

張茂事蹟，據《三國志·明帝紀》注引《魏略》云：

> 太子舍人張茂以吳、蜀數動，諸將出征，而帝盛興宮室，留意於玩飾，賜與無度，帑藏空竭；又錄奪士女前已嫁爲吏民妻者，還以配士，既聽以生口自贖，又簡選其有姿色者內之掖庭，乃上書諫曰：「臣伏見詔書，諸士女嫁非士者，一切錄奪，以配戰士，斯誠權時之宜，然非大化之善者也。臣請論之……陛下可無勞神思於海表，軍師高枕，戰士備員。今羣公皆結舌，而臣所以不敢不獻瞽言者，臣昔上《要言》，散騎奏臣書，以《聽諫篇》爲善，詔曰『是也』，擢臣爲太子舍人；且臣作書譏爲人臣不能諫諍，今有可諫之事而臣不諫，此爲作書虛妄而不能言也。臣年五十，常恐至死無以報國，是以投軀沒命，冒昧以聞，惟陛下裁察。」書通，上顧左右曰：「張

茂恃鄉里故也。」以事付散騎而已。茂字彥林，沛人。〔註22〕

張茂，籍貫沛縣，曹魏皇室則爲譙郡人，魏明帝曹叡卻對左右說「張茂恃鄉里故也」，蓋譙沛爲曹氏起家之地，曹魏統治集團內部有所謂「譙沛集團」也，故魏明帝言其爲鄉里。張茂上疏勸諫的背景，是在青龍三年（235）魏明帝大興土木、盛治宮室，而「羣公皆結舌」的情況下進行的。〔註23〕

根據張茂勸諫的內容，可知他當初也是憑藉上《要言》進行勸諫的關係，被拔擢爲太子舍人，如今自己既然身當太子舍人之職，就更加要盡力「諫諍」，「至死以報國」。因此，根據這條記載我們約略可以推知，曹魏太子舍人的主要職掌之一，可能就是要依據時政得失，向皇帝提出建議或進行諫諍。魏明帝在接到張茂的奏章後，將之交給了散騎省。從魏明帝「以事付散騎省」的處理方式來看，太子舍人所上之奏章當初很可能也要通過散騎省上達皇帝，而皇帝也往往會把奏章最後就交給散騎省來處理，至少魏明帝就是如此辦理。

成濟殺高貴鄉公曹髦一事，見《三國志》注引《漢晉春秋》，云：

> 帝（按，即高貴鄉公曹髦）見威權日去，不勝其忿。乃召侍中王沈、尚書王經、散騎常侍王業，謂曰：「司馬昭之心，路人所知也。吾不能坐受廢辱，今日當與卿〔等〕自出討之。」……帝遂帥僮僕數百，鼓譟而出。文王弟屯騎校尉（司馬）伷入，遇帝於東止車門，左右呵之，伷眾奔走。中護軍賈充又逆帝戰於南闕下，帝自用劍。眾欲退，太子舍人成濟問充曰：「事急矣。當云何？」充曰：「畜養汝等，正謂今日。今日之事，無所問也。」濟即前刺帝，刃出於背。文王（司馬昭）聞，大驚，自投于地曰：「天下其謂我何！」
>
> 〔註24〕

此事《晉書》卷二《文帝紀》亦有載，略同。其時成濟所任職務，據前揭《魏書》注引《魏末傳》云：「賈充呼帳下督成濟謂曰：『司馬家事若敗，汝等豈復有種乎？何不出擊！』……濟兄弟因前刺帝，帝倒車下。」〔註25〕從中可

〔註22〕《三國志·魏書》卷三《明帝紀》注引《魏略》，第105～106頁。

〔註23〕據《三國志》卷三《魏書·明帝紀》：「是時（青龍三年），大治洛陽宮，起昭陽、太極殿，築總章觀。百姓失農時，直臣楊阜、高堂隆等各數切諫，雖不能聽，常優容之。」（第104頁）魏明帝從青龍三年開始，大興土木、盛治宮室，雖然引起一些直臣的上疏勸諫，但總體來看，上書勸諫者人數不多，故張茂在奏章中說「羣公皆結舌」。

〔註24〕《三國志》卷四《魏書·三少帝紀》注引《漢晉春秋》，第144頁。

〔註25〕《三國志》卷四《魏書·三少帝紀》注引《魏末傳》，第145頁。

知，成濟刺殺高貴鄉公曹髦時，擔任太子舍人之職，同時又是賈充所統禁軍部隊中的「帳下督」。成濟能夠成功實施刺殺，就是因爲他一直在高貴鄉公的身邊，相當於護衛，這個職掌與兩漢時期三署郎職掌宿衛的性質頗爲相似，這表明曹魏的太子舍人有時也承擔護衛太子的職責。

又《宋書・禮志》載，魏明帝曹叡初即位，擬改正朔，因朝議多不同意見，故遲疑不決，遂下公卿博議，結果「太尉司馬懿、尙書僕射衛臻、尙書薛悌、中書監劉放、中書侍郎刁幹、博士秦靜、趙怡、中候中詔李岐以爲宜改；侍中繆襲、散騎常侍王肅、尙書郎魏衡、太子舍人黃史嗣以爲不宜改。」〔註26〕眾所週知，改正朔年號既是關乎禮儀制度的要事，也是國家政治生活中的重大事件，太子舍人能夠參與「公卿博議」，適足表明其在政治上具有相當的地位。據此可知，參與公卿博議，對現實政治發表明意見，也是當時太子舍人的職掌之一。

蜀漢所見太子舍人共 4 例，分別爲：董允、費禕、霍弋、羅憲。相對而言，四人的政治地位都比較重要，董允、費禕、霍弋三人乃是諸葛亮看重的人物，董、費二人早在劉禪確立爲太子時，就已出任太子舍人之職；霍弋出任太子舍人的時間在劉備晚年；羅憲則是後主劉禪確立太子後，出任太子舍人之職。

另外，四人的仕途情況，也可說明其政治地位之高，據諸《三國志》相關記載整理如下：

> 董允：太子舍人→太子洗馬→黃門侍郎→侍中，領虎賁中郎將
>
> 費禕：太子舍人→太子庶子→黃門侍郎→尙書令→大將軍，錄尙書事
>
> 霍弋：太子舍人→謁者→記室參軍→黃門侍郎→太子中庶子
>
> 羅憲：太子舍人→太子庶子、尙書吏部郎→巴東太守

以上爲四人任職的大概情況。我們注意到，他們由太子舍人的第一次陞遷，其中升爲太子庶子 2 例、太子洗馬 1 例、謁者 1 例，所有這些職務均屬近侍之職，再一次陞遷則以黃門侍郎最多，有 3 例，黃門侍郎仍然屬於近侍之職。從職官制度發展的歷史來看，其時黃門侍郎在政治上的地位十分重要，儘管當時它的品級還比較低，但由於它是近侍皇帝的內職，因此參與機密政事的

〔註26〕《宋書》卷一四《禮志一》，第 330 頁。

機會較多，如果再考慮到蜀漢的特殊政治結構，黃門侍郎的地位就更加緊要。董允、費禕二人更是與諸葛亮、蔣琬並稱蜀中四英的俊彥〔註27〕，他們在蜀漢政權中的政治地位很高。因此，從他們均由太子舍人為起家官，以及後來發展為執掌政柄的宰相等事實，我們可以認為太子舍人之職在蜀漢的職官序列中可能的確比較重要。

兩晉時期的東宮職官制度有了進一步發展，其中最重要的一點，就是新設了太子中舍人之職。關於太子中舍人的職掌，前揭《宋書·百官志》略云：「中舍人，四人。漢東京太子官屬有中允之職，在中庶子下，洗馬上，疑若今中書舍人矣。中舍人，晉初置，職如黃門侍郎。」《宋志》的這段記載有點費解，如果從字面意思來理解，前面一部分是說，西晉時新設之「中舍人」與東漢時東宮屬官「中允」相當，其地位在太子中庶子之下，太子洗馬之上；「疑若今中書舍人」，意思是說其職掌與中書舍人類似，而中書舍人的主要職掌，在魏晉時期主要負責機要文書的撰寫通傳，如此一來，則太子中舍人的職掌應該主要負責太子東宮中機要文書的撰擬與通傳。然而，後面的「中舍人，晉初置，職如黃門侍郎」一句，意思也很明顯，西晉時曾設置中舍人之職，職掌相當於門下省的黃門侍郎。這樣一來，太子中舍人的職掌究竟與中書舍人相同，還是與黃門侍郎相同？又據前揭《晉書·職官志》：「中舍人四人，咸寧四年置，以舍人才學美者為之，與中庶子共掌文翰，職如黃門侍郎，在中庶子下，洗馬上。」表明，中舍人係從舍人中選出，與太子中庶子一起，共同負責東宮文書命令的草擬事宜。由此可知，《宋志》關於東漢「中允」一職的敘述，可能有欠準確。

有史料表明，兩晉太子中舍人的職掌，可能還與照顧太子的日常生活起居有關係。據《晉書·輿服志》云：「若未加元服，則中舍人執冕從，介幘單衣玄服。」〔註28〕這就是說，太子在加元服時，由中舍人負責掌管太子的冠冕服飾，如所週知，太子「加元服」即行太子成人禮，這是當時朝廷的一項重大禮儀活動。儘管此處講的是太子參加一些重大禮儀時的情況，但依常理推測，職掌太子的服飾冠冕，照顧太子的日常生活起居，很可能也是魏晉之際太子中舍人的應盡職責之一。

〔註27〕《三國志》卷三九《蜀書·董允傳》注引《華陽國志》：「時蜀人以諸葛亮、蔣琬、費禕及允為四相，一號四英也。」（第987頁）。
〔註28〕《晉書》卷二五《輿服志》，第773頁。

又據《晉書》卷三四《杜預附子錫傳》載，杜錫「少有盛名，起家長沙王（司馬）乂文學，累遷太子中舍人。性亮直忠烈，屢諫愍懷太子（司馬遹），言辭懇切，太子患之。」〔註 29〕杜錫之例與前揭魏明帝時張茂屢次進諫的情況相同，這進一步說明兩晉時期太子中舍人的一個主要職責，就是向太子諫諍，所不同者，曹魏時向太子諫諍的是太子舍人，而兩晉則爲太子中舍人。

又如閻纘，在太子司馬遹被廢黜，以及在張華被殺、皇太孫初立時，曾先後兩次上疏，其中均提到舍人之職任，略云：

愍懷太子之廢也，纘輿棺詣闕，上書理太子之冤曰：

……每見選師傅下至群吏，率取膏粱擊鍾鼎食之家，希有寒門儒素如衛綰、周文、石奮、疎廣，洗馬、舍人亦無汲黯、鄭莊之比，遂使不見事父事君之道……

及張華遇害……皇太孫立，纘復上疏曰：

……臣前每見詹事裴權用心懇惻，舍人秦戩數上疏啓諫；而爰倩贈以九列，權有忠意，獨不蒙賞。謂宜依倩爲比，以寵其魂。推尋表疏，如秦戩輩及司隸所奏，諸敢拜辭於道路者，明詔稱揚，使微異於眾，以勸爲善，以獎將來也。〔註30〕

閻纘上疏進一步表明，在東宮僚屬中，太子舍人、中舍人的一個重要職掌就是針對皇太子的言行失誤，向其諫諍。正是基於太子舍人的這個職掌，因此閻纘才會建議，不要總是從富家子弟中選取東宮屬官，而要選拔那些敢於直言勸諫、用心懇惻的寒門儒素。

除諫諍外，侍講東宮也是兩晉太子舍人的重要職責之一。如荀勖之孫荀奕，「少拜太子舍人、駙馬都尉，侍講東宮。」〔註 31〕這表明，「侍講東宮」亦即在東宮陪太子讀書，爲太子解疑釋惑，也是西晉太子舍人的職掌之一。又如阮放，「中興，除太學博士、太子中舍人、庶子。時雖戎車屢駕，而放侍太子，常說《老》、《莊》，不及軍國。明帝甚友愛之。」〔註32〕這表明東晉與

〔註29〕 此事《晉書》卷五三《愍懷太子（司馬遹）傳》亦有載：「舍人杜錫以太子非賈后所生，而後性兇暴，深以爲憂，每盡忠規勸太子修德進善，遠於讒謗。太子怒，使人以針著錫常所坐氈中而刺之。」（第 1458 頁）
〔註30〕 《晉書》卷四八《閻纘傳》，第 1350〜1354 頁。
〔註31〕 《晉書》卷三九《荀勖傳附孫奕傳》，第 1160 頁。
〔註32〕 《晉書》卷四九《阮籍傳附族弟放傳》，第 1367 頁。

西晉相同,侍講東宮仍是太子中舍人的重要職掌之一。又如太康三年,司徒李胤薨,「詔遣御史持節監喪致祠,諡曰成。皇太子命舍人王贊誄之,文義甚美。」〔註33〕這裏是講太子舍人王贊奉太子之命撰寫誄文悼念李胤,由此推而廣之,替皇太子撰寫頌、贊、誄等各種文章,也應當是太子舍人或中舍人的職掌之一,這個職掌當是從「侍講東宮」一職延伸而來。〔註34〕有史實表明,「侍講東宮」作爲太子舍人、中舍人的一個重要職掌,不僅僅是兩晉的制度,主要由胡族建立的十六國政權,也有類似制度,如後秦姚興被姚萇確立爲太子後,「(姚)萇出征討,常留統後事。及鎮長安,甚有威惠。與其中舍人梁喜、洗馬范勖等講論經籍,不以兵難廢業,時人咸化之。」〔註35〕後秦設置太子中舍人,以爲太子講論經籍,當是模仿晉制。

概括而言,三國兩晉時期太子舍人、中舍人的職掌,主要有:(1)參與現實政治,就政治問題提出建議或意見,並有權向皇帝或太子進行諫諍;(2)負責撰寫東宮府的各種文書,包括機要命令等政治性文書,以及頌、贊、誄等禮儀性文書;(3)侍講東宮,即陪太子讀書,供其解疑釋惑;(4)侍奉太子日常生活起居;(5)近侍護衛,保衛太子安全。而且有史料表明,十六國政權的東宮職官制度,在許多方面也仿傚了魏晉之制。

遍檢南朝諸史,任職太子舍人、中舍人者頗多,但關於其職掌的描述則基本未見,這表明太子舍人、中舍人的具體職掌在南朝時期變化不大,當基本沿襲了魏晉時期的職能;而太子舍人、中舍人頻見於史籍,又表明作爲東宮重要僚屬,此二職始終建置未闕。南朝太子舍人、中舍人作爲東宮職官系統的重要成員,其職掌在繼承魏晉的基礎上,也有新的發展,最突出的表現是「朝值」任務的增多。據《南齊書‧江斆傳》略云:

> 少有美譽……尚(宋)孝武女臨汝公主,拜駙馬都尉。除著作郎,太子舍人,丹陽丞……遷安成王撫軍記室,秘書丞,中書郎。斆庶祖母王氏老疾,斆視膳嘗藥,七十餘日不解衣。及累居內官,每以侍養陳請,朝廷優其朝直。尋轉安成王驃騎從事中郎。〔註36〕

〔註33〕《晉書》卷四四《李胤傳》,第1254頁。
〔註34〕據《晉書》卷五五《潘岳附從子尼傳》:潘尼,「元康初,拜太子舍人,上《釋奠頌》。」(第1510頁)可以側證,太子舍人、太子中舍人確有代皇太子撰寫各種文章的職責。
〔註35〕《晉書》卷一一七《姚興載記上》,第2975頁。
〔註36〕《南齊書》卷四三《江斆傳》,第757頁。

據此可知，江斅所任職務中，著作郎、太子舍人、秘書丞、中書郎諸職均屬「內官」。其中，太子舍人又稱為「宮職」，即東宮僚屬，而「內官」的朝值任務比較多，也就是說比起其它朝官，上述諸職需要更多時間在宮中值班，江斅為侍奉庶祖母王氏，遂多次向朝廷奏請，就是希望能夠不再擔任「內官」，以便有更多時間恪盡孝道，於是朝廷便「優其朝直」，意思當是在值班問題給予他特殊優待，也就是減少其「朝直」的時間。江斅提出申請以後，轉任安成王驃騎將軍府從事中郎，這是一個不需要「朝直」的外職。

與江斅事例近似者，還有謝瀟，據《南齊書·謝瀟傳》云：

> 齊臺建，遷太子中舍人。建元初，轉桂陽王友。以母老須養，
> 出為安成內史。還為中書郎。衛軍王儉引為長史，雅相禮遇。除黃
> 門郎，兼掌吏部。尋轉太子中庶子，領驍騎將軍，轉長史兼侍中。
> 瀟以晨昏有廢，固辭不受。世祖勅令速拜，別停朝直。〔註37〕

謝瀟出任安成內史，也是由「內官」轉為外職，目的是為了有更多時間侍奉老母。但他後來的歷官也多為「內官」，如中書郎、黃門郎、太子中庶子、侍中等，謝瀟均以侍親為理由堅決推辭，於是齊武帝特別下敕要求他就任，並同時特許他「別停朝直」，也就是准許他不參加一般性的「朝直」，這和前面所講江斅受到「朝直」方面的優待，情況類似。

太子舍人、中舍人作為「宮職」，自然屬於內官系列，因此其「朝直」任務較重，從某方面來說，「朝直」多也就意味著同皇帝接觸的機會較多，但為什麼江斅、謝瀟等人卻不願意擔任「內職」？我們注意到，侍奉親人是他們的共同理由，但這個理由卻並不充分。原因之一，我認為可能與「內官」朝直時自由度較小有關係，王僧祐的例子似乎就能說明某些問題，史載齊武帝永明末年，王僧祐「為太子中舍人，在直屬疾，代人未至，僧祐委出，為有司所奏，贖論。」〔註38〕可見，如果替代值班的人沒有到崗，無論什麼理由都不能擅離職守，即使生病也不行，否則就要受到制裁。原因之二，可能還得從政治風險上進行考量，「朝直」次數較多，固然可能有更多接近皇帝的機會，但這是一把雙刃劍，因為伴君如伴虎，伴駕侍君不可能只是機遇而沒有風險。更何況是政局多變、政變迭起的南朝，政治風險在很多時候遠遠大於政治機遇！但無論怎樣說，「朝直」任務較重，可視為太子舍人、中舍人等宮官職能

〔註37〕 《南齊書》卷四三《謝瀟傳》，第 763 頁。
〔註38〕 《南齊書》卷四六《王秀之附僧祐傳》，第 801 頁。

在南朝時期的一個新發展。

不過，東宮職官系統在南朝的發展也並非一帆風順，劉宋孝武帝時就曾一度大幅削減東宮職官組織。據《宋書·孝武帝紀》記載，元嘉三十年（453）十二月，「癸未，以將置東宮，省太子率更令、步兵、翊軍校尉、旅賁中郎將、冗從僕射、左右積弩將軍官。中庶子、中舍人、庶子、舍人、洗馬，各減舊員之半。」〔註39〕孝武帝劉駿為何要在建置東宮前夕，對東宮職官組成進行大規模省減？我認為，應當從當時特殊的政治形勢進行考慮。元嘉三十年正月，元兇劉劭發動政變，殺父皇宋文帝劉義隆，元兇弒逆既發，諸王競起征討，孝武帝劉駿正是在討逆中得以繼承帝位。元兇劭何以敢冒天下之大不韙而政變弒君？根本原因就在於，宋文帝時期東宮勢力得到很大發展，不僅東宮職官構成人員比以前增加較多，其武力更是前所未有的強大。〔註40〕因此，孝武帝劉駿在登基後，以此為前車之鑒，著力削減東宮實力，不僅直接省減東宮所屬之大批武職人員，包括太子舍人、中舍人等在內的文職官員也被削減了一半。

劉宋孝武帝削減東宮職官系統，背景比較特殊，可視為東宮職官制度在發展過程中的一段波折，並未能從根本上影響或改變東宮職官制度的繼續發展。我們知道，魏晉南北朝是中國古代職官制度發展變化的重要時期，中國古代官制從兩漢「三公九卿制」向隋唐三省六部制轉化，魏晉南北朝是關鍵時期，因此這期間職官制度的任何發展變化，都是沿著這個演化軌跡而運行。就東宮職官制度來說，南朝的東宮官制也是在魏晉東宮官制的基礎上，沿著這個運動軌跡而向前發展。

三、魏晉南朝太子舍人、中舍人之任職資格

最後再略談一下魏晉南朝太子舍人、中舍人的任職資格。由於史籍所載三國時期之太子舍人人數較少，因此很難對其間太子舍人任職資格進行深入

〔註39〕 《宋書》卷六《孝武帝紀》，第113頁。
〔註40〕 據《宋書》卷九九《元兇劭傳》載：劉劭自十二歲即出居東宮，十三歲加元服，「親覽宮事，延接賓客，意之所欲，上必從之。東宮置兵，與羽林等。」（第2423頁）也就是說，從十二、三歲起，「好讀史傳，尤愛弓馬」的劉劭就開始獨立指揮、訓練東宮衛隊，東宮所置兵員，竟與朝廷禁衛力量羽林軍相等，東宮武力得到很大發展。及劉劭發動政變時，「集素所畜養兵士二千餘人」，也就是說，東宮衛隊人數已經超過二千人，而且就史籍所透露的信息來看，東宮衛隊乃是一支訓練有素、戰鬥力很強的武裝力量。

考察，只能依據僅有的很少史料略加推測。

史籍所見之曹魏太子舍人，共有張茂、成濟、黃史嗣等三人。其中，成濟出身寒門可以肯定無疑；張茂則是曹氏故里，雖然也可視爲曹魏譙沛集團中的人物，但沛縣張氏乃是不知名的姓族可以無疑，因此張茂也是門族不顯；黃史嗣的出身情況不詳。儘管史籍所載曹魏太子舍人無多，但成濟、張茂二人出身均門第不顯的事實，很可能正表明曹魏對太子舍人的出身門第並無特別要求。與曹魏同時的蜀漢，所見 4 例太子舍人，任職者的政治地位都比較高，但這種情況必需考慮到其時蜀漢的特殊政治形勢，因此，以蜀漢東宮職僚任職者的出身來分析魏晉之際太子舍人的任職資格，不具有代表性。又因爲孫吳太子舍人的情況，史籍無載。因此，聯繫舍人一職的歷史淵源及其演變歷史，我們認爲，三國時期特別是曹魏的太子舍人，可能在出身資格上並無特別限制。個中原因，當與曹魏皇室出身本自寒微，有某些關係。

兩晉與曹魏相比，明顯有所不同。僅就《晉書》所載太子舍人、中舍人的情況來看，太子舍人、中舍人多數出身較高，甚至有許多來自琅邪王氏、陳郡謝氏，而他們都是當時一流的門閥。正因爲太子舍人、中舍人任職者出身高貴，因此包括太子舍人、中舍人、太子庶子、洗馬等東宮職官在內，至遲到東晉時期，已經屬於講究家世門品的「清望官」了。這方面的事例很多，如陸機曾上疏向西晉朝廷推薦賀循，其中說：「至於才望資品，（賀）循可尚書郎，（郭）訥可太子洗馬、舍人。此乃眾望所積，非但企及清塗，苟充方選也。謹條資品，乞蒙簡察。」〔註41〕可見，尚書郎、太子洗馬、舍人諸職，乃是眾望所積之「清途」，這和以前兩漢、曹魏時相比，太子舍人、中舍人的任職條件中，已經特別強調家世門品，而強調任職者的出身門第，實際就意味著這些職官已經變成清望官了。

及至南朝，太子舍人、中舍人二職已經完全變成「清望官」，成爲當時貴族、門閥，甚至皇室都趨之若鶩的職官。但是，南朝前後期的情況也不完全相同，大致說來，太子舍人、中舍人二職在宋、齊、梁三朝均可以算得上「清望官」，但陳朝時的情況與宋、齊、梁三朝明顯不同，甚至有從「清望官」序列跌落的嫌疑。

筆者曾對《宋書》、《南齊書》、《梁書》、《陳書》所載之太子舍人、中舍人進行過詳細的統計，具體情況如下：

〔註41〕 《晉書》卷六八《賀循傳》，第 1825 頁。

1、劉宋：太子舍人、中舍人共 47 人（不包括未應召之宗炳、龔祈、朱百年、王素 4 人），這 47 人中，除了劉宋宗室（4 人）、外戚南蘭陵蕭氏（2 人）、外戚東莞臧氏（1 人）、外戚汝南周氏（1 人）門第不顯外，餘者皆出自當時頗有社會影響之門閥，如琅邪王氏、陳郡謝氏、吳郡張氏、吳郡顧氏、廬江何氏、琅邪顏氏、會稽孔氏、陽翟褚氏、濟陽江氏、潁川庾氏、吳興沈氏等家族。〔註42〕在這些門閥世家中，其中來自琅邪王氏就有 13 人之多，陳郡謝氏也有 5 人。

從中可見，劉宋一朝太子舍人、中舍人之職，主要被門閥世族把持，原因就在於此二職為清望官。另外，我們還注意到，在 47 人中，死後獲得贈官者有 22 人，占 47%；獲得贈諡者則有 19 人，占 40%，可見曾擔任太子舍人、中舍人之職者，獲得贈官與贈諡的比例都比較高。能夠獲得贈官、贈諡，也從一個側面說明這些人社會地位與政治地位的崇高。

2、南齊：太子舍人、中舍人共 36 人，其中宗室南蘭陵蕭氏 11 人、琅邪王氏 7 人、陳郡謝氏 3 人，其它如吳興沈氏、潁川庾氏、吳郡張氏、會稽孔氏、吳郡陸氏、廬江何氏、吳郡顧氏、濟陽江氏、汝南周氏，也都有人曾經出任此職，另外，襄陽柳氏則為新增加的家族，而徵諸史籍，襄陽柳氏（為河東柳氏南渡居於襄陽者，屬所謂「晚渡荒傖」）為蕭齊時新起之武力家族，其崛起即在宋齊嬗代之際。在 36 人中，獲得贈官者 19 人，占 53%；獲得贈諡者 23 人（其中私諡 1 人，蕭眎素私諡「貞文先生」），占 64%。

3、蕭梁：太子舍人、中舍人共 69 人，其中宗室南蘭陵蕭氏 15 人、琅邪王氏 11 人，其它諸姓族除宋、齊時原有的以外，蕭梁任此職者範圍有所擴大，如彭城到氏 5 人，范陽張氏 4 人，譙國夏侯氏 2 人，京兆杜氏 2 人，其中杜氏為晚來之北人，彭城到氏在劉宋時以武力著稱，後因宋文帝之壓制而不顯，至於范陽張氏、譙國夏侯氏此前更是默默無聞。太子舍人、中舍人任職人選

〔註42〕其中吳興沈氏為劉宋時期憑武力著稱之後起江南新門閥，或以為吳興沈氏尚不足以稱為門閥世家，實際上吳興沈氏家族龐大，其家族中不僅有以武力著稱之枝脈（如沈演之、沈攸之等），亦有以文雅相尚者，而且至遲從宋末齊初起，沈氏門風就已經發生顯著變化，開始向文化世族轉化，至齊梁之際，就基本演化為新的文化世族。因此，本文將吳興沈氏亦列入門閥世族。學界對吳興沈氏的研究，可參陳群撰：《吳興沈氏與南朝政治》（北京師範大學歷史學碩士學位論文，指導教師：陳琳國教授；完成時間：1997 年，文藏北京師範大學圖書館）、王永平撰：《六朝江東世族之家風家學研究》（南京，江蘇古籍出版社，2003。）等著作。

範圍與宋、齊相比，確實有比較大的變化，這可能與梁武帝時的統治政策變化有某種關係，單就選舉政策來看，鑒於士族社會趨於沒落的現實，梁武帝時出臺的措施更為寬容，政權向各階層的開放度比宋、齊時有明顯提高。反映到東宮職僚的選拔上，儘管包括太子舍人、中舍人在內的宮職均屬「清望官」，原本對任職者的門第有較高要求，但到這時卻不得不放寬了限制，在門第方面降低了門檻。再從贈官、贈諡的比例來看，獲贈官者 24 人，占 35%；獲贈諡者 20 人，占 29%。

4、陳朝：太子舍人、中舍人共 15 人，來自吳郡陸氏 4 人（陸瓊、陸從典、陸瑜、陸玠），濟陽蔡氏 2 人（蔡徵、蔡凝），河內司馬氏 2 人（司馬申、司馬琇），濟陽江氏 1 人（江溢），吳郡顧氏 1 人（顧野王），陳郡殷氏 1 人（殷不佞），汝南周氏 1 人（周確），東海徐氏 1 人（徐份），安陸徐氏 1 人（徐敬成），吳興姚氏 1 人（姚察）。客觀地說，這些姓氏在南朝均非一流高門，宋、齊、梁時最常見的琅邪王氏、陳郡謝氏到了陳朝均無人出任此職，這一方面是由於梁末「侯景之亂」起，王、謝等老牌世族幾乎遭到滅門之災，已經不可避免地地趨於式微；另一方面說明出任東宮官職，在陳朝時已不太在意出身門第，而不重視門第的事實，又從一個方面說明陳朝統治者所依賴的社會基礎已經發生了變化。〔註43〕在這 15 人中，獲得贈官者有 8 人，占 53%；獲得贈諡者有 2 人，占 13%。

綜合分析宋、齊、梁、陳的情況，我們進而可以對南朝太子舍人、中舍人的任職條件、政治地位、社會聲望等情況，作出如下判斷：此二職在宋、齊時期最為世族所看重，能夠出任此職者，絕大多數出自當時的著名門閥世族，或者是宗室或外戚等與皇室有密切關係者；蕭梁時出任此二職者的出身要求有所降低，因此任職者的範圍有所擴大，這個趨勢發展到陳朝時，基本不再對出身門第有何要求了，這個情況一則表明太子舍人、中舍人的「清望」程度有所下降，再則也反映出隨著南朝社會大變動的開始，原先的那些老牌世族已然趨於沒落的事實。太子舍人、中舍人任職者情況所發生的顯著變化，

〔註43〕陳寅恪氏曾論及陳朝的變化，指出：「梁陳之交，是南朝政治史上的一個大變化的時代，楚子集團的時期結束了，士族的歷史結束了，原來默默無聞的南方蠻族中的土豪洞主，紛紛登上了政治舞臺。陳朝便是依恃南方土著的豪族建立起來的。此為江左三百年政治社會的大變動。」（萬繩楠整理：《陳寅恪魏晉南北朝史講演錄》第十二篇《梁陳時期士族的沒落與南方蠻族的興起》，第 214 頁，合肥，黃山書社，1987。）

還可以從贈官贈謚上得到反映，宋、齊、梁、陳任此二職者，獲得贈官或贈謚的比例，大致呈不規則的拋物線狀，在蕭齊時達到頂點，從蕭梁開始下降，這從上面所列的數字及比例可以清楚地看出。

　　造成南朝太子舍人、中舍人任職資格前後發生較大變化的原因是多方面的，但其中有一點需要特別指出，那就是宋、齊、梁、陳四朝皇室的文化心態有明顯不同。就上面幾組數據所反映的情況來看，太子舍人、中舍人的「清望」程度，宋、齊明顯高於梁、陳，尤其是高於陳朝。何以如此？我認為和當時君主的文化心態有直接聯繫。史載，宋孝武帝劉駿即位，為搜求隱逸而下詔書，其中說：「濟世成務，咸達隱微，軌俗興讓，必表清節。朕昧旦求善，思惇薄風，琅邪王素、會稽朱百年，並廉約貞遠，與物無競，自足皋畝，志在不移。宜加褒引，以光難進。並可太子舍人。」〔註44〕

　　這道詔書從一個方面正反映出劉宋皇室的某種文化心態，劉宋皇室為何要徵召世族或儒學之士充當太子舍人呢？其中一個重要原因就在於，劉宋皇室出身鄙俗，在文化習養上迫切希望改善自身的形象，因此在太子的教育輔導上，需要借助那些詩禮傳家的世族名門，而太子舍人或中舍人作為東宮的重要屬官，其人選的要求較高也就不難理解了。實際上，早在劉裕準備禪代之前，就開始著手這方面的工作了，他當時為世子所選的府舍人，在文化、品行、名望等方面都有很高的要求，其急於改變皇室形象的心情溢於言表，因此考察劉宋一朝的太子舍人、中舍人的情況，不難發現劉宋皇室的這種文化心態。不僅劉宋皇室如此，其後的蕭齊君主，在對待東宮職僚的人選上，恐怕也有這方面的考慮。

　　至於蕭梁，情況就有所不同，因為蕭梁的開國者梁武帝蕭衍不僅本人是當時的著名才子，南蘭陵蕭氏經過宋、齊時期的發展，更是在文化修養方面已經迎頭趕上，成為南朝新起的文化士族了，早就不再需要借助他族的教導以改善皇室鄙俗無文的形象。至於陳朝，正如前引陳寅恪氏所論，是一個以南方蠻族為主導的社會，支持陳朝皇權運轉的勢力主要是南方的土豪洞主，因此，在包括儲君培養等制度建設方面，恐怕不大會依恃以博文優雅立身的文化士族，抑或是限於整個文化水準較低而慮不及此。

〔註44〕《宋書》卷九三《隱逸·王素傳》，第2295～2296頁。

三國時期秘書、著作官考論

　　秘書監與著作郎，爲中國古代官制體系中與文化教育有密切關係的職官，三國時期則是它們發展、演變的重要階段。對於二者的研究，傳統做法多從職官制度本身或史官制度的角度展開。如各相關魏晉南北朝正史中的《百官志》或《職官志》、《通典》、《歷代職官表》等，均是從職官制度的發展與演變進行考述；唐人劉知幾的《史通》等著作，則以史官制度爲切入點，對其展開討論。牛潤珍氏《漢至唐初史官制度的演變》〔註1〕一書，則爲近年來研究漢至唐初史官制度發展演變的代表性著作，其中關於三國史官制度的部分，主要就是對魏、蜀、吳秘書監、著作郎諸職的職掌、作用、隸屬關係等進行分析，不僅釐清三國史官制度發展的基本脈絡，亦且有助於深化對魏晉南北朝史官制度發展歷史的認識和理解。

　　然而，以中國古代圖書出版發展歷史的角度而言，上述古今著作對秘書監、著作郎諸職在這方面的功能，研討力度明顯不夠，將它們作爲古代圖書出版機構進行專題研究的文章或著作，則迄今無見。李瑞良氏《中國古代圖書流通史》一書，於魏晉南北朝時期的秘書監、著作郎等職官機構頗有涉及，並對它們在這個時期國家圖書流通中的作用有所討論，但主要是從「藏書管理機構」，而不是從「圖書出版機構」的角度展開，且內容過於簡略，實不足以說明問題。〔註2〕

　　基於以上研究狀況，本文擬從圖書出版機構的角度，將秘書監、著作郎諸職納入中國古代圖書出版機構的範疇展開討論，以期深入揭示三國時期圖書事業發展的背景、原因、狀態、局限等情況。

〔註1〕牛潤珍撰：《漢至唐初史官制度的演變》，石家莊，河北教育出版社，1999。
〔註2〕李瑞良撰：《中國古代圖書流通史》，上海，上海人民出版社，2000。

一、曹魏的秘書、著作官

秘書監一職的設置，始於東漢桓帝延熹二年（159），時設秘書監一人，職掌圖書保管及古今文字，並負責考訂古今圖書在文字方面的異同。因其所典掌的圖書文字都具有一定的保密性，故稱爲「秘書」。其時之秘書監，還不是獨立機構，其上級領導機關爲太常，職能與東漢時期的東觀類似，相當於皇家圖書館，主要負責收藏東漢國家的藏書，與現實政治之間並無直接關係。其後，秘書監之職曾一度廢罷，大概是由於桓、靈時期政治腐敗，國家政局動盪，已無暇於圖書典籍的收集整理。秘書監的再次恢復設置，則已經是漢獻帝建安二十一年（216），其時三國鼎立的局面已初現端倪。是年，曹操任魏王，在魏王府設置秘書監一職，以原魏公府贊令劉放、孫資爲秘書郎，負責機要命令的撰擬。曹操恢復秘書監一職，主要目的當然不在於收集整理或保管圖書典籍，而是以秘書監「典尚書奏事」，即由秘書監典掌尚書府文書，並撰擬機要命令，奪取了尚書的出令權，從而控制朝政，「挾天子以令諸侯」，此時的秘書監職能相當於後世的中書機構，因此杜佑認爲此時之秘書監，「即中書令之任」〔註3〕。因此，建安二十一年曹操所恢復的秘書監，其功能主要是通過秘書監「典尚書奏事」的方式，控制政治決策中樞。當然，秘書監也典掌圖書典籍，但那只是其附帶職掌。很明顯，這時候的秘書監不可能是專職的圖書編撰出版機構。

建安二十五年（220），曹操病死，曹丕繼位爲魏王，秘書監的名稱、職掌一仍其舊，只是將劉放、孫資所任之秘書郎，改名爲秘書左丞、右丞。同年十月，曹丕篡漢建魏，改元黃初。魏朝建立後，曹丕下令改秘書爲中書監，以劉放爲中書監、孫資爲中書令，二人各加給事中。這樣，劉、孫二人正式成爲中書機構的首長，職掌中央中樞決策文書，中書監遂名正言順地成爲曹魏中樞決策機構。在這種情況下，如果繼續由它承擔圖書典籍的管理收藏，顯然已經不太合適。因爲無論從重要性，還是機密程度而言，職掌圖書典籍均遠遠不及中樞決策。是以，成立新的機構負責圖書、秘記的保管，就成爲現實的問題。

我們注意到，在改秘書監爲中書監，「置中書令」的同時，「秘書改令爲監，掌藝文圖籍之事」〔註4〕，專職負責典籍的收集保管工作。此「秘書改令

〔註 3〕《通典》卷二六《職官典八》「秘書監」條，第 732 頁。
〔註 4〕《通典》卷二六《職官典八》「秘書監」條，第 733 頁。

爲監」即相當於新置秘書監，與政治決策基本無涉而專司圖書典籍之事，因此，可以認爲曹丕新設之秘書監，才基本算得上專職的國家編撰出版機構。不過，這時候的秘書監，還未成爲獨立職官機構，而是文屬少府。其脫離少府成爲獨立機構，大約在魏明帝景初（237～239）前後，時王肅「以常侍領秘書監，兼崇文觀祭酒」〔註5〕，王肅認爲曹魏秘書之職，實即東漢時期的東觀，不宜仍隸屬少府。從此，秘書監就脫離少府，成爲獨立機構。〔註6〕

以上只是對曹魏秘書監設置、變化等情況的大致概述。欲明瞭曹魏秘書監的具體職掌，還必須對其組織機構、組成人員稍作詳述。曹操於建安二十一年初置秘書監時，置令、丞各一人，主要職掌爲「典尙書奏事」，其中秘書令爲秘書長官，丞爲長官助手。有跡象表明，起先可能只有一丞，直到魏文帝黃初年間才有左、右丞之分，史載：「後文帝黃初中，欲以何楨爲秘書丞，而秘書先自有丞，乃以楨爲秘書右丞。（自注：文帝徵何楨，至爲秘書郎，月餘，楨因事，帝令問外曰：「吾本用楨爲丞，何故爲郎？」按主者罪，遂改爲丞。時秘書舊丞尚未轉，乃以楨爲右丞。）其後遂有左右二丞，劉放爲左丞，孫資爲右丞，後省。」〔註7〕這段話明白無誤地告訴我們，秘書丞原本只有一人，魏文帝曹丕本來欲用何楨爲丞，「主者」卻以之爲秘書郎，文帝認爲未盡其才，故而治「主者」之罪後，何楨由秘書郎改爲秘書丞。由於原秘書丞並未遷轉，故而只好任命何楨爲右丞。從此，秘書監遂設左、右二丞。又史載：「明帝時，有譙人胡康，年十五，以異才見送，又陳損益，求試劇縣。詔特引見。眾論翕然，號爲神童。詔付秘書，使博覽典籍。帝以問秘書丞何楨：『康才何如？』楨答曰：『康雖有才，性質不端，必有負敗。』後果以過見譴。」〔註8〕據此，則何楨所任秘書丞，或即秘書右丞的簡稱。

秘書監除令、丞爲長官、副貳之外，尙有秘書郎、秘書校書郎諸職。秘書郎一職，在東漢時，主要是在東觀典校圖書。曹操於建安二十一年設秘書監時，即置有秘書郎之職，時劉放爲郎。按，西晉秘書郎之職掌爲「掌中外三閣經書，校閱脫誤」〔註9〕，可以推測曹操所設秘書郎及曹魏秘書郎之職掌，

〔註5〕《三國志》卷一三《魏書‧王朗附子肅傳》，第416頁。
〔註6〕《初學記》卷十二「秘書監」條：「及王肅爲監，以爲魏之秘書即漢之東觀之職，安可復屬少府，自此不復焉。」（第294頁）又前揭《通典》「秘書監」條，「初屬少府，後乃不屬」後自注云：「自王肅爲監，乃不屬。」（第733頁）
〔註7〕《通典》卷二六《職官典八》「秘書丞」條，第734頁。
〔註8〕《三國志》卷二一《魏書‧劉劭傳》注引《廬江何氏家傳》，第622頁。
〔註9〕《通典》卷二六《職官典八》「秘書郎」條，第734頁。

當與西晉相類，這是由於秘書監長官主要參與中樞決策，故而其附帶管理圖書典籍的任務，具體就由秘書郎負責。至於秘書郎員數，《宋書・百官志》云：「郎四人」，《南齊書・百官志》則云「不著員數」，《通典》云「（晉）武帝分秘書圖籍爲甲乙丙丁四部，使秘書郎中四人各掌其一。」〔註10〕看來，秘書郎定員四人，至遲在西晉時期已然，應當不成問題。《宋志》言有郎四人，說的可能是晉定員以後，《南齊書》言「不著員數」，則未敢肯定。如所週知，任何職官機構從產生到成熟都必須有一個發展過程。因此，三國時期的秘書郎，起初極有可能並無固定員數，但隨著其職能的發展，秘書郎員數逐步相對固定。到晉武帝時，終於定員四人，後來南朝也基本以此爲準。秘書校書郎一職，兩漢均有設置，分別爲蘭臺、東觀屬官，西漢蘭臺及東漢東觀，既是皇家藏書之地，也是著述的場所。校書郎一職，主要就是在蘭臺或東觀負責校讎圖書。兩漢校書郎，人員組成似也不確定，如「後於蘭臺置令使十八人（自注：秩百石，屬御史中丞。）又選他官入東觀，皆令典校秘書，或撰述傳記」〔註11〕，可見校書郎組成人員並不固定，他官亦可臨時充任。正由於此，兩漢校書郎名稱似不確定，即「蓋有校書之任，而未爲官也，故以郎居其任，則謂之校書郎中。」〔註12〕曹魏時正式定名爲秘書校書郎，職掌當與兩漢時類似，主要負責圖籍的整理校訂。

曹魏時秘書監，主要是負責圖書典籍的收集整理及保管，作用性質與西漢蘭臺、東漢東觀基本相同，屬於國家文化事業機關，可以視爲曹魏國家編撰出版機構。由於秘書監所從事的職業對文化素養要求較高，因此能夠到秘書監任職者，多爲博學多識之士。如曾任職於秘書監的王肅、劉放、杜摯、薛夏等人，均爲飽學宿儒。是以，任職於秘書監所代表的崇高榮譽，仍爲世人所矚目。

儘管因爲中書的崛起，使得秘書監遠離了權力中樞，但它仍不能完全脫離和現實政治的關係。如，黃初三年十月，魏文帝曹丕表首陽山以東爲壽陵，作終制曰：「……其以此詔藏之宗廟，副在尚書、秘書、三府。」〔註13〕這表明，曹魏秘書監仍負有保管國家詔敕政令副本的職責。在這一點上，它與尚

〔註10〕《通典》卷二六《職官典八》「秘書郎」條，第734頁。
〔註11〕《通典》卷二六《職官典八》「秘書校書郎」條，第735頁。
〔註12〕《通典》卷二六《職官典八》「秘書校書郎」條，第735頁。
〔註13〕《三國志》卷二《魏書・文帝紀》，第81～82頁。

書府、三公府的政治職能相同。再則，秘書監所負責的修撰、校正圖書的職能，正是先秦時代史官政治職能的演變，與國家政治本來就有不可分割的關係。〔註14〕也正是因爲與現實政治有著較爲密切的關係，故而王肅才會上奏，力爭秘書監官員的政治待遇（地位），王肅奏表略云：「臣以爲秘書職於三臺爲近密，中書郎在尚書丞、郎上，秘書丞、郎宜次尚書郎下，不然則宜次侍御史下。秘書丞、郎俱四百石，遷宜比尚書郎，出亦宜爲郡，此陛下崇儒術之盛旨也。尚書郎、侍御史皆乘犢車，而秘書丞、郎獨乘鹿車，不得朝服，又恐非陛下轉臺郎以爲秘書丞、郎之本意也。」〔註15〕王肅認爲，應該提高秘書監的地位，其中一個很重要的理由，就是秘書監官員政治地位的的高低，乃是國家對文化教育事業重視與否的具體表現，在一定意義上能夠反映「陛下崇儒術之盛旨」。

曹魏國家編撰出版機構，除秘書監外，還要言及著作郎。作爲專職的著作官員，著作郎、佐著作郎（劉宋以後改爲著作佐郎）也是國家出版編撰機構的重要組成部分。著作郎一職，東漢時已有設置，其時國家圖書盡在東觀，故而使名儒碩學入直其中，撰述國史，稱爲著作東觀。當時入東觀著作者，都是以他官兼領，如班固、傅毅著作東觀時的職官爲蘭臺令史，陳宗則以睢陽令，尹敏以長陵令，孟異、楊彪以司隸校尉的身份，入東觀著作。可見，其時的著作官還未成爲專門的職官，專職的著作機構尚未成立。曹魏初年，仍未見專職著作機構出現，其國家編撰機構一直由秘書監獨力承擔。魏明帝太和年間（227～232 年），始置著作郎官一人，負責國史修撰，其上級領導機構則爲中書省。從現有史料來看，這時的著作郎官仍是出他官兼領，如衛覬

〔註14〕關於先秦時代史官之政治職能，閻步克氏曾有較爲系統的論述，如「史冊編著僅史官責任之一端，其保管法典圖書、策封宣命、掌管宗譜，備顧問咨詢等等職事，都與王朝行政息息相關」（氏著《樂師與史官——傳統政治文化與政治制度論集》，第 44 頁，北京，三聯書店，2001）、「歷代官制，雖沿革繁多，其內外重要職務，由史職演變者特多……周代史官的主書主法之責，大抵爲秦漢稱作『文法史』者所繼承；諸史對後世官僚政治的發展推動，功不可沒。」（前揭氏著《樂師與史官——傳統政治文化與政治制度論集》，第 88～89 頁）凡此種種，均可謂精闢之論。詳參氏著：《史官主書主法之責與官僚政治之演生》、《樂師、史官文化傳承之異同及意義》二文，原刊於《國學研究》第四卷，1997 年、《慶祝鄧廣銘教授九十華誕論文集》，河北教育出版社1997 年。後收入前揭氏著：《樂師與史官——傳統政治文化與政治制度論集》第 33～82 頁、第 83～114 頁。

〔註15〕《通典》卷二六《職官典八》「秘書郎」條注，第 734 頁。

以侍中尚書之職受詔典掌著作。這種他官兼領著作官的做法，甚至一直延續到曹魏末年，如應璩，在曹爽秉政期間曾以侍中典掌著作。〔註16〕那麼，曹魏時期的著作官員與東漢時是否完全相同呢？我認為，在以他官兼領而無獨立職官機構這一點上，曹魏同於東漢，兩者之間的區別是，曹魏著作郎官之職掌更為明確，即專門負責國史的修撰，這是著作郎官走向專職機構的一個重要步驟。

除著作郎以外，曹魏還設置佐著作郎，以副貳著作郎，協助著作郎工作。據《初學記》云：「著作佐郎，魏置，掌貳著作，佐郎修國史，（與著作郎）初俱隸中書，謂之中書著作佐郎。」〔註17〕可見，著作郎與佐著作郎為曹魏時著作郎官，由於隸屬中書省，故而又稱中書著作郎、中書著作佐郎。雖同為著作官員，著作郎與佐著作郎的工作卻各有側重，據唐人劉知幾判斷，著作郎主要負責撰寫，而佐郎則「職知博採」〔註18〕，即主要負責收集史料，提供給著作郎作為撰寫依據。著作郎與佐郎之間的這種分工合作，協調行動，有效地保證了修撰工作的質量。佐著作郎員數，西晉時八人，估計曹魏時也有八人。這裏有一個問題，即曹魏已設有秘書監典掌圖書文籍，為何又要設置著作官員？據《初學記》卷十二「著作郎」條：「魏晉之際，中書兼國史之職，史官在焉。故魏代王沈為中書著作郎。」因此我認為，雖然秘書監與著作官所掌之事均與著作圖籍有關，但側重點不同，中書兼修國史，具體承辦人就是它屬下的著作郎官，由於它專修國史，故而朝著專職史官的方向發展。秘書監則重在典掌其它圖書及詔敕政令等副本的收藏保管諸事宜，因此，與著作郎相比，秘書監與現實政治依然保持著更多聯繫。關於這一點，我們還有強證。如任嘏，「文帝時，為黃門侍郎。每納忠言，輒手書懷本，自在禁省，歸書不封……著書三十八篇，凡四萬餘言。嘏卒後，故吏東郡程

〔註16〕《三國志》卷二一《魏書‧王粲附應璩傳》注引《文章敘錄》：「璩字休璉，博學好屬文，善為書記。文、明帝世，歷官散騎常侍。齊王即位，稍遷侍中、大將軍長史。曹爽秉政，多違法度，璩為詩以諷焉……復為侍中，典著作。嘉平四年卒，追贈衛尉。」（第604頁）

〔註17〕《初學記》卷十二「著作郎附著作佐郎」條，第299頁。

〔註18〕【唐】劉知幾撰，【清】浦起龍釋：《史通通釋》卷十一《史官建置》：「當魏太和中，始置著作郎，職隸中書，其官即周之左史也。晉元康初，又職隸秘書，著作郎一人，謂之大著作，專掌史任，又置佐著作郎八人。宋、齊已來，以『佐』名施於『作』下。舊事，佐郎職知博採，正郎資以草傳，如正、佐有失，則秘監職思其憂。」（第311頁，上海，上海古籍出版社，1978。）

威……等，錄其事行及所著書奏之。詔下秘書，以貫羣言。」〔註19〕又如，司馬朗曾上復五等爵等建議，裴注引《魏書》曰：「文帝善朗論，命秘書錄其文。」〔註20〕凡此均可見，大臣所撰行狀、奏書、文集等，秘書監均有收藏保管的責任，而且有時還是奉君主詔令行事。

　　儘管仍然無法完全擺脫現實政治的沾連，秘書監、著作郎還是朝著日益遠離政治權力中心，而文化色彩漸趨濃厚的方向發展，從而爲包括圖書編撰出版在內的文化事業做出較大貢獻。曹魏時期在圖書整理出版方面取得的成就，與秘書、著作官的相對獨立是分不開的。據《三國志·文帝紀》載：「初，帝好文學，以著述爲務，自所勒成垂百篇。又使諸儒撰集經傳，隨類相從，凡千餘篇，號曰《皇覽》。」〔註21〕參諸同書《劉劭傳》所載，黃初年間，劉劭「爲尙書郎、散騎侍郎，受詔集五經羣書，以類相從，作《皇覽》。」〔註22〕據此可知，《皇覽》乃是魏文帝曹丕下令編撰的一部儒家經典著作的彙編，其修撰乃是曹魏圖書編撰出版業所取得一項重大成就，是一部能夠反映曹魏圖書出版水平的國家級項目。其具體修撰事宜，即由秘書監負責，據諸史載：「魏有天下，拜（王）象散騎侍郎，遷爲常侍，封列侯。受詔撰《皇覽》，使象領秘書監。象從延康元年始撰集，數歲成，藏於秘府，合四十餘部，部有數十篇，通合八百餘萬字。」〔註23〕八百多萬字，即使放在今天，也稱得上煌煌巨製，由此可見曹魏圖書出版業盛況之一斑。如此巨著，若非有秘書監這樣的國家編撰出版機構組織協調實施，要在短短數年之間完成，實在難以想像。

　　曹魏在圖書編撰出版方面的另一項重大成就，是《中經》的修撰，《中經》也是由秘書監主持完成。史言「魏氏代漢，採掇遺亡，藏在秘書中、外三閣。魏秘書郎鄭默，始制《中經》，秘書監荀勖，又因《中經》，更著《新簿》，分爲（甲乙丙丁）四部，總括羣書……大凡四部合二萬九千九百四十五卷。」〔註24〕又據《初學記》「秘書郎」條引王隱《晉書》云：「鄭默，字思元，爲秘書郎，刪省舊文，除其浮穢，著《魏中經簿》。中書令虞松謂默曰：『而今而後，朱紫

〔註19〕 《三國志》卷二七《魏書·王昶傳》注引《別傳》，第748頁。
〔註20〕 《三國志》卷一五《魏書·司馬朗傳》注引《魏書》，第468頁。
〔註21〕 《三國志》卷二《文帝紀》，第88頁。
〔註22〕 《三國志》卷二一《魏書·劉劭傳》，第618頁。
〔註23〕 《三國志》卷二三《魏書·楊俊傳》注引《魏略》，第664頁。
〔註24〕 【唐】魏徵，令狐德棻撰：《隋書》卷三二《經籍志一》，第906頁，北京，中華書局，1973。

別矣。』」〔註25〕鄭默所修《中經》，即《魏中經簿》，在中國目錄學史上具有重要地位，《中經》的成書，爲人們瞭解當時圖書的存佚狀況提供很大幫助。另外，荀勖於西晉時在此書基礎上編《中經新簿》，在《新簿》中，荀勖使用的四部分類法也很有可能就是對《中經》分類法的沿襲。另外，大凡在著述方面做出突出成就者，幾乎都有任職於秘書監或著作郎的經歷。如衛覬曾受詔典著作，「又爲《魏官儀》，凡所撰述數十篇。」〔註26〕再如劉劭，除主修過《皇覽》外，在法律、考課、音樂、辭賦等方面，均有大量著述，「遷秘書郎。黃初中，爲尙書郎、散騎侍郎。受詔集五經羣書，以類相從，作《皇覽》……凡所撰述，《法論》、《人物志》之類百餘篇。」〔註27〕

二、孫吳與蜀漢的著作官

同時期的吳、蜀兩國，由於相關史料較少，情況不甚明瞭。但根據情理推測，也應該有類似職官設置，特別是孫吳，職官設置與曹魏存在更多的相似性。

先說蜀漢。蜀先主劉備，自幼「不甚樂讀書」〔註28〕，彭羕也曾譏罵其爲「老革」〔註29〕。但事實上，劉備對於經學還是有所瞭解的，例如他早年曾追隨名儒盧植，在徐州時也曾向鄭玄問學。及入蜀以後，更是表現出對儒學的重視，對於「耆宿學士」備加禮敬，並設置儒林、典學校尉以及勸學從事、典學從事等官，職掌文化教育。有記載表明，劉備對於圖書文籍的收集整理也頗爲重視，史言「先主定蜀，承喪亂歷紀，學業衰廢，乃鳩合典籍，沙汰眾學，（許）慈、（胡）潛並爲學士，與孟光、來敏等典掌舊文。」〔註30〕徵諸史傳，當時來敏任典學校尉，孟光爲議郎。〔註31〕另外，譙周也曾任

〔註25〕《初學記》卷十二「秘書令」條，第 298 頁。
〔註26〕《三國志》卷二一《魏書·衛覬傳》，第 612 頁。
〔註27〕《三國志》卷二一《魏書·劉劭傳》，第 618～620 頁。
〔註28〕《三國志》卷三二《蜀書·先主傳》，第 871 頁。
〔註29〕《三國志》卷四〇《蜀書·彭羕傳》，第 995 頁。
〔註30〕《三國志》卷四二《蜀書·許慈傳》，第 1023 頁。
〔註31〕據《三國志》卷四二《蜀書·孟光傳》：「孟光字孝裕，河南洛陽人……獻帝遷都長安，遂逃入蜀，劉焉父子待以客禮。博物識古，無書不覽，尤銳意三史，長於漢家舊典……先主定益州，拜爲議郎，與許慈等並掌制度。」（第 1023 頁）同卷《來敏傳》：「來敏字敬達，義陽新野人……涉獵書籍，善左氏《春秋》，尤精於倉、雅訓詁，好是正文字。先主定益州，署敏典學校尉，及立太子，以爲家令。」（第 1025 頁）

勸學從事，「凡所著述，撰定《法訓》、《五經論》、《古史考》之屬百餘篇。」〔註32〕據此，我認爲，蜀國的圖書編撰可能就由典學校尉、儒林校尉、勸學（典學）從事等文化教育機構承擔。

另外，有史料表明，蜀漢也設有秘書監之類的機構，如「後進文士秘書郎郤正數從（孟）光諮訪，光問正太子所習讀并其情性好尙」〔註33〕，是郤正曾任秘書郎。又據諸史載，郤正「博覽墳籍。弱冠能屬文，入爲秘書吏，轉爲令史，遷郎，至令。性澹於榮利，而尤耽意文章，自司馬、王、楊、班、傅、張、蔡之儔遺文篇賦，及當世美書善論，益部有者，則鑽鑿推求，略皆寓目。自在內職，與宦人黃皓比屋周旋，經三十年……依則先儒，假文見意，號曰《釋譏》，其文繼於崔駰《達旨》。」〔註34〕據此，則蜀漢不但有秘書機構，而且職官設置次序井然，包括秘書吏、秘書令史、秘書郎、秘書令四個級別，從郤正所習均與圖書有關，似可推知，蜀漢的秘書機構也參與了圖書文籍的管理收集等工作。因此，我們可得出如下結論：蜀漢的著作官員，包括儒林校尉、典學校尉、勸學從事、典學從事等文化教育官員及以秘書令爲首長的秘書諸職，如果從不太苛刻的意義上來說，這些機構同時就是蜀漢的國家編撰出版機構。

孫吳在圖書編撰出版方面，也取得了比較突出的成就。這首先和孫吳統治者重視文化教育、重視圖書典籍的編撰整理收集有很大關係。如，孫權就非常重視史學，他除了注重對吳國國史的編撰外，對於繼承人和部屬臣僚讀書學史，也都提出了較高要求。再如，孫休少年時代即從射慈、盛沖等人受學，在位期間也曾下詔興學〔註35〕，孫休本人也曾「銳意於典籍，欲畢覽百家之言。」〔註36〕除了統治者重視這一因素外，孫吳能夠在圖書編撰出版方面取得較大成就，還與孫吳的圖書編撰機構設置比較完備有一定關係。稽考

〔註32〕 《三國志》卷四二《蜀書·譙周傳》，第1033頁。
〔註33〕 《三國志》卷四二《蜀書·孟光傳》，第1024頁。
〔註34〕 《三國志》卷四二《蜀書·郤正傳》，第1034頁。
〔註35〕 據《三國志》卷四八《吳書·三嗣主傳·孫休傳》載，永安元年（258）十二月，孫休下詔：「古者建國，教學爲先，所以道世治性，爲時養器也。自建興以來，時事多故，吏民頗以目前趨務，去本就末，不循古道。夫所尙不惇，則傷化敗俗。其案古置學官，立五經博士，核取應選，加其寵祿；科見吏之中及將吏子弟有志好者，各令就業。一歲課試，差其品第，加以位賞。使見之者樂其榮，聞之者羨其譽。以敦王化，以隆風俗。」（第1158頁）
〔註36〕 《三國志》卷四八《吳書·三嗣主傳·孫休傳》，第1159頁。

諸史，東吳職官設置，其中與圖書典籍編撰出版有關者，包括秘府中書郎、太史令、東觀令、左右國史等。以下依據相關史料，對這些職官略加分析。

（1）秘府郎、秘府中書郎：據《三國志·華覈傳》載，華覈始爲上虞尉、典農都尉，「以文學入爲秘府郎，遷中書丞」〔註37〕，這是華覈曾任秘府郎之職。又據諸史載，薛瑩「初爲秘府中書郎，孫休即位，爲散騎中常侍……建衡三年，（孫）皓追歎瑩父綜遺文，且命瑩繼作。」〔註38〕是薛瑩曾任秘府中書郎，綜合華覈、薛瑩二人事蹟，似可推知：秘府郎與秘府中書郎很可能是同一職名，秘府郎當爲秘府中書郎之簡稱；孫吳秘府郎人選以「文學」充當，因此當與圖書文籍有關。

（2）太史令、太史郎中：後主孫皓在位期間，右國史華覈曾就史官建置之事上疏，其中有云：「大皇帝（按，指孫權）末年，命太史令丁孚、郎中項峻始撰《吳書》。孚、峻俱非史才，其所撰作，不足紀錄。至少帝時，更差韋曜、周昭、薛瑩、梁廣及臣五人，訪求往事，所共撰立，備有本末。」〔註39〕又，韋昭（按，陳壽修《三國志》，避司馬昭諱，改稱韋昭爲韋曜）在孫亮時期，曾與華覈、薛瑩等人參與修撰孫吳國史，史言「孫亮即位，諸葛恪輔政，表曜爲太史令，撰《吳書》，華覈、薛瑩等皆與參同。孫休踐阼，爲中書郎、博士祭酒。命曜依劉向故事，校定眾書……孫皓即位，封高陵亭侯，遷中書僕射，職省，爲侍中，常領左國史。」〔註40〕綜合二傳以觀，可知孫吳有太史令、太史郎中二職，孫權統治末年，丁孚、項峻二人分別以此二職修撰《吳書》，韋昭在孫亮時以太史令的身份，領銜國史修撰。這表明，孫吳太史令、太史郎中諸職，很可能就是以修撰國史爲主要職掌。至於韋昭在孫皓時，以「中書郎、博士祭酒」之職校定群書，其所任「中書郎」，有可能就是前揭「秘府中書郎」之省稱。

（3）東觀令、丞：據前揭《華覈傳》，「後遷東觀令，領右國史，覈上疏辭讓，孫皓答曰：『得表，以東觀儒林之府，當講校文藝，處定疑難，漢時皆名學碩儒乃任其職，乞更選英賢。聞之，以卿研精墳典，博覽多聞，可謂悅禮樂敦詩書者也。當飛翰騁藻，光讚時事，以越楊、班、張、蔡之疇，怪乃

〔註37〕《三國志》卷六五《吳書·華覈傳》，第 1464 頁。
〔註38〕《三國志》卷五三《吳書·薛綜附子瑩傳》，第 1254 頁。
〔註39〕《三國志》卷五三《吳書·薛綜附子瑩傳》，第 1256 頁。
〔註40〕《三國志》卷六五《吳書·韋曜傳》，第 1461～1462 頁。

謙光，厚自菲薄，宜勉脩所職，以邁先賢，勿復紛紛。』」〔註41〕是華覈在孫皓統治時期，曾以東觀令的身份，領右國史之事。又，吳郡人周處，「亦有文武材幹，天紀中爲東觀令、無難督。」〔註42〕然據《晉書‧周處傳》載，周處「仕吳爲東觀左丞。孫皓末，爲無難督。」〔註43〕

從孫皓所言及入職東觀的要求，可知孫吳東觀令一職的設置，應當是沿襲東漢舊法，不但名稱未作改變，職掌也基本相同。《晉書‧周處傳》言周處爲東觀左丞，與《三國志》所載爲東觀令略有不同，抑或周處先曾任東觀左丞，後來遷轉爲東觀令。《三國志》與《晉書》之是非，姑置不論，但二書之略微差異，卻隱約透露出孫吳的東觀機構，不僅置有東觀令，可能還置東觀左丞一職。又根據其時職官設置一般規律，既置有左丞，理論上也應當設有右丞一職；至於令、丞之間，正常情況應爲長、貳的關係。

孫吳東觀令除職掌國史修撰以外，可能還有其它權力。據《鍾離牧傳》注引《會稽典錄》曰：「牧之在濡須，深以進取可圖，而不敢陳其策，與侍中東觀令朱育宴，慨然歎息。育謂牧恨於策爵未副，因謂牧曰……」〔註44〕我們注意到，朱育的官職是「侍中東觀令」，依據魏晉南北朝時期官制的特點，朱育的本職爲東觀令，「侍中」爲其加官，由此看來，孫吳的東觀令有時還可憑藉加侍中的職銜參與中樞決策，這說明東觀令一職在孫吳的職官體系中，可能具有相對較高的政治地位。

（4）左、右國史：此職主要是爲修撰吳國國史《吳書》而設置，一般情況下用作加官，並不能獨立成職。從孫權末年至孫皓時，先後參與《吳書》之修撰者有丁孚、項峻、韋昭（即韋曜）、華覈、薛瑩、周昭、梁廣等人。以上諸人或亡或黜，歷久未成，最後實際由韋昭獨自完成，但仍剩下述、贊等部分未就，韋昭即因事下獄被殺。〔註45〕其中韋昭、華覈、薛瑩諸人，曾先

〔註41〕《三國志》卷六五《吳書‧華覈傳》，第1467～1468頁。
〔註42〕《三國志》卷六〇《吳書‧周魴附子處傳》，第1392頁。
〔註43〕《晉書》卷五八《周處傳》，第1570頁。
〔註44〕《三國志》卷六〇《吳書‧鍾離牧傳》注引《會稽典錄》，第1394頁。
〔註45〕據《三國志》卷五三《吳書‧薛綜附子瑩傳》：「右國史華覈上疏曰：『……大皇帝末年，命太史令丁孚、郎中項峻始撰《吳書》……至少帝時，更差韋曜、周昭、薛瑩、梁廣及臣五人，訪求往事，所共撰立，備有本末。昭、廣先亡，曜負恩蹈罪，瑩出爲將，復以過徙，其書遂委滯，迄今未撰奏。臣愚淺才劣，適可爲瑩等記注而已，若使撰合，必襲孚、峻之跡，懼墜大皇帝之元功，損當世之盛美。瑩涉學既博，文章尤妙，同僚之中，瑩爲冠首。今者見吏，雖

後擔任左、右國史之職。有史料表明，左、右國史似不能獨立成職，而一般用作加官，如韋昭在孫亮統治時期奉命修撰《吳書》，本官爲太史令；孫休即位，「命曜依劉向故事，校定眾書」，時韋昭本官爲中書郎、博士祭酒；孫皓即位後「遷中書僕射，職省爲侍中，常領左國史」，是韋昭在領左國史期間，分別都有其它本職（太史令、中書郎、博士祭酒、侍中）。又如華覈，「後遷東觀令，領右國史」，是華覈以東觀令領右國史之職。其餘諸人，在參與修《吳書》時，應當也都有不同的本官官職。因此，我們大致可以認爲，孫吳左、右國史之職，應當是帖領官或兼官，另外也有跡象表明，並非每個參與修國史的人員都可以擁有這一加官或兼官。

三、三國秘書、著作官設置的意義與局限

以上是對魏、蜀、吳三國有關圖書編撰出版機構的簡略考述。由此我們可得出這樣一種認識：儘管三國時期社會動盪不寧，三國之間軍事鬥爭連綿不斷，三國國內的政治風波也不時或起，但三國的統治者並未因此就漠視禮樂教化，他們對於「古者建國，教學爲先」的重要性，都有著十分清醒的認識。

三國的統治者對於包括圖書編撰、收集、整理在內的文化教育事業，都給予足夠的重視。其中一個重要表現就是，三國都設置有相對專業化的職官機構，如曹魏的秘書監、著作郎；蜀漢的儒林校尉、勸學從事；孫吳的東觀令、太史令、左右國史諸職，這些機構的設置和有效運作，對各自國家圖書文籍的收集整理、編撰出版，都程度不同地做出了貢獻。諸如曹魏修撰的《皇覽》、《中經》，孫吳的國史《吳書》等，都是較大規模的圖書著作，它們的修撰完成雖然在很大程度上是修撰者個人努力的結果，但與秘書監、著作郎等圖書編撰出版機構的組織協調也有關係。如孫吳史學家韋昭，修撰有《吳書》、《國語解》等史學名著，的確體現出他卓越的史學才華，但韋昭任職於東觀，領左國史的經歷，也是他完成這些著作的重要條件。因爲韋氏修史所引據的大量文獻典籍，並非僅憑個人力量就能收集完成，而必然要參考東觀、太史、秘府等國家藏書機構所收之典籍。

多經學，記述之才，如瑩者少，是以懷懷爲國惜之。實欲使卒垂成之功，編於前史之末。奏上之後，退填溝壑，無所復恨。』皓遂召瑩還，爲左國史。」（第 1256 頁）

　　當然，我們也必須承認，無論是曹魏的秘書監、著作郎，還是蜀漢、孫吳的儒林校尉、東觀令、太史令等官職，都還不是現代意義上的圖書編撰出版機構，它們還同時承擔著文化典籍事業之外的其它政治職能，有些機構、職官在某些特定時候，政治職能還遠遠大於它在文教方面的職能。它們所負責保管、收集或整理的圖書秘籍，其中有相當大一部分，就是國家發佈的詔敕政令，從而與現實政治存在著密不可分的關係。

　　再從職官隸屬關係來看，以上所列的這些機構也很難完全擺脫與現實政治的干係。如著作郎一職，就隸屬於中書省，而中書機構在魏晉南北朝時期一直是中央政治決策的核心所在。至於以秘書著作官員帶侍中之類的加官，以參與政治決策的情況，也從一個方面表明，這些官員與現實政治之間實在有著擺脫不了的密切關係。另外，從比較寬泛的意義上來說，包括圖書編撰出版在內的文化事業，本身也是傳統政治的一個重要組成部分，禮樂教化從來就是封建統治者施政的一個重要手段。正是基於這一種認識，統治者對於圖書的編撰、出版、傳播，始終表現出較大的熱情和興趣，這樣就必然考慮設置相關的官僚機構進行管理。

　　三國時期的國家編撰出版機構，儘管還不是現代意義上的專職編撰出版機構，但隨著時間的流逝，以及國家官僚機構分工的日趨細緻化、專職化，三國時期的國家編撰出版機構，也必然朝著這個方向發展，兩晉時期國家編撰出版機構較之三國時期更為完備、成熟，正是這個發展的必然結果。

兩晉國家編撰出版機構述考

　　作爲國家編撰出版機構，秘書監、著作郎諸職到兩晉時期有了進一步發展，這個發展可概括爲幾個方面。首先，二者的職掌更加明確，朝著專職圖書編撰機構的方向更加靠近，如著作官員脫離中書而隸屬於秘書，專職掌修國史，成爲專職史官。與此同時，儘管它們仍然無法完全擺脫與現實政治的關係，但在事實上與政治決策的距離愈加疏遠。其次，無論秘書監還是著作官的組成人員，辦事機構都已經基本固定，在多數情況下，任職人選由本省長官獨立取捨。再次，秘書、著作官員已有固定朝服；最後，著作機構也已發展成爲著作局，隸屬於秘書監，且從此擺脫文屬中書省的地位而獨立成府，這也是它走向獨立、成熟的一個重要標誌。

一、兩晉專職編撰機構：秘書監與著作局

　　秘書監在西晉武帝時期，曾一度併入中書省，但所領秘書、著作等職掌不變，此即《晉書・職官志》所云：「及晉受命，武帝以秘書并中書省，其秘書著作之局不廢。」〔註1〕晉武帝併秘書監入中書省，是在何時？《晉志》所言「及晉武受命」顯然太過籠統，不能視爲的言。徵諸史載，晉武帝泰始九年（273）七月，曾對職官機構進行一次較大規模的省併，當時「罷五官左右中郎將、弘訓太僕、衛尉、大長秋等官。」〔註2〕我認爲，秘書監很有可能就是在這次職官調整中被併入中書省。理由之一是，曹魏時期的秘書監一度隸屬於中書省，而著作官更是中書省的屬官，秘書、著作獨立的時間並未有多

〔註1〕《晉書》卷二四《職官志》，第735頁。
〔註2〕《晉書》卷三《武帝紀》，第63頁。

久，將其重新併入中書省不至於引起這些機構職能出現太多的混亂。

另有一事似可側證這個推測，咸寧初年（275）西晉朝廷曾議省州郡縣半吏以赴農功，時領秘書監的荀勖提出了省併官職的建議，略云：「省吏不如省官，省官不如省事，省事不如清心……若欲省官，私謂九寺可并於尚書，蘭臺宜省付三府。」〔註3〕荀勖提出這一建議，不可能憑空想像，肯定是基於已經發生的事實之上，而泰始九年（273）的省併職官，距他提議並不遙遠。既然「九寺可并於尚書，蘭臺宜省付三府」，那麼原本就與中書省關係至密的秘書、著作官員，爲何就不能重新併入其中？再聯繫荀勖本人的歷官背景，晉武帝受禪時，荀勖官拜「中書監、加侍中、領著作，與賈充共定律令」，不久之後，「俄領秘書監，與中書令張華依劉向《別錄》，整理記籍。」〔註4〕荀氏官拜中書監的同時，領著作，而在兼領秘書監時，又與中書令張華共同「整理記籍」。這表明至少在西晉初年，中書省與秘書、著作官員之間，一直保持著類似於上下級這樣的密切關係。可能正是彼此之間這種類似上下級的密切關係，才造成了秘書監再次併入中書省。總之，秘書監、著作郎重新併入中書省，乃是秘書監在西晉初年發生的一次變化。

自秘書監併入中書省後，終晉武帝之世一直如此。秘書監再次脫離中書省獨立，要到晉惠帝永平年間（291），據前揭《晉書・職官志》云：「惠帝永平中，復置秘書監，其屬官有丞，有郎，并統著作省。」〔註5〕這裏，我們必須對晉惠帝時重新設置秘書監予以特別關注。

首先，晉惠帝時復置秘書監，當是由於國家圖書出版事業的發展，因爲就秘書著作官員發展歷史來看，這次復置的意義十分重大，正是這次復置，使得秘書監作爲圖書編撰、管理部門，其在文化職能方面的作用進一步凸顯。因爲它不但「并統著作省」，而且專職「掌三閣圖書。」〔註6〕此外，尤其需要注意的是，「自是秘書之府，始居於外。」〔註7〕這就是說，秘書監不僅在名義上脫離與中書省的關係，而且開始有自身獨立的辦公地點或辦事機構，所謂「始居於外」，是指始居於中書省之外。這一點意義非同尋常，如果秘書監仍像從前一樣在中書省內辦公，儘管它可能在名義上已不屬於中書，但卻

〔註3〕《晉書》卷三九《荀勖傳》，第 1154～1155 頁。
〔註4〕《晉書》卷三九《荀勖傳》，第 1153～1154 頁。
〔註5〕《晉書》卷二四《職官志》，第 735 頁。
〔註6〕《通典》卷二六《職官典八》「秘書監」條，第 733 頁。
〔註7〕《通典》卷二六《職官典八》「秘書監」條，第 733 頁。

很難完全避免中書省官員插手過問其事務，因爲中書官員作爲決策中樞的大臣，在許多時候有權查閱秘書監所收藏之政令文書，而合署辦公或同署辦公，則容易爲其提供更多的越權機會！

元康元年（291），秘書監脫離中書省而獨立，當時著作官卻依舊屬於中書省，這是因爲著作官在西晉初年一直都屬於中書省。如華嶠，「泰始初，賜爵關內侯。遷太子中庶子，出爲安平太守。辭親老不行，更拜散騎常侍，典中書著作，領國子博士，遷侍中。」〔註8〕所謂「典中書著作」，即指此時著作官員仍爲中書省屬官，華嶠本官爲散騎常侍，故而以其爲「典中書著作」。及至泰始九年，合併秘書監入中書省，自然沒有把著作郎併入秘書的必要。著作官改隸秘書省，是到了秘書監獨立後的第二年，即元康二年（292）。據前揭《晉書・職官志》：「及晉受命，武帝以繆徵爲中書著作郎。元康二年，詔曰：『著作舊屬中書，而秘書既典文籍，今改中書著作爲秘書著作。』於是改隸秘書省。後別自置省而猶隸秘書。」〔註9〕晉惠帝元康二年，將著作官改隸秘書省，此後著作官和秘書監的關係基本確定下來，不再有什麼變化。

綜合諸史所載，兩晉時期秘書監的組成人員，有秘書監一人、秘書丞二人，分別爲秘書省長官、副貳，秘書郎四人作爲具體工作人員，分掌秘書圖籍。東漢時曾有設置的秘書校書郎、秘書正字等職，兩晉時則未見記載。兩晉時期的著作局，即由漢魏時著作郎演變而來，隸屬秘書監，主要組成人員有著作郎一人，稱爲大著作，專掌國史，佐著作郎八人，主要協助著作郎工作，如著作郎撰寫國史時，佐郎則負責提供查閱資料。這是兩晉秘書監著作局主要組成人員情況。

秘書著作官員人選多爲飽學之士，從西晉開始就成爲清要之職，能夠進入秘書著作爲官，爲世人所推重，到東晉南朝以後更是成爲高門子弟的起家之官。唐人徐堅在所編《初學記》中明確指出：「此職（按，指秘書郎）與著作郎，自置以來，多起家之選，在中朝或以才授，歷江左多仕貴遊。而梁世尤甚。當時諺曰：『上車不落爲著作，體中何如則秘書。』言其不用才也。」〔註10〕結合《晉書》等諸史所載，可證《初學記》所云不虛。也就是說，秘書郎、著作郎的任職條件，兩晉略有不同，西晉時期，能夠以秘書郎、著作郎爲起家官

〔註8〕 《晉書》卷四四《華表附子嶠傳》，第 1264 頁。
〔註9〕 《晉書》卷二四《職官志》，第 735 頁。
〔註10〕 《初學記》卷十二「秘書郎」條，第 298 頁。

者，其中還有不少人是依靠才學而入選；到東晉以後，則幾乎變成世家子弟的專利；及至南朝蕭梁之世，更是出現了只重門第，而絕不論才學的局面。秘書、著作官員自西晉起，就已經是榮譽性極高的清望官，根據西晉制度規定，佐著作郎就任以後，先要撰寫名臣傳記一篇，含有測試之意，如果達不到要求，很可能就會被辭退。其次，自秘書、著作官員出現之後，以高級官吏身份甚至宰臣身份兼領的情況，一直都存在，這也在某種程度上提高了秘書著作官員的聲價。再次，秘書、著作官職自成立以來，一直處在宮禁之中。在兩漢時期，他們基本屬於皇家私人藏書的管理者，到曹魏兩晉時期以後，雖然職掌不限於皇家藏書的撰輯整理，但與君主的關係仍較爲密切。

基於以上原因，到西晉時期，秘書、著作官員開始頗受人們的青睞，當時有許多人出於各種不同考慮，競相請爲秘書、著作。如，左思撰寫《三都賦》，自以見聞不夠廣博，遂主動要求出任秘書郎中之職。〔註11〕又如，應亨在《讓著作表》中曾說：「自司隸校尉奉至臣父，五代著作不絕，邦族以爲美談。」〔註12〕再如，國子祭酒鄒湛曾以閻纘才堪佐著作，向秘書監華嶠推薦，華嶠拒絕說：「此職閒廩重，貴勢多爭之，不暇求其才。」閻纘因而最終未被錄用。〔註13〕秘書、著作之爲兩晉時人所重，由此可見一斑。

在一般情況下，秘書監著作局的工作人員，可由秘書監長官自行選取，即所謂「秘書監自調補之。」〔註14〕這一點還可以從東晉孝武帝太元四年（379）詔書看出，據《通典》「佐著作郎」條注云：「秘書無監，使吏部選佐著作郎，有監復舊。」〔註15〕太元四年詔書的中心思想，就是秘書機構在不設首長秘書監的時候，佐著作郎由吏部向書代爲銓選，如果設有秘書監，則由其自己承擔。如所週知，是否擁有挑選屬官的權力，對於該職官機構的

〔註11〕《通典》卷二六《職官典八》「秘書監」條自注：「左太沖爲《三都賦》，自以所見不博，求爲秘書郎中。」（第734頁）《晉書》卷九二《文苑‧左思傳》：「造《齊都賦》，一年乃成。復欲賦三都，會妹（左）芬入宮，移家京師，乃詣著作郎張載，訪岷、邛之事。遂構思十年，門庭藩溷皆著筆紙，遇得一句，即便疏之。自以所見不博，求爲秘書郎。」（第2376頁）據此，則「秘書郎」，當即「秘書郎中」，抑或「郎」爲「郎中」之簡稱？

〔註12〕《通典》卷二六《職官典八》「秘書監」條自注，第737頁。

〔註13〕《晉書》卷四八《閻纘傳》，第1350頁。

〔註14〕《通典》卷二六《職官典八》「著作郎附著作佐郎」條：「魏氏又置佐著作郎，亦屬中書。晉佐著作郎八人，進賢一梁冠，絳朝服。秘書監自調補之。」（第737頁）

〔註15〕《通典》卷二六《職官典八》「佐著作郎」條注，第737頁。

意義非同尋常，我們說秘書監在兩晉時期得到進一步發展，擁有自辟屬官的權力乃是非常重要的一點。因爲只有掌握這項權力，才能成爲眞正意義上的獨立職官機構。除此之外，秘書著作官還可以由皇帝直接徵召。如晉武帝時，山濤負責選舉，向晉武帝推薦嵇紹，說他「賢侔郤缺，宜加旌命，請爲秘書郎」，晉武帝以爲嵇紹之才不但可以爲郎，而且才堪爲丞，「乃發詔徵之，起家爲秘書丞。」〔註16〕

兩晉時期，秘書監與中書監（省）儘管所掌握的實際權力不同，不過它們在當時的國家職官體系構成中，在名義上或理論上卻是平行的兩個機構。例如，在西晉大駕鹵簿方陣中，中書監與秘書監就是並列同行，據《晉書·輿服志》所記載之「中朝大駕鹵簿」云：「……次相風，中道。次中書監騎左，秘書監騎右。次殿中御史騎左，殿中監騎右……」〔註17〕在西晉「中朝大駕鹵簿」的隊列中，秘書監、中書監的排列次序相同，二者並騎而行，這表明，至少它們在國家儀仗隊伍中的地位乃是平行的兩個職官機構。

此外，秘書、著作官的朝服也可側證，秘書監在國家職官體系中，具有和中書監（省）、尙書省平行的地位。兩晉時期秘書、著作官員已有固定朝服，《晉書·輿服志》、《通典》等均有相關記載。據《通典》「秘書監」條載，兩晉之秘書監，「銅印墨綬，進賢兩梁冠，絳朝服，佩水蒼玉。」秘書丞，「銅印墨綬，進賢一梁冠，絳朝服。」秘書郎，「進賢一梁冠，絳朝服。」著作郎，「進賢兩梁冠，介幘，絳朝服。」佐著作郎，「進賢一梁冠，絳朝服。」〔註18〕然據《晉書·輿服志》載：「進賢冠，古緇布遺象也，斯蓋文儒者之服……卿、大夫、八座尙書、關中內侯，兩千石及千石以上，則冠兩梁。中書郎、秘書丞郎、著作郎、尙書丞郎、太子洗馬舍人，六百石以下至於令史、門郎、小史，並冠一梁。」〔註19〕

據此，則《晉志》所載《通典》略有不同。需要指出的是《晉志》中的「著作郎」當爲「佐著作郎」或「著作佐郎」，因爲在官員品級上，「著作郎」肯定高於「佐著作郎」，故二者服飾、冠梁亦當有所區別，因此當以《通典》所載爲是。在這裏我們注意到，秘書監、著作郎二職，在冠梁上與卿、大夫、

〔註16〕 《晉書》卷八九《忠義·嵇紹傳》，第2298頁。
〔註17〕 《晉書》卷二五《輿服志》，第759頁。
〔註18〕 《通典》卷二六《職官典八》「秘書監」條，第733～737頁。
〔註19〕 《晉書》卷二五《輿服志》，第767頁。

八座尚書相同，秘書丞郎、佐著作郎則與中書丞郎、尚書丞郎相同。朝服相同，也從一個方面說明秘書監、著作局，至少在名義上和中書監、尚書省是平等的職能部門。

另外，華嶠擔任秘書監時「班同中書」的事實，也可側證秘書監與中書監在國家職官體系中的平等地位。據諸史載，華嶠任秘書監，職掌圖書典籍期間，包括中書、散騎諸省在內所有與圖籍撰著有關的事務，都由秘書監負責。華嶠也因此利用這個機會，得以遍覽諸府圖籍，終於完成令諸臣欽服的歷史著作《漢後書》。其事具載於《晉書・華嶠傳》，略云：

> 後以嶠博聞多識，屬書典實，有良史之志，轉秘書監，加散騎常侍，班同中書。寺為內臺，中書、散騎、著作及治禮音律，天文數術，南省文章，門下撰集，皆典統之。初，嶠以《漢紀》煩穢，慨然有改作之意。會為臺郎，典官制事，由是得徧觀秘籍，遂就其緒。起于光武，終于孝獻，一百九十五年，為帝紀十二卷、皇后紀二卷、十典十卷、傳七十卷及三譜、序傳、目錄，凡九十七卷。嶠以皇后配天作合，前史作外戚傳以繼末編，非其義也，故易為皇后紀，以次帝紀。又改志為典，以有《堯典》故也。而改名《漢後書》奏之，詔朝臣會議。時中書監荀勗、令和嶠、太常張華、侍中王濟咸以嶠文質事核，有（司馬）遷、（班）固之規，實錄之風，藏之秘府。後太尉汝南王亮、司空衛瓘為東宮傅，列上通講，事遂施行。

〔註20〕

由華嶠任秘書監，加散騎常侍，「班同中書」，以及「中書、散騎、著作及治禮音律，天文數術，南省文章，門下撰集，皆典統之」的事實，可以斷言，至少在華嶠任職期間，秘書監獲得過與中書省相同的地位，而在圖書撰著方面，中書省甚至要受到秘書監的管轄。這正表明秘書監作為國家職官序列中的一個獨立機構，在名義或理論上，實與中書監（省）、尚書省等權力部門實為平行的國家機構。

二、兩晉編撰出版關涉機構

秘書監與著作局，可視為兩晉時期的專職國家編撰出版機構，除此以外，尚有一些職官機構因為與秘書監的關係較為密切，且在實際運作過程中，也

〔註20〕《晉書》卷四四《華表附子嶠傳》，第 1264 頁。

確曾與圖書編撰出版事有關涉，因此也可視爲兩晉編撰出版關涉機構。這些關涉機構的存在，在某些時候豐富和補充了圖書收集編撰出版的內容，故而略加考述。

（一）散騎常侍：散騎常侍在曹魏、西晉時期，政治權力較大，與門下官員「共平尙書奏事」，與時政關係較爲密切，到東晉時才失去共平尙書奏事之權。〔註 21〕從其成立起，散騎常侍就與圖書編撰有某種聯繫，因爲它所參與評議的尙書奏事文本，都是秘書、著作官撰寫起居注、時政記的參考文獻，故而不可能與著作之事完全無涉。另外，從曹魏時起，許多著作官往往都有「散騎常侍」這一職銜，或常常以散騎常侍兼領著作事宜，這種情況在兩晉時更是常見，這就使得它與圖書編撰必然發生聯繫。如王沈，在曹魏高貴鄉公正元（254～256）年間，曾任散騎常侍、侍中，典掌著作，並與荀顗、阮籍一起撰寫《魏書》。〔註22〕王沈的事例表明，魏晉之際即已出現散騎常侍、侍中兼掌著作的情況。散騎、侍中兼掌著作的情況，到西晉以後更加習見，如前揭華嶠，於晉武帝泰始（265～274）初年，「更拜散騎常侍、典中書著作，領國子博士，遷侍中。」這是華嶠在西晉泰始初年，以散騎常侍的身份，典掌中書著作事宜，遷轉侍中以後情況如何，本傳雖然未有明載，但史籍既然未加說明，則可能繼續典掌此事。又如孫綽，「博學善屬文」，在東晉時曾任永嘉太守，後來「遷散騎常侍，領著作郎。」〔註 23〕這是孫綽以散騎常侍兼領著作。又如葛洪，曾任王導司徒府諮議參軍，晉成帝咸和（326～334）初年，「干寶深相親友，薦洪才堪國史，選爲散騎常侍，領大著作，洪固辭不就。」〔註 24〕儘管葛洪沒有就任，但干寶推薦他才堪國史，也是準備以散騎常侍而領著作郎。再如庾闡，「好學，九歲能屬文」，蘇峻、祖約之亂中，曾任郗鑒司空府參軍，蘇峻之亂平定後，「（郗）鑒復請爲從事中郎。尋召爲散騎常侍郎，領大著作。」〔註 25〕凡此，均表明兩晉時期的散騎常侍一職，與圖書著

〔註21〕　《晉書》卷二四《職官志》：「自魏至晉，散騎常侍、侍郎與侍中、黃門侍郎共平尚書奏事，江左乃罷。」（第 733 頁）

〔註22〕　《晉書》卷三九《王沈傳》：「王沈，字處道，太原晉陽人也……好書，善屬文。大將軍曹爽辟爲掾，累遷中書門下侍郎。及爽誅，以故吏免。後起爲治書侍御史，轉秘書監。正元中，遷散騎常侍、侍中，典著作。與荀顗、阮籍共撰《魏書》，多爲時諱，未若陳壽之實錄也。」（第 1143 頁）

〔註23〕　《晉書》卷五六《孫楚附孫綽傳》，第 1544～1545 頁。

〔註24〕　《晉書》卷七二《葛洪傳》，第 1911 頁。

〔註25〕　《晉書》卷九二《文苑・庾闡傳》，第 2385 頁。

作有比較密切的關係，而且在散騎尚未獨立成省，未成冗散之前，這方面的職能應當更加突出一些。

（二）太子洗馬、諸王文學等東宮諸王屬官：有史實表明，太子洗馬、諸王文學等東宮諸王屬官，也是兩晉時期編撰出版機構的一個重要關涉機構。據《晉書・職官志》，魏晉時東宮屬官中有「洗馬八人，職如謁者秘書，掌圖籍。釋奠講經則掌其事，出則直者前驅，導威儀。」〔註26〕從中可知，太子洗馬「掌圖籍」這一職掌的性質與秘書郎相同，只不過秘書郎典掌的是國家的圖書典籍，而洗馬則負責太子東宮圖書典籍的管理、收藏。從這個意義上我們可以認爲太子洗馬也是當時國家編撰出版機構的一個關涉機構。太子洗馬職掌圖書典籍，乃是魏晉時期新發展起來的一個職能，但在前揭《晉志》並無揭示，太子洗馬的這個新職能，《通典》有所記載，略云：

> 洗馬：秦官，漢亦曰先馬。（自注：如淳曰：「前驅也。」《國語》曰：「句踐親爲夫差先馬。」先或作洗。又《漢書》：「汲黯及姊子司馬安並爲太子洗馬。安文深巧善宦，四至九卿。」）後漢員十六人，職如謁者，太子出則當直者前驅，導威儀也。（自注：漢選郎中補。）安帝時，太子謁廟，洗馬高山冠。非乘從時，著小冠。魏因之。晉有八人，職如謁者，准秘書郎。進賢一梁冠，黑介幘，絳朝服。掌圖籍，釋奠講經則掌其事，餘與後漢同。（自注：晉江統爲洗馬，太子頗好遊宴，或闕朝侍，統以五事諫之。又陸機、傅咸並爲洗馬，又衛玠爲洗馬。）宋與晉同。齊置一人。梁有典經局，又置八人，掌文翰，尤爲清選，皆取甲族有才名者爲之，位視通直郎。（自注：梁庾於陵拜洗馬，舍人如故。舊事，東宮官屬，通爲清選，洗馬掌文翰，尤其清者。東宮近代用人，皆取甲族有才名者。時於陵、周捨並擢充斯職。武帝曰：「官以人而清，豈限於甲族。」時論美之。）陳因之。北齊典經坊洗馬二人。隋曰司經局，置洗馬四人，煬帝減二人。大唐司經局洗馬二人。龍朔二年，改洗馬爲司經大夫。三年，改司經局爲桂坊。司經大夫通判坊事，罷隸左春坊。咸亨初復舊，掌侍奉及經史圖籍，判局事。〔註27〕

以上是太子洗馬一職從秦漢至隋唐時期，職掌發展演變的大致過程，其中間

〔註26〕《晉書》卷二四《職官志》，第 743 頁。
〔註27〕《通典》卷三〇《職官典十二》「洗馬」條，第 828～829 頁。

有因革。就歷史傳承性而言，太子洗馬充當前驅，「導威儀」，如謁者秘書等職掌，乃是對秦漢制度的繼承，然而「掌圖籍」的職能，則是魏晉時期新增，否則所說「餘與後漢同」就沒有意義。太子洗馬一職，自秦制度始設，其後歷代均有設置，至魏晉之際，在原有職能的基礎上，又新增典掌東宮圖籍之職。此項新增職能在兩晉南朝得以繼續保持，並有所發展，後來梁、陳之「典經局」，北齊之「典經坊」、隋唐之司經局，均以洗馬主其事，都是從魏晉之際太子洗馬「掌圖籍」職能發展而來。

兩晉時期，除太子洗馬以外，諸王屬官也有相類似的職掌。繼承漢魏舊制，西晉初年繼續分封宗室，這些宗室諸王都有自己的一套職官設置，其中師友、文學一類的文化教育官員，就與圖書編撰諸事之間存在著某種關係。然而，杜佑卻說兩晉南朝未有諸王文學等職，云：「漢時郡及王國並有文學，而東宮無聞。魏武置太子文學，自後並無。」〔註28〕按，杜佑此說並不準確。諸王置有文學諸職，《晉書・職官志》有明確記載：「王置師、友、文學各一人，景帝（司馬師）諱，故改師為傅。友者因文王、仲尼四友之名號……典書、典祠、典衛、學官令、典書丞一人，治書四人……」〔註29〕，則兩晉諸王不僅有師、友、文學之設，且王府屬官中和秉筆撰述事宜有關的成員，還有典書、學官令、典書丞、治書諸職。誠然，這些秉筆職官扮演的主要是刀筆吏角色，但與圖書編撰不可能全然無涉。如李重，於太熙（290）年間，「遷尚書吏部郎，務抑華競，不通私謁，特留心隱逸，由是羣才畢舉，拔用北海西郭湯、琅邪劉珩、燕國霍原、馮翊吉謀等為秘書郎及諸王文學，故海內莫不歸心。」〔註30〕這表明西晉有諸王文學等職，且此職掌與秘書郎有相同之處，其相同處大概就有修撰典籍一事。聯繫南朝諸王，如宋臨川王劉義慶為修撰《世說新語》，梁昭明太子蕭統為修撰《文選》，均曾在王府招聚文學之士，由此可知，南朝諸王文學具有修撰之職責。從制度發展史的角度來說，南朝東宮、諸王招聚文士從事修撰，並非萍飄藻寄，浮水無根，而是源遠流長，其來有自，應當就是對西晉諸王文學這方面職能的繼承和發展。

兩晉南朝宗室諸王有招聚學士入府充當師友的傳統，師友、文學與諸王之間，有點類似於幕僚職能之或師或友的關係，他們主要是備諸王應對，解

〔註28〕《通典》卷三〇《職官十二》「文學」條，第 829 頁。
〔註29〕《晉書》卷二四《職官志》，第 743～744 頁。
〔註30〕《晉書》卷四六《李重傳》，第 1311 頁。

答諸王在政治、生活中的疑難問題，既可爲諸王在政治上出謀劃策，亦可從事圖書典籍的收集整理，乃至於進行文學創作等文教事業。這些職能，諸王文學往往是身而兼之，如摯虞，以「才學博通，著述不倦」歷任郡檄主簿、太子舍人諸職，「元康中，遷吳王友。時荀顗撰《新禮》，使虞討論得失而後施行……後歷秘書監，衛尉卿。」〔註31〕摯虞遷爲吳王友，靠的是「才學博通」，他以吳王友的身份參與討論荀顗《新禮》得失，表明撰述、修正禮法著作乃是諸王師友的工作之一。摯虞所出任秘書監之職，正是在此次參與討論《新禮》之後任命的。摯虞之例，或可表明南朝宗室諸王師友這方面的職能正是沿襲魏晉時的做法。

（三）中書省、門下省：中書省、門下省等中央決策機構，既是國家權力中樞所在，有時也插手過問或直接負責圖書收集編撰等具體工作，特別是在國史修撰，朝廷重大禮儀、律令的修訂編纂方面，中書、門下二省官員首長更是要親自參與，甚至領銜此事。因而無論是中書省，還是門下省，均可視爲兩晉國家圖書編撰出版的關涉機構。

中書、門下官員參與圖書、典籍、禮法、律令的編撰，這方面的例子可以舉出一些。如，賈謐於晉惠帝時任秘書監，掌國史，「先是，朝廷議立晉書限斷，中書監荀勗謂宜以魏正始起年，著作郎王瓚欲引嘉平已下朝臣盡入晉史，于時依違未有所決。惠帝立，更使議之。謐上議，請從泰始爲斷。於是事下三府，司徒王戎、司空張華、領軍將軍王衍、侍中樂廣、黃門侍郎嵇紹、國子博士謝衡皆從謐議。騎都尉濟北侯荀畯、侍中荀藩、黃門侍郎華混以爲宜用正始開元。博士荀熙、刁協謂宜嘉平起年。謐重執奏戎、華之議，事遂施行。（賈謐）尋轉侍中，領秘書監如故。」〔註32〕此次西晉國史「斷限」之議所包含的政治涵義，周一良氏已有精闢論述，這裏不多說。〔註33〕這裏要說明的是，參與此次國史修撰討論的職能部門，秘書、著作官員作爲圖書國史修撰的專職機構，在討論中扮演主角自屬正常，晉武帝時將秘書監併入中書省，故中書監荀勗發表意見，也不難理解。而到晉惠帝時重議此事，參與討論者，除秘書監、國子博士等圖書編撰、文教專職官員外，主要就是侍中、

〔註31〕《晉書》卷五一《摯虞傳》，第 1426 頁。
〔註32〕《晉書》卷四〇《賈充附賈謐傳》，第 1173～1174 頁。
〔註33〕周一良撰：《魏晉南北朝史學與王朝禪代》，原刊《北京大學學報》1987 年第 2 期，後收入氏著《魏晉南北朝史論集》，第 425～436 頁，北京，北京大學出版社，1997。

黃門侍郎等門下官員。其中秘書監賈謐更是在事後，以侍中身份兼領秘書監。這說明門下省在國史修撰一事上，有重要發言權。如此一來，門下官員與圖書典籍的編撰，也就存在一定關係。至於本條記載中所說事下「三府」，經過「三府」討論，似乎三公府也對國史修撰有重大影響力，但實際上由於三公在兩晉時期只是榮譽性高官，且置無常人，讓其對國史修撰發表意見，大概只是為了表示對當事者的禮敬以及顯示國史修撰的嚴肅莊重。

再如荀勖，晉武帝受禪不久，「拜中書監，加侍中，領著作，與賈充共定律令。」後又「領秘書監，與中書令張華依劉向《別錄》，整理記籍。」〔註34〕荀勖從事律令刪定，及「整理記籍」，均是以中書令的身份廁身其間。東晉時的例子，如庾亮，「中興初，拜中書郎，領著作，侍講東宮。其所論釋，多見稱述。」〔註35〕又如王嶠，王敦之亂平定後，「除中書侍郎，兼大著作，固辭。」〔註36〕庾亮、王嶠二人都是以中書官員兼領著作官。

總之，中書、門下作為封建王朝重要職官機構，參與權力中樞的政治決策為其主要職能，但它們的權力觸角對圖書典籍的收集、編撰等文化事業，也偶有所及，因此從文化教育事業角度而論，它們也可視為兩晉時期國家圖書編撰出版的關涉機構。

（四）太常、博士：兩晉時期的太常、博士等職官，也是國家編撰出版的重要關涉機構，這也是由博士的性質所決定。古之博士，其意雖與今有所不同，但都是學識修養頗高，或在某些方面有所專長，如在禮法、律令、音樂、曆法等方面造詣非凡，故而在朝廷大儀創革、商討修訂律曆法令等時候，能夠提出合乎需要的主張。有時他們還成為討論的「主議」或「議主」。如陸倕（字佐公）在所撰《石闕銘》中，就曾明確指出：「乃正六樂，治五禮，改章程，創法律。置博士之職，而著錄之生若雲；開集雅之館，而款關之學如市。」李善注云：「《漢書》曰：武帝初置五經博士。范曄《後漢書》曰：張興稍遷至博士，弟子自遠至者，著錄且萬人。」〔註37〕儘管陸倕的事蹟晚在蕭梁，但其所敘述之博士職掌，卻是自兩漢至南朝時的通例，也就是說，魏晉南朝時期，舉凡端正六樂、修治五禮、改訂章程、開創法律，都有博士參

〔註34〕 《晉書》卷三九《荀勖傳》，第1153～1154頁。
〔註35〕 《晉書》卷七三《庾亮傳》，第1915頁。
〔註36〕 《晉書》卷七五《王湛附王嶠傳》，第1974頁。
〔註37〕 【梁】蕭統編，【唐】李善注：《文選》卷五十六《銘‧石闕銘》，第2418頁，上海，上海古籍出版社，1986。

與其間。

　　太常作爲國家專職禮官，在禮制建設方面更是無以辭其責，根據文獻記載，太常屬官也保存有文獻典籍。如潘岳在《故太常任府君畫贊》中有云：「遂管秘籍，辯章舊史。」〔註38〕由於太常是禮官，故所收藏之「秘籍」，可能多與禮法有關，爲專業性相對較強的圖書機構。正因爲太常掌握有大量關於禮制設置沿革方面的文獻資料，故而一旦朝廷遇到事涉禮儀的討論，太常不僅是其中的必然參與者，在許多時候還扮演著較爲重要的角色。僅據對《晉書‧禮志》（共三卷）的粗略統計，可以明確或基本肯定有博士、太常參加的討論或奏議，至少有 25 次之多，其中大約有 10 次，則是以太常或博士的提議作爲最終定論，而這中間明確記載由太常主持者，又有 3 次之多。〔註39〕

三、兩晉國家編撰出版機構之職掌

　　作爲專職國家編撰出版機構，秘書監、著作局的最重要職能，就是收集、整理、編撰圖書典籍，在這個過程中，中書、門下等關涉機構也要參與協助。以下，結合兩晉時期在圖書修撰整理方面取得的成就，對兩晉國家編撰出版機構的職掌，稍作具體陳述。

　　（一）修撰國史：秘書監、著作局的第一個重要職能是修撰歷史，其中國史修撰主要由著作官員承擔。作爲著作局的上級領導機關，秘書監對於包括國史修撰在內的圖書事業，職無不總，著作局則側重國史編撰，即「謂云大著作郎，專掌史任」。

　　西晉秘書監、著作局修史的記載，可謂史不絕書。晉武帝、惠帝時期，均先後兩次展開國史修撰，具體工作全部由秘書監、著作郎主持。如束皙，在晉武帝太康年間（280～289），「轉佐著作郎，撰《晉書‧帝紀》，十《志》，遷轉博士，著作如故。」〔註40〕束皙修撰《晉書》，一方面是因爲他身爲著作官員，本有修史之職責，另一方面也因爲秘書監著作局作爲國家藏書機構，保存有大量圖書典籍，秘書監著作局官員擁有圖書資料方面的優越條件。〔註41〕

〔註38〕 【唐】歐陽詢撰，汪紹楹校：《藝文類聚》卷四十九《職官部五》「太常」條引潘岳《故太常任府君畫贊》，第 878 頁，上海，上海古籍出版社，1982。

〔註39〕 詳參《晉書》卷一九、二〇、二一《禮志上、中、下》。

〔註40〕 《晉書》卷五一《束皙傳》，第 1432 頁。

〔註41〕 《晉書》卷九二《文苑‧左思傳》：「自以所見不博，求爲秘書郎。」（第 2376 頁）左思之所以自求擔任秘書省之職，主要就是因爲在那裏藏書豐富，可以閱讀到更多書籍。

　　綜合考察晉武帝、惠帝時期兩次修史過程，其間參與修撰者，先後有中書監荀勖、著作郎王瓚、司徒王戎、司空張華、領軍將軍王衍、侍中樂廣、黃門侍郎嵇紹、國子博士謝衡、騎都尉·濟北侯荀畯、侍中荀藩、黃門侍郎華混、博士荀熙、刁協等人。其中需要注意的是荀勖一例，他在晉武帝時插手國史修撰，主要是以中書監的身份進行，但同時也可視爲以秘書監的身份應當其事，原因在於當時秘書監併入中書監未久，著作郎、秘書監在某種意義上實相當於中書監之屬官。及至晉惠帝在位，賈謐又以秘書監之職，掌國史修撰，此時秘書監則又重新脫離中書省。至於上述所載侍中、黃門侍郎、博士諸職參與修史，則是以編撰出版關涉機構的身份對國史修撰發表意見。

　　東晉朝廷對於國史修撰也頗爲重視，史載晉元帝登基不久，王導就上疏勸置史官，開展國史修撰工作，略云：

　　　　中興草創，未置史官，中書監王導上疏曰：「夫帝王之迹，莫不必書，著爲令典，垂之無窮。宣皇帝廓定四海，武皇帝受禪於魏，至德大勳，等蹤上聖，而紀傳不存於王府，德音未被乎管絃。陛下聖明，當中興之盛，宜建立國史，撰集帝紀，上敷祖宗之烈，下紀佐命之勳，務以實錄，爲後代之準，厭率土之望，悅人神之心，斯誠雍熙之至美，王者之弘基也。宜備史官，敕佐著作郎干寶等漸就撰集。」元帝納焉。寶於是始領國史。以家貧，求補山陰令，遷始安太守。王導請爲司徒右長史，遷散騎常侍，著《晉紀》，自宣帝迄于愍帝五十三年，凡二十卷，奏之。其書簡略，直而能婉，咸稱良史。〔註42〕

在王導等人的提倡下，東晉初年即史官備置，以致於撰寫晉朝國史，竟成一時之風尚。東晉時人所撰之晉朝國史著作，除前揭干寶《晉紀》以外〔註43〕，另有秘書監孫盛所著《晉陽秋》〔註44〕、秘書丞·著作郎虞預所著《晉書》

<hr>

〔註42〕《晉書》卷八二《干寶傳》，第2149～2150頁。

〔註43〕按，干寶所撰《晉紀》的卷數，諸史記載不盡相同，正文所引本傳作「二十卷」，然據《隋書》卷三三《經籍志二》云：「《晉紀》二十三卷（干寶撰。訖愍帝。）」（第958頁）其間之差異，抑或《晉書》修撰者直言其大致篇數，而未作詳察邪？

〔註44〕《晉書》卷八二《孫盛傳》：「盛篤學不倦，自少至老，手不釋卷。著《魏氏春秋》、《晉陽秋》，并造詩賦論難復數十篇。」（第2148頁）可知，孫盛除著有晉朝國史《晉陽秋》，還著有曹魏國史《魏氏春秋》，以及詩、賦、論、難等數十篇。

〔註45〕、著作郎王隱所著《晉書》〔註46〕、著作郎謝沈所著《晉書》〔註47〕。
義熙初年，劉裕控制東晉政權，仍注意國史修撰，曾下敕著作郎徐廣修撰晉
朝國史，至義熙十二年，徐廣修成《晉紀》四十六卷。〔註48〕

　　有關兩晉國史著作的情況，歷朝起居注也是我們應該關注的內容。據《隋
書‧經籍志》之統計，屬於兩晉諸帝起居注者，共有 24 種之多，惜乎多數未
注明作者姓名。〔註49〕僅《晉泰始起居注》（20 卷）、《晉咸寧起居注》（10 卷）、
《晉泰康起居注》（21 卷）、《晉咸和起居注》（16 卷）等 4 部，標明爲李軌所
撰；《晉起居注》（317 卷）則標明爲「宋北徐州刺史主簿劉道會撰，梁有三百
二十卷。」李軌是否晉人，《隋志》並未標明，從其所撰 4 部起居注的時間來
看，泰始（265～274）、咸寧（275～279）、泰康亦即太康（280～289）爲晉
武帝司馬炎年號，咸和（326～334）則爲東晉成帝司馬衍年號，這四部起居
注前後所跨時間長達五、六十年，且兩晉之間還包括永嘉之亂、五胡亂華的
社會大動盪時期，依理推斷，李軌似不太可能跨越東、西兩晉，因此李軌如

〔註45〕《晉書》卷八二《虞預傳》：「預雅好經史……著《晉書》四十餘卷、《會稽典
　　　　錄》二十篇、《諸虞傳》十二篇，皆行於世。所著詩賦碑誄論難數十篇。」（第
　　　　2147 頁）可知，虞預除著有晉朝國史《晉書》四十餘卷外，還著有會稽地方
　　　　歷史著作《會稽典錄》、虞氏家族傳記《諸虞傳》，以及詩、賦、碑、誄、論、
　　　　難等。
〔註46〕《晉書》卷八二《王隱傳》，第 2143 頁。
〔註47〕《晉書》卷八二《謝沈傳》：「何充、庾冰並稱沈有史才，遷著作郎，撰《晉
　　　　書》三十餘卷……沈先著《後漢書》百卷及《毛詩》、《漢書外傳》，所著述及
　　　　詩賦文論皆行於世。其才學在虞預之右云。」（第 2152 頁）可知，謝沈所著
　　　　除國史《晉書》三十餘卷外，尚有記述東漢歷史的《後漢書》一百卷，及《毛
　　　　詩》、《漢書外傳》等。
〔註48〕《晉書》卷八二《徐廣傳》：「義熙初，奉詔撰車服儀注，除鎮軍諮議，領記
　　　　室，封樂成侯，轉員外散騎常侍，領著作。尚書奏：『左史述言，右官書事，
　　　　《乘》《志》顯於晉鄭，《春秋》著乎魯史。自聖代有造《中興記》者，道風
　　　　帝典，煥乎史策。而太和以降，世歷三朝，玄風聖迹，儵爲疇古。臣等參詳，
　　　　宜敕著作郎徐廣撰成國史。』於是敕廣撰集焉。遷驍騎將軍，領徐州大中正，
　　　　轉正員常侍、大司農，仍領著作如故。十二年，勒成《晉紀》，凡四十六卷，
　　　　表上之。因乞解史任，不許。遷秘書監。」（第 2158 頁）按，徐廣所撰《晉
　　　　紀》，《隋書‧經籍志》無載，唯《隋書》卷一六《律曆志上》曾云：「徐廣、
　　　　徐爰、王隱等《晉書》云：『武帝泰始九年，中書監荀勖校太樂八音，不和，
　　　　始知爲後漢至魏，尺長於古四分有餘。勖乃部著作郎劉恭，依《周禮》制尺，
　　　　所謂古尺也……』」（第 402～403 頁）此處所言徐廣、徐爰、王隱等《晉書》，
　　　　未知何指，或即徐廣之《晉紀》？抑或是指三人所著？姑志之待考。
〔註49〕《隋書》卷三三《經籍志二》，第 955～956 頁。

果眞是晉人，也只能是生活在東晉時期的人了，果爾則其所撰 4 部起居注中，前三者當爲追述或根據已有相關著述改寫，《咸和起居注》則可能爲據其親歷而記述。至於劉宋人劉道會所撰《晉起居注》，我以爲很可能是他根據當時所見到之屬於兩晉時代的起居注，抄撮合併成爲一書。〔註50〕

（二）編撰前朝歷史：除了撰寫國史以外，前代歷史的修撰，也是兩晉秘書、著作官員的一個重要職能。綜觀諸史所載，大凡在著述方面取得突出成就者，都有在秘書監或著作局任職的經歷，如前揭華嶠，一生著述甚豐，著作包括《漢後書》及大量詩賦論議在內，達數十萬言，他就曾先後擔任中書著作、秘書監等職，華嶠根據《漢紀》所撰《漢後書》完成以後，中書監荀勖、中書令和嶠、太常張華、侍中王濟等人「咸以嶠文質事核，有遷固之規，實錄之風，藏之秘府。」〔註51〕華嶠能夠修成《漢後書》，並有其它大量著述，與他本人學識豐富固然有關，也和他擔任秘書、著作官員，有條件大量翻閱、參考秘書監藏書，掌握豐富文獻資料有直接關係。

又如陳壽所著《三國志》，已成爲一部中國史學經典名著，他也曾先後擔任著作佐郎、著作郎等職，《三國志》大約就是在他先後擔任著作郎一職前後完成，據說陳壽《三國志》完成後，夏侯湛便將自己所寫的《魏書》焚毀。張華對於《三國志》也頗爲推重，曾準備推薦陳壽主修《晉書》。除《三國志》外，陳壽還著有《古國志》、《益部耆舊傳》等著作，《益部耆舊傳》後來還成爲常璩撰寫《華陽國志》的一部重要參考書。〔註52〕又如，司馬彪在泰始年間，先後任秘書郎、丞，其間他討論眾書，完成《續漢書》80 餘卷、《九州春秋》等著作，並條列譙周《古史考》中一百二十二條不當之處。〔註53〕再如，東晉太興（318～319）初年，典章稍備，朝廷徵召王隱、郭璞等人爲著作郎，令撰晉史。當時著作郎虞預私撰《晉書》，由於虞預係南方人，對於西晉史事所知甚少，遂多次向王隱詢問，並借閱王隱所著有關書籍，最後完成了《晉

〔註50〕 按，將《隋書》卷三三《經籍志二》所載兩晉起居注的卷數，依統計之最多卷數相加，共得 296 卷，依然達不到 317 卷，更達不到蕭梁時 320 卷之數。由此我推斷，劉道會應當就是把他所見到的有關兩晉起居注，加以抄撮整理而成《晉起居注》，而且他所見相關起居注的總卷數，要比《隋志》所說的 317 卷，甚至是 320 卷可能還要多一些。

〔註51〕 《晉書》卷四四《華表附子嶠傳》，第 1264 頁。

〔註52〕 《晉書》卷八二《陳壽傳》，第 2137～2138 頁。

〔註53〕 《晉書》卷八二《司馬彪傳》，第 2142 頁。又據《隋書》卷三三《經籍志二》，司馬彪所撰《續漢書》共 83 卷，題爲「晉秘書監司馬彪撰」（第 954 頁）

書》的著述。〔註54〕

其它可以明確考訂爲兩晉秘書、著作官員所撰之前朝歷史著作，另有袁山松《後漢書》九十五卷（自注：本一百卷，晉秘書監袁山松撰。）〔註55〕、樂資《春秋後傳》（自注：晉著作郎樂資撰。）〔註56〕、《山陽公載記》十卷（自注：樂資撰。）〔註57〕

（三）收集亡逸，整理圖籍：秘書監、著作局的另一個重要職掌，是收集和整理圖書典籍，諸如收藏保管、校勘訂正、編制目錄等工作，都由秘書著作官員負責。秘書監作爲圖書收藏之所，其所收藏之圖書典籍，包括帝王或政府所發佈的詔敕政令、禮樂律曆等政府辦公文檔，據陸機（字士衡）《弔魏武帝文并序》云：「元康八年，機始以臺郎出補著作，遊乎秘閣，而見魏武帝遺令，愴然歎息，傷懷者久之。」〔註58〕陸機得以見到曹操「遺令」，正是在秘書省擔任著作郎期間，可見秘書監作爲藏書「秘閣」，保管有「魏武帝遺令」一類的詔敕政令。

當然，秘書監所藏的圖書文獻，內容十分豐富，不止於政府文書檔案。

〔註54〕《晉書》卷八二《王隱傳》：「太興初，典章稍備，乃召隱及郭璞俱爲著作郎，令撰晉史。豫平王敦功，賜爵平陵鄉侯。時著作郎虞預私撰《晉書》，而生長東南，不知中朝事，數訪於隱，并借隱所著書竊寫之，所聞漸廣。是後更疾隱，形於言色。預旣豪族，交結權貴，共爲朋黨，以斥隱，竟以謗免，黜歸于家。貧無資用，書遂不就，乃依征西將軍庾亮于武昌。亮供其紙筆，書乃得成，詣闕上之。隱雖好著述，而文辭鄙拙，蕪舛不倫。其書次第可觀者，皆其父所撰；文體混漫義不可解者，隱之作也。」（第2143頁）據此，則虞預所撰《晉書》，有很大一部分屬於從王隱那裏「竊寫」而來。按，徵諸《隋書》卷三三《經籍志二》所載，兩晉南朝時期所撰之晉朝歷史著作共有8部，其中出自晉人之手的國史《晉書》，共有三部，分別爲：「《晉書》八十六卷（自注：本九十三卷，今殘缺。晉著作郎王隱撰。）《晉書》二十六卷（自注：本四十四卷，訖明帝，今殘缺。晉散騎常侍虞預撰。）《晉書》十卷（自注：未成，本十四卷，今殘缺。晉中書郎朱鳳撰，訖元帝。）」（第955頁）王隱修國史《晉書》，係晉元帝太興初年（318～321）奉皇命而爲，時郭璞亦參其事，虞預修撰《晉書》，則係私人行爲，且時間在王隱之後，因此他在修撰時對王著有所借鑒參考，可能性很大。又，王著原有93卷，虞著僅有44卷，則其詳略程度較然有別，然由於王隱「文辭鄙拙，蕪舛不倫」的緣故，故而其所著《晉書》可能後來不如虞著更爲流行，也在情理之中。要之，王、虞《晉書》之間，當有某種關聯，應爲不刊之事實。

〔註55〕《隋書》卷三三《經籍志二》，第954頁。

〔註56〕《隋書》卷三三《經籍志二》，第959頁。

〔註57〕《隋書》卷三三《經籍志二》，第960頁。

〔註58〕《文選》卷六十《弔文·弔魏武帝文并序》，第2594頁。

據《晉書・裴秀傳》記載，裴秀「儒學洽聞，且留心政事，當禪代之際，總納言之要，其所裁當，禮無違者。又以職在地官，以《禹貢》山川地名，從來久遠，多有變易。後世說者或強牽引，漸以闇昧。於是甄摘舊文，疑者則闕，古有名而今無者，皆隨事注列，作《禹貢地域圖》十八篇，奏之，藏於秘府。」〔註59〕裴秀所撰《禹貢地域圖》所藏之「秘府」，即指秘書府。又如前引華嶠傳，華嶠在擔任著作郎、秘書監期間「得偏觀秘籍」，也是因爲秘書監乃藏書之所，後來華嶠所著《漢後書》，也在荀勖、和嶠等人的建議下，而「藏之秘府」，意即由秘書監收藏保管。

　　搜求亡佚圖書，校正勘誤是秘書監的又一項重要工作。據《隋書・經籍志》記載，魏晉兩朝「採掇遺亡」的工作始終沒有停止，收集起來的圖書全數保存在秘書府中、外三閣。然而，西晉末年「八王之亂」後的長期戰亂，使得好不容易收集起來的圖書典籍「靡有孑遺」。至東晉初年才有條件「漸更鳩聚」〔註60〕。對於這些歷經兵戈戰亂的圖書典籍，進行收集整理、校正勘誤、補殘拾遺，自然是必須的。如鄭默，在曹魏末年「起家秘書郎，考覈舊文，刪省浮穢」〔註61〕，對收集起來的圖書典籍，進行整理。又如西晉時司馬彪，「專精學習，故得博覽群籍，終其綴集之務」，晉武帝泰始（265～274）年間，出任秘書郎、丞，遂「討論眾書，綴其所聞」。又據同傳記載，譙周曾以司馬遷《史記》記周、秦已上事情，或採俗語百家之言，不專據正經，遂作《古史考》二十五篇，「皆憑舊典，以糾遷之謬誤。」而司馬彪「復以周爲未盡善也，條《古史考》中凡百二十二事爲不當，多據《汲冢紀年》之義，亦行於世。」〔註62〕前面所言「討論眾書」自然指校讎勘誤，後面條列《古史考》不當之處，則是根據新出土的汲冢書材料，糾正當世著作者之失誤。兩晉秘書省、著作局均設有校書郎之職，此職專司圖籍校正勘誤。如東晉孝武帝時期，徐廣「除秘書郎，典校秘書省。增置省職，轉員外散騎侍郎，仍領校書。」〔註63〕這是徐廣先後以秘書郎、員外散騎侍郎的身份，兼領秘書

〔註59〕　《晉書》卷三五《裴秀傳》，第1039頁。
〔註60〕　《隋書》卷三二《經籍志一》「序文」云：「魏氏代漢，採掇遺亡，藏在秘書中、外三閣……惠、懷之亂，京華蕩覆，渠閣文籍，靡有孑遺。東晉之初，漸更鳩聚……其後中朝遺書，稍流江左。」（第906頁）
〔註61〕　《晉書》卷四四《鄭袤附子默傳》，第1251頁。
〔註62〕　《晉書》卷八二《司馬彪傳》，第2141～2142頁。
〔註63〕　《晉書》卷八二《徐廣傳》，第2158頁。又《宋書》卷五五《徐廣傳》載：「晉孝武帝以廣博學，除爲秘書郎，校書秘閣，增置職僚。轉員外散騎侍郎，領

「校書」之事。

對汲冢書進行編次整理，乃是兩晉時期古籍整理事業的一項重大成就，具體負責此事的就是秘書監與著作局。此事詳載於《晉書‧束皙傳》：

> 初，太康二年，汲郡人不準盜發魏襄王墓，或言安釐王冢，得竹書數十車……大凡七十五篇，七篇簡書折壞，不識名題。冢中又得銅劍一枚，長二尺五寸。漆書皆科斗字。初發冢者燒策照取寶物，及官收之，多燼簡斷札，文既殘缺，不復詮次。武帝以其書付秘書校綴次第，尋考指歸，而以今文寫之。皙在著作，得觀竹書，隨疑分釋，皆有義證。遷尚書郎。〔註64〕

整理汲冢書是在秘書監領導下，由秘書、著作官員共同「校綴次第，尋考指歸」，並使用當時通行文字書寫出來。此事《晉書‧荀勖傳》亦有記載，云：「及得汲郡中故竹書，詔勖撰次之，以爲《中經》，列在秘書。」〔註65〕荀勖時任中書監，兼領秘書監，與中書令張華總體負責「整理記籍」。因此，實際情況是荀勖領銜負責，具體工作則由秘書丞、郎，著作郎等屬官進行，驗諸史籍，確乎不爽。

據《晉書‧王接傳》載：「時秘書丞衛恒考正汲冢書，未訖而遭難。佐著作郎束皙述而成之，事多證異義。時東萊太守陳留王庭堅難之，亦有證據。皙又釋難，而庭堅已亡。散騎侍郎潘滔謂接曰：『卿才學理議，足解二子之紛，可試論之。』接遂詳其得失。摯虞、謝衡皆博物多聞，咸以爲允當。」〔註66〕《王接傳》所提及的秘書丞衛恒，乃是西晉時期著名書法家，兼書法理論家，曾著《四體書勢》，衛恒以秘書丞之職負責整理汲冢書，可謂得其所宜，因爲汲冢竹書文字爲古體字，衛恒則是當時著名的書法家，在識文斷字方面有其獨特的優勢。及「八王之亂」發生，父親衛瓘被楚王司馬瑋所殺，衛恒亦受牽連遇害。〔註67〕衛恒死後，汲冢書的整理工作遂由束皙承擔。衛恒、束皙

校書如故。」（第1548頁）

〔註64〕《晉書》卷五一《束皙傳》，第1432～1433頁。

〔註65〕《晉書》卷三九《荀勖傳》，第1154頁。

〔註66〕《晉書》卷五一《王接傳》，第1436頁。

〔註67〕《晉書》卷三六《衛瓘附子恒傳》：「恒字巨山，少辟司空齊王府，轉太子舍人、尚書郎、秘書丞、太子庶子、黃門郎。恒善草隸書，爲《四體書勢》曰：『……太康元年，汲縣人盜發魏襄王冢，得策書十餘萬言。案敬侯所書，猶有髣髴。古書亦有數種，其一卷論楚事者最爲工妙。恒竊悅之，故竭愚思，以贊其美，愧不足廁前賢之作，冀以存古人之象焉。古無別名，謂之字勢云』」

一為秘書丞，一為著作郎，足見參與汲冢書校訂整理的人雖然很多，但主要還是由秘書、著作官員來承擔。

編製圖書目錄，乃是圖書整理的一個重要環節，兩晉時期圖書編目方面成就突出，與四分法的創立與全面運用，有一定關係。據《隋書·經籍志》記載，曹魏時秘書郎鄭默始制《中經》，對秘書監藏書進行編目整理。西晉時期，秘書監荀勖在《中經》基礎上，另著《新簿》，將圖書分為甲乙丙丁四部，甲部收六藝及小學等書；乙部有古諸子家、近世子家、兵書、兵家、術數；丙部收史記、舊事、皇覽簿、雜事；丁部有詩賦、圖讚、《汲冢書》，四部合二萬九千九百四十五卷。〔註 68〕比起劉向的六分法，四分法是目錄學分類法的一大進步。

東晉初年，在歷經西晉末年的大混亂之後，典籍混亂，著作郎李充在荀勖舊簿的基礎上，運用四分法，對現存的圖書進行編次整理。〔註69〕《晉書·李充傳》記其事云：「……遭母憂。服闋，為大著作郎。于時典籍混亂，充刪除煩重，以類相從，分作四部，甚有條貫，秘閣以為永制。」〔註 70〕李充對圖書典籍的編目整理，為東晉圖書事業史的一件大事，對此後南朝圖書業的進一步發展，具有奠基性作用。

在西晉末至東晉初，李充整理典籍以前，在圖書編目方面有突出成就者，另有秘書監摯虞。摯虞在任期間，曾對漢獻帝建安（196～220）以來的總籍進行了整理，此事《隋書·經籍志》有載，略云：

> 總集者，以建安之後，辭賦轉繁，眾家之集，日以滋廣，晉代摯虞，苦覽者之勞倦，於是採擿孔翠，芟剪繁蕪，自詩賦下，各為條貫，合而編之，謂為《流別》。是後文集總鈔，作者繼軌，屬辭之士，以為覃奧，而取則焉。今次其前後，并解釋評論，總於此篇。
> 〔註71〕

按，此事《晉書·摯虞傳》亦有記述，云：「虞撰《文章志》四卷，注解《三

（第 1061～1062 頁）

〔註68〕 《隋書》卷三二《經籍志一》「序」，第 906 頁。

〔註69〕 《隋書》卷三二《經籍志一》：「東晉之初，漸更鳩聚。著作郎李充，以（荀）勖舊簿校之，其見存者，但有三千一十四卷。充遂總沒眾篇之名，但以甲乙為次。自爾因循，無所變革。其後中朝遺書，稍流江左。」（第 906 頁）

〔註70〕 《晉書》卷九二《文苑·李充傳》，第 2390～2391 頁。

〔註71〕 《隋書》卷三五《經籍志四》，第 1089～1090 頁。

輔決錄》，又撰古文章，類聚區分爲三十卷，名曰《流別集》，各爲之論，辭理愜當，爲世所重。」﹝註72﹞從「屬辭之士，以爲覃奧，而取則焉」，以及「各爲之論，辭理愜當」以觀，則摯虞所編《流別集》，並不僅僅是一部單純的目錄學著作，同時兼有文學批評之意。從文學批評史角度而言，《流別集》遠比蕭梁劉勰所著《文心雕龍》爲早。

（四）修訂禮法，討論時政：除了要從事上述圖書收集、整理、編校等方面的工作外，兩晉時期的秘書、著作官還要參與禮儀法令的討論、修訂、整理，有時還需要就現實社會、政治問題發表討論意見或提出建議，因此，秘書著作官員在一些時候與現實政治之間，也保持著較爲密切的關係。

我們注意到，這些與現實政治聯繫密切的問題討論，本應由尙書、中書、門下等權力機關負責主持。然而，在實際操作過程中，幾乎每次都有秘書、著作官員參加，甚至有些時候，秘書、著作官員的意見，還作爲最終意見被採納執行。其中原因，與秘書監作爲國家檔案中心，其中保存有大量詔敕政令、前代故事等文獻資料，秘書著作官員由於整日要面對這些文獻典籍，故而掌握的文字資料比較豐富，兼之他們一般都是學識淵博之士，對於禮儀法令、政令詔敕比較熟悉或精擅，因而在討論時往往能夠提出令人信服的理由或證據。關於秘書、著作官員在現實政治方面所發揮的職能，我們可以舉出一些具體例證：

例如，摯虞在西晉武帝、惠帝兩朝，曾多次參與皇室喪禮、郊祀、廟祭等朝儀的討論、修訂，其中好幾次都是以秘書監的身份發表意見，如晉惠帝太安元年（302）三月，皇太孫司馬尙薨，有司奏皇帝應服齊衰期，詔下群臣通議。當時，散騎常侍謝衡、中書令卞粹、博士蔡克、秘書監摯虞都提出了自己的看法，最後摯虞的意見被採納。﹝註73﹞其它如，佐著作郎陳壽、著作郎干寶、秘書郎徐廣等人都曾參與過關於喪禮問題的討論。﹝註74﹞再如虞預，於東晉元帝太興二年（319）、成帝咸和（326～334）初年，兩次就旱災問題

﹝註72﹞《晉書》卷五一《摯虞傳》，第1427頁。
﹝註73﹞《晉書》卷二〇《禮志中》：「惠帝太安元年三月，皇太孫（司馬）尙薨。有司奏，御服齊衰朞。詔下通議。散騎常侍謝衡以爲：『諸侯之太子，誓與未誓，尊卑體殊。《喪服》云爲嫡子長殤，謂未誓也，已誓則不殤也。』中書令卞粹曰：……博士蔡克同粹。秘書監摯虞云：『太子初生，舉以成人之禮，則殤理除矣。太孫亦體君傳重，由位成而服，全非以年也。天子無服殤之義，絕朞故也。』於是從之。」（第625頁）
﹝註74﹞詳參《晉書》卷二〇《禮志中》，第613～645頁。

上奏議，時分別任佐著作郎，秘書丞、著作郎。〔註75〕

　　綜上所述，經過兩晉時期的發展，秘書監、著作局朝著圖書編撰出版專業部門的方向前進了許多。兩晉時期圖書撰著的數目明顯增加，尤其是曾任職於秘書省著作局的人員，大多數人都有數量不等的撰著，就說明了這一點。當然，我們必須指出，作為專職的國家編撰出版機構，儘管兩晉時期的秘書監、著作局在圖書編撰、收集管理政府文書檔案、整理文獻典籍等方面的職能進一步加強，但它們同時仍然與現實政治之間保持較為密切的關係，諸如朝廷禮儀、律令的討論修訂，秘書、著作官員都要參加，有些時候還成為議事的主體，之所以呈現這樣的狀態，也正是因為秘書著作官員掌握著大量的文獻資料，從某種意義上來說，秘書著作機構同時就相當於國家的圖書資料中心。

〔註75〕《晉書》卷八二《虞預傳》：「遭母憂，服竟，除佐著作郎。太興二年，大旱，詔求讜言直諫之士。預上書曰……轉琅邪國常侍，遷秘書丞、著作郎。咸和初，夏旱，詔眾官各陳致雨之意。預議曰……從平王含，賜爵西鄉侯。蘇峻作亂，預先假歸家，太守王舒請為諮議參軍。峻平，進爵平康縣侯，遷散騎侍郎，著作如故。除散騎常侍，仍領著作。」（第2144～2147頁）

南朝秘書、著作官及其職掌考釋

經過三國兩晉時期的發展，南朝時期的國家編撰出版機構建置更加完善。秘書省作爲國家專職編撰出版機構，其主導地位不僅基本確立，而且同時朝著不必過問具體事務而居於國家編撰出版事業的「政務」機構方向發展，具體的編撰出版工作則由其所屬的著作郎、著作佐郎等著作官員負責。

南朝秘書省的名稱，前後有所變化，劉宋、蕭齊時仍沿襲東晉，稱秘書監，蕭梁時改稱秘書省，陳朝因梁而未作變化。著作局統領於秘書監（省），在南朝則一直未變。南朝之秘書、著作官員，已成爲「清要」之職，在齊梁時期尤其如此，如劉孝綽除秘書丞，梁武帝謂周捨曰：「第一官當用第一人。」〔註1〕正因爲秘書、著作官職屬「清要」，故而成爲門閥士族的起家之官，不輕易授人。有跡象表明，在蕭梁以前，南士很少有人出任秘書、著作官員，尤其是其中的秘書官員，原因就在於這些職務均爲南遷之世家大族所把持。〔註2〕

南朝秘書省著作局的職掌，大致與前朝無異，主要負責圖書典籍的校定編撰，以及國史修撰，其中國史修撰工作，一般情況下由著作官員承擔。以下按宋、齊、梁、陳次序，對南朝秘書著作官員及其職掌，分別加以考述。

一、劉宋的秘書、著作官

據《宋書·百官志》載，劉宋時期的秘書監，職官設置基本沿襲兩晉舊

〔註1〕《梁書》卷三三《劉孝綽傳》，第480頁。
〔註2〕據《梁書》卷三三《張率傳》，吳郡人張率，祖永、父瓖分別「顯貴」於宋、齊兩朝，梁武帝天監初年遷秘書丞，武帝謂之曰：「秘書丞天下清官，東南胄望未有爲之者，今以相處，足爲卿譽。」（第475頁）梁武帝此語，至少表明宋、齊時期南人要出任秘書丞一職，是極其困難的。

制。具體組成人員如下：秘書監 1 人，為秘書監首長；秘書丞 1 人，為秘書監副貳；秘書郎 4 人，為秘書監一般工作人員。國史修撰的任務，主要由秘書監下屬之著作官負責，設有：著作郎 1 人，著作佐郎 8 人。〔註3〕又據魏晉南北朝職官制度通例，各司部門都有辦事人員——「令史」若干，因此，著作秘書監亦當設有著作令史之職。〔註4〕除著作令史外，秘書監還設有著作治書一職。〔註5〕此外，史學生有時也參與一些修史事務，故亦可入著作官之列。〔註6〕至於曹魏時期曾設置的秘書校書郎、秘書正字諸職，兩晉時既已不置，劉宋及以後南朝各代似亦未見其設。

　　劉宋秘書、著作官雖為同署職官（著作官員屬於秘書監領導），但兩者職掌已有較大不同。就與圖書編撰的關係而言，著作官似專職負責國史修撰，體現出高更的專業性要求；秘書官員則總攬與圖書典籍有關的一切事務，在修史方面具有業務領導的性質，並為其提供文獻資料方面的服務，有時並不直接插手國史修撰的具體事務。劉宋國史修撰，或與國史修撰關係密切的集注起居，一般情況下都由著作官負責，這方面的例子，如「先是元嘉中，使著作郎何承天草創國史，世祖初，又使奉朝請山謙之、南臺御史蘇寶生躧成之。（大明）六年，又以（徐）爰領著作郎，使終其業。爰雖因前作，而專為一家之書。上表曰……於是內外博議……詔曰：『項籍、聖公，編錄二漢，前史已有成例。桓玄傳宜在宋典，餘如爰議。』」〔註7〕劉宋國史修撰，先後經何承天、山謙之、蘇寶生、徐爰四人之手，最後才由徐爰以「領著作郎」的身份完成。曆法修訂也是國史修撰的重要組成部分，因此，一般情況下也有著作官員參與其事，如前揭著作令史吳癸，於宋文帝元嘉元嘉二十年（443），根據漢代劉洪的曆法，制訂出新的曆法。

〔註 3〕《宋書》卷四〇《百官志下》「秘書監」條，第 1246 頁。
〔註 4〕據《宋書》卷一三《律曆志下》：「漢世劉洪推檢月行，作陰陽曆法。元嘉二十年，太祖使著作令史吳癸依洪法，制新術，令太史施用之。」（第 286 頁）是劉宋秘書監設有「著作令史」之明證。
〔註 5〕據《宋書》卷一八《禮志五》：「尚書典事、都水使者參事、散騎集書中書尚書令史、門下散騎中書尚書令史、錄尚書中書監令僕省事史、秘書著作治書、主書、主璽、主譜令史、蘭臺殿中蘭臺謁者都水使者令史、書令史，朝服，進賢一梁冠。江左凡令史無朝服。」（第 514 頁）
〔註 6〕按，劉宋「史學生」僅見一例，據《宋書》卷一四《禮志一》：「元嘉二十年，太祖將親耕，以其久廢，使何承天撰定儀注。史學生山謙之已私鳩集，因以奏聞。乃下詔曰……於是斟酌眾條，造定圖注。」（第 354 頁）
〔註 7〕《宋書》卷九四《恩倖·徐爰傳》，第 2308～2309 頁。

　　需要指出的是，劉宋國史修撰及前史整理，雖主要由著作官員承擔，然而以他官兼充撰著事宜的情況，也每有其載。如前引山謙之、蘇寶生，在宋孝武帝時以奉朝請、南臺侍御史的身份參與國史修撰。再如，裴松之奉命注陳壽《三國志》，時任中書侍郎；後來，續撰何承天國史時，則是以太中大夫、國子博士的身份進行。〔註8〕謝靈運奉命修撰《晉書》時的職務，則爲秘書監。〔註9〕宋明帝泰始（465～471）初年，沈約奉命修史，當時他還在蔡興宗征西將軍府擔任記室參軍、帶厥西令，及蔡興宗卒後，又任晉安王安西將軍府法曹參軍、兼記室諸職，後又入爲尚書度支郎，要之，沈約在劉宋王朝修史期間，全部都是以他官身份兼任。〔註10〕

　　修撰起居注，常制例由著作佐郎承擔。〔註11〕據《隋書・經籍志》的記載，到唐初修《隋書》時，所保留下來的劉宋起居注，共有 7 種（分別爲永初、景平、元嘉、孝建、大明、泰始、泰豫）、118 卷。不過，這個數字只是唐初修《隋書》時的統計數字，因爲根據《隋志》記載，《宋元嘉起居注》在蕭梁時爲 60 卷，修《隋志》時餘 55 卷；《宋大明起居注》梁時爲 34 卷，修

〔註8〕《宋書》卷六四《裴松之傳》：「轉中書侍郎、司冀二州大中正。上使注陳壽《三國志》，松之鳩集傳記，增廣異聞，既成奏上。上善之，曰：『此爲不朽矣。』……（元嘉）十四年致仕，拜中散大夫，尋領國子博士，進太中大夫，博士如故。續何承天國史，未及撰述，二十八年，卒，時年八十。」（第1701頁）

〔註9〕《宋書》卷六七《謝靈運傳》：「太祖登祚，誅徐羨之等，徵爲秘書監，再召不起，上使光祿大夫范泰與靈運書敦獎之，乃出就職。使整理秘閣書，補足遺闕。又以晉氏一代，自始至終，竟無一家之史，令靈運撰《晉書》，粗立條流。書〔竟不就。尋遷侍中，日夕引見，賞遇甚厚。」（第1772頁）

〔註10〕據《宋書》卷一〇〇《自序》：「常以晉氏一代，竟無全書，年二十許，便有撰述之意。泰始初，征西將軍蔡興宗爲啓明帝，有勅賜許，自此迄今，年逾二十，所撰之書，凡一百二十卷。條流雖舉，而採掇未周。（齊）永明初，遇盜失第五帙。建元四年未終，被勅撰國史。永明二年，又忝兼著作郎，撰次起居注。自茲王役，無暇搜撰。五年春，又被勅撰《宋書》。六年二月畢功，表上之……」（第2466頁）可證，沈約在劉宋時承擔修史之任，均是以他官兼職，至蕭齊以後才獲得兼著作郎的史官職銜。又《梁書》卷一三《沈約傳》：「沈約，字休文，吳興武康人也……博通羣籍，能屬文。起家奉朝請。濟陽蔡興宗聞其才而善之：興宗爲郢州刺史，引爲安西外兵參軍，兼記室……及爲荊州，又爲征西記室參軍，帶厥西令。興宗卒，始爲安西晉安王法曹參軍，轉外兵，並兼記室。入爲尚書度支郎。」（第232～233頁）

〔註11〕《通典》卷二六《職官典八》「著作郎」條：「魏氏又置佐著作郎，亦屬中書……宋、齊以來，遂遷『佐』於下，謂之著作佐郎，亦掌國史，集注起居。」（第737頁）

《隋志》時餘 15 卷;《宋泰始起居注》梁時有 23 卷,修《隋志》時餘 19 卷。此外,根據《隋志》自注,另有《景和起居注》4 卷、《明帝在蕃注》3 卷、《宋元徽起居注》20 卷、《昇明起居注》6 卷,均已亡佚。〔註12〕可以肯定,這些起居注的撰寫者,應當以著作佐郎為主。另外,有史料表明,劉宋時期也有以其它官員撰寫起居注者,如裴松之,於元嘉二十年奉詔擬寫《元嘉起居注》,當時的職務為中書侍郎。〔註13〕

有學者認為,一直到元嘉初年,劉宋王朝始置著作官員,而宋武帝劉裕及少帝時不設著作官的原因,在於晉宋之際官制自身的變化,以及統治者劉裕文化素質不高,對國史修撰的重要性還認識不到等方面。〔註14〕對於這個判斷,我認為不一定符合史實。理由是,早在晉末輔政之際,劉裕就特別重視史書的修撰,如前揭義熙初年,劉裕就曾令徐廣編撰晉朝國史,義熙十二年徐廣撰成《晉紀》;及劉裕接受宋公、宋王爵位,其在宋臺均設秘書郎諸職;及禪晉為宋,亦有大臣以他官身份兼職撰錄記注。〔註15〕

及劉宋建國,宋武帝劉裕於永初元年(420)即下詔書,褒揚秘書監徐廣,並進位中散大夫,詔云:「秘書監徐廣,學優行謹,歷位恭肅,可中散大夫。」〔註16〕按,徐廣擔任秘書監,始自東晉末年,劉裕建國依然稱之為秘書監,

---

〔註12〕《隋書》卷三三《經籍志二》,第 965 頁。

〔註13〕【北宋】李昉編:《文苑英華》卷七五四《史論一·(裴子野)宋略總論》有云:「(裴)子野曾祖,宋中大夫、西鄉侯,以文帝之十二年,受詔撰《元嘉起居注》,二十六年重被紹【按,當作「詔」】續成何承天《宋書》,其年終於位,書則未遑述作……」(第 3949 頁,北京,中華書局,1966。)按,裴子野曾祖,即《三國志》的注者裴松之。

〔註14〕前揭《漢至唐初史官制度的演變》,第 148～149 頁。

〔註15〕徐廣修撰晉史一事,見前揭《晉書》卷八二本傳,此前他還曾「奉詔撰車服儀注」,後經「尚書奏請」,由朝廷下旨展開《晉書》修撰工作,所謂「尚書奏請」,即奉劉裕之意而為,因為此時他已實際執掌東晉政柄。(按,《宋書》卷五五《徐廣傳》所載同,第 1548～1549 頁)又據《宋書》卷六三《殷景仁傳》:「初為劉毅後軍參軍,高祖太尉行參軍。建議宜令百官舉才,以所薦能否為黜陟。遷臺秘書郎,世子中軍參軍……入為宋世子洗馬,仍轉中書侍郎……至於國典朝儀,舊章記注,莫不撰錄,識者知其有當世之志也。高祖甚知之,遷太子中庶子。」(第 1681 頁)殷景仁在晉宋之際的職歷,以及「國典朝儀,舊章記注,莫不撰錄」的事實,足以說明劉裕對於撰寫著作諸事,一直比較重視,蓋文章「經國之大業,不朽之盛事」,有人君之抱負者,莫不重視文教,此即《殷景仁傳》所謂「識者知其有當世之志」,即其有以文章為新君效命之志向也。

〔註16〕《宋書》卷五五《徐廣傳》,第 1549 頁。

表明劉宋建國伊始，秘書監一職就已經設立。秘書監作爲一個職官機構，不可能只設秘書監一職，秘書丞、郎以及著作郎、佐郎等屬官亦當同時設置。只是，劉宋王朝在創基之初，國史修撰尚未提到議事日程，因此史籍不載著作官員諸職情況而已。「言有易，言無難」，若因尚未找到有關設置著作郎、佐郎諸職的文字材料，就斷定宋初不設著作官員，竊意似有不妥。

以下檢錄《宋書》、《南齊書》、《梁書》、《南史》等相關史籍，對劉宋時期擔任秘書、著作官人員的情況，列簡表如下，以供分析（表一：劉宋秘書、著作官員簡況表）：

表一：劉宋秘書、著作官員簡況表

姓名	籍貫	任職	資料出處	備註
秘書官員				
傅演	北地靈州	秘書郎	宋／43／5／1341	父亮，劉裕元從，宋初「專典詔命」、「任總國權」
謝世休	陳郡陽夏	秘書郎	宋／44／5／1350	父謝晦，劉裕元從，後爲宋文帝所殺
劉楷	彭城	秘書郎	宋／51／5／1466	宗室，長沙王道憐孫、義欣子，贈通直郎
劉彪	彭城	秘書郎	宋／51／5／1467	宗室，長沙王道憐孫、義融子，早卒
劉秉	彭城	侍中守秘書監	宋／51／5／1468	宗室，長沙王道憐孫、義宗子，宋末爲蕭道成殺
劉義賓	彭城	秘書監	宋／51／5／1470	宗室，長沙王道憐子，贈後將軍，諡肅侯
劉義慶	彭城	秘書監	宋／51／5／1475	宗室，長沙王道憐子，贈侍中、司空，諡康王
謝日爵	陳郡陽夏	秘書丞	宋／56／5／1559	以兄（謝晦）居權貴，己蒙超擢，固辭不就
殷淳	陳郡長平	秘書郎、丞	宋／59／6／1597	外戚，女爲元兇劉劭妃，曾撰《四部書目》14卷
劉銑	彭城	秘書郎	宋／61／6／1652	宗室，曾紹繼少帝劉義符嗣封，後被殺
張敷	吳郡吳	秘書郎、丞	宋／62／6／1663	孝武帝劉駿即位，贈侍中

謝靈運	陳郡陽夏	秘書監	宋／67／6／1772	元嘉十年（433）被殺，49 歲
范曄	順陽	秘書丞	宋／69／6／1818	博涉經史，善文章，能隸書，曉音律。父憂去職
徐湛之	東海　郯	秘書監	宋／71／6／1844	外戚，父逵之，尚劉裕長女會稽公主
孟靈休	平昌安丘	秘書監	宋／71／6／1845	孟昶之子，善彈棋
王僧綽	琅邪臨沂	秘書丞	宋／71／6／1850	外戚，尚太祖女東陽公主，贈散騎常侍、金紫光祿大夫，諡愍侯
劉休祐	彭城	秘書監	宋／72／6／1879	宗室，晉平王，宋文帝第十三子
顏延之	琅邪臨沂	秘書監	宋／73／7／1902	贈散騎常侍、特進、金紫光祿大夫，諡憲子
劉褘	彭城	秘書監	宋／79／7／2038	宗室，廬江王，宋文帝第八子
劉休範	彭城	秘書監	宋／79／7／2045	宗室，桂陽王，宋文帝第十八子
孔覬	會稽山陰	秘書丞、監	宋／84／7／2154	死於「義嘉之亂」，為宋明帝所殺
王景文	琅邪臨沂	秘書監	宋／85／8／2178	外戚（妹，明帝后），贈車騎將軍、開府儀同三司，諡懿侯
王絢	琅邪臨沂	秘書丞	宋／85／8／2184	外戚，王景文長子，先卒，諡恭世子
蕭惠開	南蘭陵	秘書郎	宋／87／8／2199	外戚，父蕭思話，即劉裕繼母孝懿蕭皇后之姪
丘繼祖	吳興烏程	秘書監	宋／91／8／2248	
褚淵	河南陽翟	秘書丞	南齊／23／2／425	外戚，父湛之，尚高祖女始安公主；本人尚文帝女南郡公主
褚賁	河南陽翟	秘書郎	南齊／23／2／431	外戚，褚淵長子，釋褐（或作「解褐」，即起家官）
王儉	琅邪臨沂	秘書郎、丞	南齊／23／2／433	外戚，王僧虔子，釋褐秘書郎，超遷秘書丞
何戢	廬江　灊	秘書郎、丞、監	南齊／32／2／583	外戚，尚山陰公主，釋褐秘書郎
王延之	琅邪臨沂	秘書丞、監	南齊／32／2／585	
王僧虔	琅邪臨沂	秘書郎	南齊／33／2／591	
蕭子晉	南蘭陵	秘書監	南齊／35／2／622	蕭道成第三子蕭映之長子
王普曜	琅邪臨沂	秘書監	南齊／42／3／741	

江敩	濟陽考城	秘書丞	南齊／43／3／757	外戚，母宋文帝女淮陽公主，本人尚孝武帝女臨汝公主
謝顥	陳郡陽夏	秘書郎	南齊／43／3／762	解褐秘書郎
謝瀟	陳郡陽夏	秘書郎	南齊／43／3／763	謝顥第五弟，南齊贈金紫光祿大夫，諡簡子
沈文季	吳興武康	秘書郎、監	南齊／44／3／775	沈慶之子，起家主簿，徵秘書郎
蕭緬	南蘭陵	秘書郎	南齊／45／3／794	南齊宗室，齊朝贈侍中、司徒、安陸王
王慈	琅邪臨沂	秘書郎、丞	南齊／46／3／802	外戚，外祖父即江夏王劉義恭，王僧虔子
袁彖	陳郡陽夏	秘書丞	南齊／48／3／832	從叔為袁粲，外舅為蔡興宗，南齊諡靖子
王繢	琅邪臨沂	秘書郎、丞	南齊／49／3／852	外戚，王景文子
丘系〔註17〕	吳興烏程	秘書監	南齊／52／3／889	
王亮	琅邪臨沂	秘書郎、丞	梁／16／1／267	外戚，王導六世孫，選尚公主
王志	琅邪臨沂	秘書郎	梁／21／2／318	外戚，王僧虔子，尚孝武帝女安固公主〔註18〕
袁戩	陳郡陽夏	秘書丞	南史／26／3／701	父親袁顗，「義嘉之亂」中被宋明帝所殺
著作官員				
謝紹	陳郡陽夏	著作佐郎	宋／44／5／1350	謝晦兄謝絢之子
劉秉	彭城	著作郎	宋／51／5／1468	宗室
褚湛之	河南陽翟	著作郎	宋／52／5／1505	外戚，尚劉裕第七女始安公主，公主薨，復尚第五女吳郡公主
江智淵	濟陽考城	著作郎	宋／59／6／1609	外戚，子江季筠為後廢帝劉昱之岳父
沈統	吳興武康	著作佐郎	宋／63／6／1687	沈演之子
何承天	東海　郯	著作佐郎	宋／64／6／1704	後轉任太子率更令，著作如故

〔註17〕疑即丘繼祖。

〔註18〕據《梁書》卷二一《王志傳》校勘記一，「安固公主」，《南史》作「固安公主」（第335頁）。未知孰是。（第335頁）

江湛	濟陽考城	著作佐郎	宋／71／6／1848	外戚，贈左光祿大夫、開府儀同三司，加散騎常侍，諡忠簡公
江恁	濟陽考城	著作佐郎	宋／71／6／1850	外戚，江湛長子，尚宋文帝第九女淮陽長公主
顧願	吳郡　吳	著作佐郎	宋／81／7／2087	顧覬之侄，大明中舉秀才，對策稱旨，擢為佐郎
徐爰	南琅邪開陽	著作郎	宋／94／8／2310	「恩倖」，元嘉六年領著作郎，孝武帝朝兼尚書左丞，著作如故
蕭映	南蘭陵	著作佐郎	南齊／35／2／621	蕭道成三子
江恁	濟陽考城	著作郎	南齊／43／3／757	外戚，尚宋文帝女淮陽公主
江斅	濟陽考城	著作郎	南齊／43／3／757	外戚，江恁子，尚孝武帝女臨汝公主
徐聿之	東海　郯	著作郎	南齊／44／3／771	外戚，徐湛之子
徐孝嗣	東海　郯	著作郎	南齊／44／3／771	外戚，徐聿之子，尚孝武帝女康樂公主
王秀之	琅邪臨沂	著作佐郎	南齊／46／3／799	起家佐郎，南齊諡簡子
蕭惠基	南蘭陵	著作佐郎	南齊／46／3／810	外戚，蕭思話子，娶江夏王義恭女，解褐佐郎
劉繪	彭城	著作郎	南齊／48／3／841	劉勔子，解褐著作郎
王奐	琅邪臨沂	著作佐郎	南齊／49／3／847	解褐佐郎
王逡之	琅邪臨沂	著作郎	南齊／52／3／902	著作郎兼尚書左丞（先後三次兼著作）
何求	廬江　灊	著作佐郎	南齊／54／3／937	何尚之孫，解褐著作郎
王瑩	琅邪臨沂	著作佐郎	梁／16／1／273	外戚，尚臨淮公主，蕭梁贈侍中、左光祿大夫、開府儀同三司
許珪	高陽新城	著作佐郎	梁／40／2／575	
孔靈運	會稽山陰	著作郎	南史／27／3／727	

（説明：「資料出處」一欄，「宋／51／5／1341」指中華書局點校本《宋書》第 51 卷，第 5 冊，第 1341 頁，本文所有表格之「資料出處」一欄，均依此類推。）

　　統計「表一」所載，劉宋時期秘書官員共計 45 人，著作官員 24 人。對以上任職者的身份、經歷、家庭背景等情況作進一步分析，有助於我們進一步分析秘書、著作官員的任職資格。初覽「表一」所載，首先可以得到一個初步印象，即劉宋時期的秘書、著作官員，絕大多數都有非同尋常的家庭背景，他們或是宗室成員，或來自外戚家族，或為佐命功臣後裔，或出自魏晉

以來的高門大族。為更加直觀地認識秘、著作官員的「清華」程度，我們再擬出「宗室」、「外戚」、「尚公主」、「起家官」、「贈官贈諡」五個義項，分析它們在秘書、著作官員隊伍中所佔的數字比例，茲表列如下（表二：劉宋秘書、著作官構成簡況分析表）：

表二：劉宋秘書、著作官構成簡況分析表

	宗室（人數／比例）	外戚（人數／比例）	尚公主（人數／比例）	起家官（人數／比例）	贈官贈諡（人數／比例）
秘書官（總 45 人）	9 / 20.0%	15 / 33.3%	6 / 13.3%	4 / 8.9%	9 / 20.0%
著作官（總 24 人）	1 / 4.2%	10 / 42.0%	6 / 25.0%	4 / 16.7%	2 / 8.4%

（說明：①「贈官贈諡」一項合併統計，多數情況下有贈官即有贈諡，少數情況只有贈官或贈諡，為避免討論過於複雜，故將二者合併統計；②「贈官贈諡」，包括蕭齊所贈官、諡。）

根據「表二」相關數據可知，在秘書官員的任職者中，來自宗室、外戚家庭者，占比分別為 20.0%、33.3%；尚公主者占比 13.3%；以之為起家官者，占比 8.9%；獲得贈官贈諡者，占比 20.0%。在著作官員的任職者中，來自宗室、外戚家庭者，占比分別為 4.2%、42.0%；尚公主者，占比 25.0%；以之為起家官者，占比 16.7%；獲得贈官贈諡者，占比 8.4%。根據上述「表一」、「表二」所載，對劉宋秘書、著作官員任職情況分析如下：

（1）宗室成員更願意擔任秘書官員，任職比例遠高於擔任著作官員的比例，前者為 20.0%，後者為 4.2%。其中原因蓋在於秘書、著作二者相比，著作官員在圖書編撰出版方面的「專業性」更高，且多數要直接從事圖書典籍整理、編撰一類的文化事業，因此對於任職者的「專業」學術水平要求相對較高。秘書監作為著作官員的領導機關，職掌雖與圖書典籍的整理編撰等文化事業有關係，但多數情況下更傾向於業務指導，對於「專業」知識水平的要求相對較低。劉宋皇室本出寒庶，文化修養素來欠缺，因此多數人並不具備直接從事圖籍整理編撰的學術素養，故而在秘書、著作官員成為「清華」之選後，皇室成員對此二職亦充滿欣羨之情，卻只能出任其中對學術專業性要求相對較低的秘書官員，而較少問津著作官員。除此而外，秘書官員的社

會政治地位，在實際上高於著作官員，也是其中一個原因。

（2）劉宋外戚成員擔任秘書、著作官員的比例，分別達 33%、42%，這兩個數據都比較高。其中原因，除了在於他們和劉宋皇室的姻親之外，更在於他們多為當時的高門，如琅邪王氏、濟陽江氏、陽翟褚氏等，他們不但素有傲視群僑之門閥，且多為詩禮傳家之文化家族。因此，非常適合擔任這一類對學術素養有較高要求的「文化官員」。同時，劉宋皇室與這些文化高門結成姻親，多數情況下又是劉宋皇室主動提出，這體現出劉宋皇室急欲改變自身文化面貌的微妙心態。

（3）劉宋秘書、著作官員中「尚公主」的比例，分別達到 13%、25%，這個比例也不能算低。正如前面第二點所分析的那樣，劉宋公主所尚，多數為出身文化高門之優秀子弟，儘管我們並不清楚這些以詩禮自恃的文化世家，在其子弟被選尚公主時的心理狀態，但劉宋皇室欲藉此改變皇室粗鄙無文形象的心態，卻較為明顯。這些被選尚公主的高門子弟，既然樂於擔任秘書、著作官員，他們的文化素養又達到了「專業」的要求，因此，給他們一個秘書或著作官員的職銜，也就十分自然了。

（4）以秘書、著作官為起家官的比例，分別為 8.9%、16.7%，這個比例並不算很高，這在一定程度上正體現出劉宋王朝對於此二職的重視，正是因為此二職已成為「華選」，故而用作起家官時，就不能輕易授人。單以此兩個數據比較，可以看到，以著作官員作為起家官的比例，遠高於秘書官員的比例，相差幾近一倍，這表明秘書官員的「清華」度要高於著作官，正是因為秘書官員的「清華」度高於著作官，故用作起家官時，控制也就更為嚴格。

（5）死後獲得贈官贈諡的比例，秘書、著作官員分別為 20%、8.4%，前者遠高於後者，這既然是因為秘書官員的「清華」程度高於著作官，也因為秘書官員任職者中，來自宗室的成員較多，而且有不少甚至就是宗室親王，一般情況下，宗室成員特別是親王死後，獲得贈官贈諡的機會相對較多。

要之，劉宋秘書著作官員的來源，或為宗室、外戚，或出佐命功臣，或係世族高門。其中宗室成員，特別是宗室親王擔任秘書官之職，隱約透露出劉宋皇室的微妙心態。因為秘書、著作官員雖在社會觀念中為「清要」、「華選」，但在現實政治生活中，卻並無多少實際權力。文化素質較低的劉宋皇室，將那麼多的宗室成員任命為秘書官，其中原因與皇室試圖改變粗陋無文文化面貌的心態有某種關係。

其實，不僅劉宋皇室熱衷於秘書之職，世家大族或皇室姻親對此也展開了較爲激烈的競爭，其中原因蓋在於秘書、著作官，尤其是秘書丞、郎諸職，乃是時人心目中的「清要」之職。例如，宋文帝欲召王恢之爲秘書郎，其父王敬弘卻主動退讓，而爲之求奉朝請一職，他的理由是：「秘書有限，故有競。朝請無限，故無競。吾欲使汝處於不競之地。」〔註19〕琅邪王氏爲東晉南朝一流高門，自然有資格起家秘書郎，但王敬弘更願意兒子處於不競之地，而爲求奉朝請，反過來說明出門閥社會對秘書職務競爭之激烈。

王敬弘所言秘書官「有競」，直接印證了秘書官員的「清要」。除此而外，還有兩條理由，能夠側證秘書官之爲「清要華選」。其一，秘書職官被用於追贈，如琅邪王微（太保王弘侄）死後，宋孝武帝追贈爲秘書監。〔註20〕秘書官職成爲贈官，正說明它在社會觀念中的「清顯」程度，祝總斌氏曾論及魏晉中書侍郎聲望、地位之變化諸問題，指出：隨中書侍郎位望的提高，東晉末年已用於追贈。反過來說，當某一種職官被用作贈官時，一般都表明該職的顯要。〔註21〕其二，在當時的社會觀念中，秘書、著作官已成爲人們習知的清美之選，故人們常以之比擬世人所看重的其它事物，如「會稽貴重望計及望孝，盛族出身，不減秘、著。」〔註22〕其中所言「秘、著」，即指秘書與著作官，這句話的意思是，會稽地區人們特別看重「望計」、「望孝」，認爲二者聲望不遜於秘書、著作官員。

秘書監作爲劉宋「五省」機構之一，其職能並不單一，但負責圖書典籍的整理、校訂，仍是它的一項重要職掌。如殷淳，「少帝景平（423）初，爲秘書郎，衡陽王文學，秘書丞，中書黃門侍郎……在秘書閣撰《四部書目》凡四十卷，行於世。」〔註23〕又如謝靈運，「太祖登祚，誅徐羨之等，徵爲秘書監，再召不起，上使光祿大夫范泰與靈運書敦獎之，乃出就職。使整理秘閣書，補足遺闕。」〔註24〕再如王儉，「解褐秘書郎，太子舍人，超遷秘書丞。上表求校墳籍，依《七略》撰《七志》四十卷，上表獻之，表辭甚典。又撰

〔註19〕 《宋書》卷六六《王敬弘傳》，第1732頁。
〔註20〕 《宋書》卷六二《王微傳》：「元嘉三十年，卒，時年三十九……世祖即位，詔曰：『微棲志貞深，文行惇洽，生自華宗，身安隱素，足以貴茲丘園，惇是薄俗。不幸蚤世，朕甚悼之。可追贈秘書監。」（第1672頁）
〔註21〕 前揭《兩漢魏晉南北朝宰相制度研究》，第333頁。
〔註22〕 《宋書》卷九一《孝義・郭世道附子原平傳》，第2246頁。
〔註23〕 《宋書》卷五九《殷淳傳》，第1597頁。
〔註24〕 《宋書》卷六七《謝靈運傳》，第1772頁。

定《元徽四部書目》。」〔註25〕凡此均表明，整理校補、編定圖書目錄，仍是秘書監的一項重要工作。

如前所言，包括國史修撰在內的史書編撰工作，主要由著作官員承擔。但在一些時候，秘書官員也直接參與一些修史工作，如前引謝靈運就任秘書監後，除整理秘閣藏書外，「又以晉氏一代，自始至終，竟無一家之史，令靈運撰《晉書》，粗立條流。」〔註26〕這是謝靈運曾以秘書監的身份撰修晉朝歷史。

劉宋著作官設置，與兩晉大致相同，唯「佐著作郎」改名「著作佐郎」。兩晉制度規定，佐郎到任時，必須先撰寫一篇名臣傳，含有測試之意。但劉宋初年，以王朝建立不久，無合適人選，故廢止了這項制度。如果從職官制度的角度來看，取消佐郎就任時撰寫名臣傳的要求，只是簡化了著作官員的選任程序，但如果從文化的層面上看，則意味著對著作官員在文化修養方面的要求降低了。而這個改變，就直接影響到劉宋著作官員隊伍的整體文化素質，使得劉宋時期的著作官，不再單純依靠文才出眾始可爲之，包括皇親國戚在內的顯貴或世家，均可依靠政治權力或顯赫門第而獲任此職。綜觀劉宋時期著作郎、佐郎的人員構成情況，其中雖然也有何承天這樣的飽學之士，但正如前面所分析的那樣，絕大多數人都有著顯赫的政治或家世背景，他們或爲皇室成員，或爲皇家姻親，或來自權臣之家，或倍受人君寵信，單純依靠才學出眾而毫無背景者，則極爲罕見。

二、蕭齊的秘書、著作官

齊承宋制，著作官設置基本同於劉宋，據《南齊書·百官志》云：「秘書監一人，丞一人。郎。著作佐郎。」〔註27〕按，《南齊志》敘事省文較多，造成許多地方文義不夠通暢，根據官制齊承宋舊的特點，我認爲，此處之「郎」當包括「秘書郎」、「著作郎」兩類。又據諸《通典》所載，與劉宋一樣，蕭齊秘書監除監、丞以外，也設有秘書郎之職。又據前揭《南齊志》載：「晉秘書閣有令史，掌眾書，見《晉令》，令亦置令史、正書及弟子，皆典教書畫。」〔註28〕《南齊志》明確指出，秘書閣有令史，乃是晉代之制，此外雖不言劉

〔註25〕 《南齊書》卷二三《王儉傳》，第 433 頁。
〔註26〕 《宋書》卷六七《謝靈運傳》，第 1772 頁。
〔註27〕 《南齊書》卷一六《百官志》，第 324 頁。
〔註28〕 《南齊書》卷一六《百官志》，第 324 頁。

宋以及本朝情況，仍是史書行文省略所造成，宋、齊亦當承兩晉之制，在秘書閣設有上述諸職。

徵諸他史所載，可證我們前面的分析推斷成立，據《南齊書·禮志》載，齊武帝永明二年（484），太子步兵校尉伏曼容上奏章，請求制定禮樂，「於是詔尚書令王儉制定新禮，立治禮樂學士及職局，置舊學四人，新學六人，正書令史各一人，幹一人，秘書省差能書弟子二人。因集前代，撰治五禮，吉、凶、賓、軍、嘉也。文多不載。」〔註29〕我們注意到，王儉負責制禮，專門成立了禮樂學士及職局，其人員構成包括舊學四人、新學六人、正書一人、令史一人、幹一人、秘書省所派「能書弟子」二人。其中正書、令史各一人，究竟來自哪一個曹司，我們無法判斷，但「能書弟子」二人則明言來自秘書省。由此我們可以斷定：蕭齊秘書機構應當設置有「弟子」一職，我們進而可以推測，蕭齊秘書機構也應當設有令史、正書諸職，這項制度同樣是沿襲了晉代舊制。

秘書省在蕭齊一朝，同樣是國家藏書之所，因此收藏、保管、維護圖書典籍，也就成為秘書省的一項重要職能。如，晉安王蕭子懋於齊武帝永明八年（490），「撰《春秋例苑》三十卷奏之，世祖嘉之，勅付秘閣。」〔註30〕又如，琅邪王珪之曾撰寫《齊職儀》五十卷，其子王顥於永明九年（491）上表，希望將父親的著作「永昇天閣，長銘秘府」，齊武帝蕭賾遂「詔付秘閣」。〔註31〕

秘書省作為重要的文化機構，每逢國家性的修撰活動時，也必須參與、承擔一些具體事務。如前揭永明二年修定禮樂一事，專門成立了「治禮學士及職局」負責，由於這次修禮活動乃是蕭齊國家文化生活中的大事，秘書省作為國家文化機構，當然必須參與。

國史修撰，仍例由秘書省所屬的著作官承擔。但蕭齊在繼承劉宋史官制度的同時，也進行了一些改革，其中變化主要有兩個方面：其一，國史修撰多以外朝的其它官員兼任，而不用著作郎；其二，著作官員專司集注起居，且在內朝任職。這兩個變化中，尤以第一個變化，需要加以特別關注，國史修撰不用著作官而以他官兼領，這是蕭齊國史修撰和劉宋時期的最大不同。茲據諸史載，例舉如下：

〔註29〕 《南齊書》卷九《禮志上》，第117～118頁。
〔註30〕 《南齊書》卷四〇《武十七王·晉安王（蕭）子懋傳》，第708頁。
〔註31〕 《南齊書》卷五二《文學·王逡之附從弟珪之傳》，第903頁。

（1）丘靈鞠：「建元元年，轉中書郎，中正如故，敕知東宮手筆。尋又掌知國史。」〔註32〕是丘靈鞠以中書郎之職，先是奉詔敕職掌太子東宮撰修事務，後又職掌國史修撰。

（2）、（3）檀超、江淹：「建元二年，初置史官，以（檀）超與驃騎記室江淹掌史職。上表立條例，開元紀號，不取宋年。封爵各詳本傳，無假年表。立十志：《律曆》、《禮樂》、《天文》、《五行》、《郊祀》、《刑法》、《藝文》依班固，《朝會》、《輿服》依蔡邕、司馬彪，《州郡》依徐爰。《百官》依范曄，合《州郡》。班固五星載《天文》，日蝕載《五行》；改日蝕入《天文志》。以建元爲始。帝女體自皇宗，立傳以備甥舅之重。又立《處士》、《列女傳》。詔內外詳議。」〔註33〕徵諸《梁書・江淹傳》：「建元初，又爲驃騎豫章王記室，帶東武令，參掌詔冊，並典國史。尋遷中書侍郎。永明初，遷驃騎將軍，掌國史。」〔註34〕

綜合以上二傳可知，江淹在蕭齊時曾兩次典掌國史，第一次是以豫章王蕭嶷驃騎將軍府記室參軍，帶東武令的身份，第二次則是以驃騎將軍的身份，江淹兩次典掌國史，均未有秘書、著作官員的職銜。

（4）謝超宗：據諸《南齊書》本傳所載，謝超宗此前，因爲「仗才使酒，多所陵忽，在直省常醉」等失誤，遭省司彈劾，「以怨望免官，禁錮十年」。及至「世祖即位，使掌國史，除竟陵王征北諮議參軍，領記室。」〔註35〕可見，謝超宗在齊武帝時典掌國史，其職務爲竟陵王征北將軍府諮議參軍，也未有秘書、著作官員之職銜。

（5）沈約：據《宋書・自序》：「建元四年（482）（所撰《晉書》）未終，被敕撰國史。永明二年（484），又忝兼著作郎，撰次起居注。自茲王役，無暇搜撰。五年（487）春，又被敕撰《宋書》。六年（488）二月畢功，表上之……」〔註36〕，徵諸《梁書・沈約傳》：「齊初爲征虜記室，帶襄陽令，所奉之王，齊文惠太子（蕭長懋）也。太子入居東宮，爲步兵校尉，管書記，直永壽省，校四部圖書……遷太子家令，後以本官兼著作郎，遷中書郎……」〔註37〕

〔註32〕《南齊書》卷五二《文學・丘靈鞠傳》，第890頁。
〔註33〕《南齊書》卷五二《文學・檀超傳》，第891頁。
〔註34〕《梁書》卷一四《江淹傳》，第250頁。
〔註35〕《南齊書》卷三六《謝超宗傳》，第636頁。
〔註36〕《宋書》卷一〇〇《自序》，第2466頁。
〔註37〕《梁書》卷一三《沈約傳》，第233頁。

綜合宋序、梁傳，將沈約在齊朝初年的任職履歷，考釋如下：齊高帝建國之初，沈約任文惠太子蕭長懋征虜將軍府記室，帶襄陽令；→及太子入居東宮，沈約轉任步兵校尉，管東宮書記，並直永壽省；→齊武帝永明二年（484），以本官（太子家令）兼著作郎，撰寫《宋書》〔註38〕。由此可以推斷，沈約於齊高帝建元四年（482）奉敕撰寫國史時的職銜，本官應當為步兵校尉，但同時兼掌東宮書記，並在永壽省當直，校勘四部圖書。其時，沈約亦未有秘書、著作官員之職銜，直到齊武帝永明二年（484），撰寫《宋書》時，始有「兼著作郎」之職銜。

至於蕭齊為何取消著作郎修撰國史的職掌，以寡見所及，似乎還未能找出令人信服的解釋。蕭齊時期著作官修撰國史，雖然未見其載，但著作郎撰寫前代歷史，還是能夠找出例證，如前揭沈約，於齊武帝永明五年（487）春，奉敕撰寫《宋書》，其時職銜為太子家令，兼著作郎，儘管沈約的著作郎職銜仍是兼職，但畢竟已有此官銜了。此外，就目前所見之蕭齊修撰史料顯示，無論是國史修撰，還是前代歷史修撰，在蕭齊一朝多是奉皇帝之敕令而進行。

蕭齊著作官職司起居注，其制自蕭齊初年已然。徵諸史載，蕭道成即位之初，崔祖思曾上過奏疏，其中論及史官事，略云：「古者左史記言，右史記事，故君舉必書，盡直筆而不污；上無妄動，知如絲之成綸。今者著作之官，起居而已；述事之徒，褒諛為體。世無董狐，書法必隱；時闕南史，直筆未聞。」〔註39〕崔氏所云「今者著作之官，起居而已」，就是指蕭齊的著作官，除了集注起居外，並未能夠充分發揮史官「秉筆直書」的歷史作用。

驗諸史籍，崔氏所言確乎不爽。如周顒，曾「轉太子僕，兼著作，撰起居注。遷中書郎，兼著作如故……轉國子博士，兼著作如故。」〔註40〕又如王逡之，「轉國子博士。國學久廢，建元二年，逡之先上表立學，又兼著作，撰《永明起居注》。」〔註41〕由此可見，蕭齊起居注主要由著作郎承擔。

蕭齊除以著作官掌起居注外，有時還以其它官員，如侍中等內侍官集注

〔註38〕據《南齊書》卷五二《文學・王智深傳》：「世祖使太子家令沈約撰《宋書》，擬立《袁粲傳》，以審世祖。世祖曰：『袁粲自是宋家忠臣。』……」（第896頁）由此可證，沈約奉命撰寫《宋書》時的本官，即為太子家令，著作郎為其兼官。

〔註39〕《南齊書》卷二八《崔祖思傳》，第520頁。

〔註40〕《南齊書》卷四一《周顒傳》，第732頁。

〔註41〕《南齊書》卷五二《文學・王逡之傳》，第902頁。

起居。這方面的例子，如王思遠，在齊明帝時，就曾以侍中掌起居注。〔註42〕
不過，這種情況比較特殊。學者或認為，蕭齊著作官例同內侍官，其集注起
居的制度，實襲自晉朝。〔註43〕需要特別指出的是，正因為蕭齊確定了著作
官專門負責起居注的制度，故而其起居注修撰較之劉宋，更加系統完整，據
諸《隋書・經籍志》所載，蕭齊起居注計有：「《永明起居注》二十五卷（梁
有二十四卷，又有《建元起居注》十二卷，《隆昌、延興、建武起居注》四卷，
《中興起居注》四卷，亡。）」〔註44〕除缺少東昏侯蕭寶卷《永元起居注》外，
其它基本畢備。雖然各起居注未標出撰寫者，但從前引崔祖思所陳奏疏可知，
這些起居注，多數應當由著作官員完成無疑。

　　蕭齊一朝，秘書、著作官依然是所謂「清華」之職，特別是其中的秘書
郎，更是時人心目中的清美之選，為當時門閥世族的起家之官，凡以此起家
者，不長時間即得高昇，對此杜佑有明確表述，云：「宋、齊秘書郎皆四員，
尤為美職，皆為甲族起家之選，待次入補，其居職，例十日便遷。」〔註45〕
對於杜佑宋、齊秘書郎「尤為美職」的觀點，可以通過對蕭齊秘書、著作官
群體的綜合考察，加以驗證。

　　為便於下面的分析，茲檢核相關史籍，依前文所述劉宋時體例，將蕭齊
秘書、著作官員簡況，表列如下（表三：蕭齊秘書、著作官簡況表、表四：
蕭齊秘書、著作官構成簡況表）：

表三：蕭齊秘書、著作官簡況表

姓名	籍貫	任職	資料出處	備注
秘書官員				
王寂	琅邪臨沂	秘書郎	南齊／33／2／598	王僧虔第九子，卒年 23 歲
蕭子晉	南蘭陵	秘書監	南齊／35／2／622	宗室，臨川王蕭映（齊高帝第三子）長子
蕭鑒	南蘭陵	秘書監	南齊／35／2／629	宗室，齊高帝第十一子，始興王，贈中軍將軍

〔註42〕《南齊書》卷四三《王思遠傳》：「上既誅（王）晏，還為侍中，掌優策及起
　　　　居注。」（第 766 頁）
〔註43〕前揭《漢至唐初史官制度的演變》，第 158 頁。
〔註44〕《隋書》卷三三《經籍志二》，第 965 頁。
〔註45〕《通典》卷二六《職官典八》，第 735 頁。

蕭鋒	南蘭陵	加秘書監	南齊／35／2／630	宗室，齊高帝第十二子，江夏王，死年 20 歲
蕭穎冑	南蘭陵	秘書郎	南齊／38／2／665	宗室，起家官，梁武帝元從，梁諡獻武
陸澄	吳郡　吳	秘書監	南齊／39／2／683	三任此職，「當世稱爲碩學」，諡靖子
蕭子卿	南蘭陵	秘書監	南齊／40／3／704	宗室，齊武帝第三子，廬陵王，永明六年（488）任職
蕭賞	南蘭陵	秘書郎	南齊／42／3／749	宗室，父蕭坦之
江祀	濟陽考城	秘書丞	南齊／42／3／752	贈散騎常侍、太常卿
江斆	濟陽考城	秘書監	南齊／43／3／759	宋時曾任著作郎、秘書丞，贈散騎常侍、太常，諡敬子
謝瀹	陳郡陽夏	秘書郎	南齊／43／3／763	贈金紫光祿大夫，諡簡子
蕭遙欣	南蘭陵	秘書郎	南齊／45／3／792	宗室，贈侍中、司空，諡康公，葬用王禮
蕭遙昌	南蘭陵	秘書郎、丞	南齊／45／3／792	宗室，解褐，贈車騎將軍、儀同三司，諡憲公
王慈	琅邪臨沂	秘書丞	南齊／46／3／802	皇室姻親〔註46〕，宋時曾任秘書郎、丞，追贈太常，諡懿子
王融	琅邪臨沂	秘書丞	南齊／47／3／818	祖王僧達
蕭寶攸	南蘭陵	秘書監	南齊／50／3／865	宗室，齊明帝第九子，後以「謀反」賜死
江淹	濟陽考城	秘書監	梁／14／1／250	三任此職，蕭梁諡憲伯
謝朏	陳郡陽夏	秘書監	梁／15／1／262	侍中領秘書監，蕭梁贈侍中、司徒，諡靖孝
謝覽	陳郡陽夏	秘書郎	梁／15／1／265	外戚，謝朏姪，尚齊錢唐公主，梁贈中書令
王暕	琅邪臨沂	秘書丞	梁／21／2／322	尚淮南公主，梁贈侍中、中書令，中軍將軍，諡靖
王泰	琅邪臨沂	秘書郎	梁／21／2／323	王慈子，起家著作郎，不拜，改秘書郎，梁諡夷子

〔註46〕據《南齊書》卷四六《王慈傳》：王慈，宋司空王僧虔之子。慈外祖父爲劉宋江夏王劉義恭；王慈妻，則爲劉秉（秉祖父爲長沙王道憐，父義宗）之女；慈子觀，尚齊武帝蕭賾長女吳縣公主；慈女，則爲齊宗室江夏王蕭鋒王妃。由此可見，王慈和劉宋、蕭齊皇室之間，均有姻親關係，係宋、齊兩朝外戚。

王份	琅邪臨沂	秘書監	梁／21／2／325	王僧朗孫，梁贈侍中、特進、左光祿，諡靖子
袁昂	陳郡陽夏	秘書丞	梁／31／2／451	梁贈侍中、特進、左光祿大夫、司空，諡穆正公
蕭子恪	南蘭陵	秘書監	梁／35／2／507	宗室，豫章王蕭嶷第二子，梁贈侍中、中書令，諡恭
何胤	盧江　灊	秘書郎	梁／51／3／735	何尚之孫，起家
王肅	琅邪臨沂	秘書丞	魏／63／4／1407	王導後裔，王奐子，太和十七年（493）奔魏
著作官員				
周顒	汝南安城	兼著作郎	南齊／41／3／732	三任此職（兼），撰起居注
顧暠之	吳郡？	兼著作郎	南齊／43／3／767	安西將軍府諮議參軍，兼著作
王逡之	琅邪臨沂	著作郎	南齊／52／3／902	宋時任此職，齊朝兩任此職，撰《永明起居注》
沈顗	吳興武康	著作郎	南齊／54／3／944	沈演之姪孫
王瞻	琅邪臨沂	著作佐郎	梁／21／2／317	王弘從孫，起家佐郎，梁諡康侯
王長玄	琅邪臨沂	著作佐郎	梁／21／2／317	王瞻子，早卒
蕭秀	南蘭陵	著作佐郎	梁／22／2／342	宗室，梁武帝七弟（異母），梁贈侍中、司空，諡康
蕭業	南蘭陵	著作郎	梁／23／2／360	宗室，梁武帝長兄懿子，梁諡元
蕭藻	南蘭陵	著作佐郎	梁／23／2／361	宗室，蕭業弟，釋褐佐郎
傅昭	北地靈州	領著作郎	梁／26／2／393	梁臺建立後，任此職（領、兼），梁諡貞子
張率	吳郡　吳	著作佐郎	梁／33／2／475	起家佐郎，張永孫，張瓌子
蕭介	南蘭陵	著作佐郎	梁／41／3／587	宗室，蕭思話孫、惠蒨子，釋褐佐郎
蕭洽	南蘭陵	著作佐郎	梁／41／3／589	宗室，蕭思話孫、惠基子，起家佐郎
蕭昈素	南蘭陵	著作佐郎	梁／52／3／762	宗室，蕭思話孫、惠明子，私諡貞文先生
王僧祐	琅邪臨沂	著作佐郎	南史／21／2／580	
王肅	琅邪臨沂	著作郎	魏／63／4／1407	王導後裔，王奐子，太和十七年（493）奔魏

表四：蕭齊秘書、著作官構成簡況表

	宗室（蕭氏）（人數／比例）	外戚（人數／比例）	尚公主（人數／比例）	起家（人數／比例）	贈官贈諡（人數／比例）	琅邪王氏（人數／比例）	陳郡謝氏（人數／比例）
秘書官（總26人）	10／38.5%	3／11.5%	3／11.5%	2／7.7%	17／65.4%	7／26.9%	3／11.5%
著作官（總16人）	6／37.5%	0／0	0／0	4／25.0%	5／31.3%	5／31.3%	0／0

綜合「表三」、「表四」相關數據，共得蕭齊秘書官員 26 人、著作官員 16 人。在秘書官員的任職者中，來自宗室、外戚家庭者，占比分別為 38.5%、11.5%；尚公主者占比 11.5%；以之為起家官者占比 7.7%；獲得贈官贈諡者，占比 65.4%。著作官員的任職者中，來自宗室、外戚家庭者，占比分別為 37.5%、0；尚公主者，占比 0；以之為起家官者，占比 25.0%；獲得贈官贈諡者，占比 31.3%。

　　將以上所佔比例數據與劉宋時期相比，從中可以分析兩朝秘書、著作官員任職情況之異同。〔註47〕為直觀起見，茲將劉宋、蕭齊兩朝相關情況構成比例，簡表列之如下（表五：劉宋、蕭齊秘書著作官構成對比簡表）：

表五：劉宋、蕭齊秘書著作官構成對比簡表

		宗室（人數／比例）	外戚（人數／比例）	尚公主（人數／比例）	起家官（人數／比例）	贈官贈諡（人數／比例）
劉宋	秘書官（總45人）	9／20.0%	15／33.3%	6／13.3%	4／8.9%	9／20.0%
	著作官（總24人）	1／4.2%	10／42.0%	6／25.0%	4／16.7%	2／8.4%
蕭齊	秘書官（總26人）	10／38.5%	3／11.5%	3／11.5%	2／7.7%	17／65.4%
	著作官（總16人）	6／37.5%	0／0	0／0	4／25.0%	5／31.3%

〔註47〕按，由於宋、齊兩朝秘書著作官員人數差別較大，單純比較數字多少並無實際意義，故而比較各義項所佔比例，更能看出其中的變化情況。

據諸上述「表四」、「表五」，我們可得出如下認識：

（1）蕭齊秘書官員來自宗室者，所佔比例為 38.5%，遠高於劉宋 20% 的比例，著作官員的情況與秘書官員相似，其 37.5% 的比例，比起劉宋的 4.2% 的占比，差距更大，這表明到了蕭齊王朝，宗室對於秘書、著作官員更加看重，故而樂意出任此職，是以可知秘書、著作之「清美」程度，蕭齊較之劉宋，有加無減。

（2）外戚的情況與宗室恰好相反，蕭齊秘書官員中來自外戚的比例為 11.5%，不到劉宋的一半，至於著作官，蕭齊則一個也沒有，而劉宋的這一比例高達 42.0%，蕭齊外戚成員在秘書、著作任職者比例大大降低，原因究竟何在？是由於蕭齊皇室有意識控制的結果，還是其自身文化素質下降所導致，抑或是別的什麼原因？尚需作進一步的探討。

（3）「尚公主」的情況，與外戚相似，以秘書官員所佔比例而言，與劉宋相差不大而略有下降，至於著作官，蕭齊的比例為零，而劉宋高達 25.0%。

（4）起家官的比例，宋、齊相差不大，秘書官員所佔比例略有下降，著作官員則略有上陞，但總體來看，宋、齊兩朝對於用「秘書官員」作為起家官的控制相對較嚴，因為兩者比例都不高，分別為 8.9%、7.7%，由宋入齊比例下降，似乎表明對於秘書官員用作起家官的要求越來越高，故控制愈趨嚴格。

（5）秘書、著作官員獲得贈官、贈諡的比例，蕭齊遠高於劉宋，蕭齊秘書官員獲贈者，占比達 65.4%，是劉宋 25.0% 的二倍還多；著作官員獲贈者，蕭齊的比例是 31.3%，為劉宋 8.4% 的三倍多。秘書、著作官獲得贈官贈諡比例的大幅度提高，正說明此職的「清望」程度，在蕭齊時期又有進一步的提高。

與劉宋時期的情況相比，我們增加了郡望一項，選取琅邪王氏、陳郡謝氏、南蘭陵蕭氏為個案（其中南蘭陵蕭氏，即蕭齊宗室，故「表四」將二者合併具列），其中南蘭陵蕭氏因為是宗室，故不必置論。「舊時王謝堂前燕，飛入尋常百姓家」，琅邪王氏、陳郡謝氏為江左第一流高門，故選取他們作為代表。據諸「表四」數據所展示，琅邪王氏任職秘書、著作官員的比例，分別達到 26.9%、31.3%；陳郡謝氏所佔比例，分別為 11.5%、0，無論從數字還是所佔比例來看，琅邪王氏都遠高於陳郡謝氏。這也難怪，在相當長一段時間裏，陳郡謝氏還是被琅邪王氏看作「新出門戶」，不足以和琅邪王氏比肩。

〔註 48〕通過對王、謝在蕭齊一朝擔任秘書、著作官員情況的分析，也可以側證這一點。其實，審核蕭齊秘書、著作官員的家庭背景，還可以發現，除了琅邪王氏、陳郡謝氏外，其它人員也多來自名門望族，如濟陽江氏、廬江何氏、吳郡陸氏、吳郡顧氏、吳興沈氏等僑吳士族。

三、蕭梁的秘書、著作官

梁初官制基本沿襲蕭齊。梁武帝天監七年（508），蕭梁對職官制度進行了較大改革，將職官九品變爲十八班，以班多者爲貴。梁武帝的官制改革，也直接影響到秘書、著作官，如班品、職掌等方面，與蕭齊時雖大體相同，卻也有些許變異。據《隋書·百官志》云：「秘書省置監、丞各一人，郎四人，掌國之典籍圖書。著作郎一人，佐郎八人，掌國史，集注起居。著作郎謂之大著作，梁初周捨、裴子野，皆以他官領之。又有撰史學士，亦知史書。佐郎爲起家之選。」〔註 49〕以他官兼領著作，晉宋齊諸朝均有，梁時繼承並呈進一步制度化的趨勢，著作佐郎作爲起家官，則似乎已成爲慣例。

（一）蕭梁秘書、著作官之職掌

蕭梁秘書省除了「掌國之典籍圖書」外，在梁武帝統治初期，似乎一度與宿衛宮禁有關，如呂僧珍，劉宋末年先是追隨梁武帝蕭衍的父親蕭順之，後來又成爲梁武帝的親信，梁武帝受禪，呂僧珍任冠軍將軍、前軍司馬，封侯食邑，「尋遷給事中、右衛將軍。頃之，轉左衛將軍，加散騎常侍，入直秘書省，總知宿衛。天監四年多，大舉北伐，自是軍機多事，僧珍晝直中書省，夜還秘書。」〔註 50〕

呂僧珍以左衛將軍，加散騎常侍的身份，入直秘書省「總知宿衛」，表明秘書省與梁武帝天監初年的宮廷禁衛有關係。秘書省與宮廷禁衛發生密切關係，實爲魏晉南北朝歷史上頗爲罕見的現象，該作何解？竊意，梁武帝文化

〔註 48〕唐長孺氏在《士族的形成和陞降》一文中指出：「又如陳郡謝氏，誰都知道是與琅邪王氏並列的東晉南朝最高貴士族，然而晉宋間卻還有人對這一家的門第不太尊重。《世說新語·簡傲篇》：『謝萬在兄前，欲起，索便器。於時阮思曠在坐，曰：新出門戶，篤而無禮。』那時謝氏還被認爲是新出門戶。又《宋書》卷六〇《荀伯子傳》：『伯子常自矜陰籍之美，謂（王）弘曰：天下膏梁，唯使君與下官耳。（謝）宣明之徒，不足數也。』」（唐長孺撰：《魏晉南北朝史論拾遺》，第 61 頁，北京，中華書局，2011。）
〔註 49〕《隋書》卷二六《百官志上》，第 723 頁。
〔註 50〕《梁書》卷一一《呂僧珍傳》，第 213 頁。

修養較高，經常要翻閱書籍，而秘書省乃是國家藏書機構，收藏有大量圖書典籍，加之秘書省可能靠近宮禁，故爲了方便梁武帝閱讀，從而將宿衛機構暫時設於秘書省。此外，前揭史料似也透露出這樣一個信息，即梁初「軍機多事」，需要中書省草擬的文件較多，草擬詔敕政令，也不免要檢閱秘書省所收藏之文檔資料，故而呂僧珍「晝直中書省，夜還秘書」，既便於查閱文件，又同時承擔宿衛宮禁的任務，可謂一舉兩得。當然，這只是我們進行的一點推測性分析。因爲，在歷史上秘書省與宿衛宮禁之間有直接聯繫的情況，實在是絕無僅有，而且這種情況僅見於梁武帝初期。

毫無疑問，蕭梁秘書省的主要職掌，依然是「掌典籍圖書」，即負責圖書典籍的收藏、保管與編目。這方面的例證頗多，茲臚列數條以成其說。如蕭子顯，「好學，工屬文。嘗著《鴻序賦》，尚書令沈約見而稱曰：『可謂得明道之高致，蓋《幽通》之流也。』又採眾家《後漢》，考正同異，爲一家之書。又啓撰《齊史》，書成，表奏之，詔付秘閣。」〔註 51〕又如皇侃，「撰《禮記講疏》五十卷，書成奏上，詔付秘閣。」〔註 52〕又如蕭子雲，「以晉代竟無全書，弱冠便留心撰著，至年二十六書成，表奏之，詔付秘閣。」〔註 53〕又如徐勉，梁武帝普通六年（525）上奏疏，請求修「五禮」，奏疏中有云：「五禮之職，事有繁簡，及其列畢，不得同時……大凡一百二十秩，一千一百七十六卷，八千一十九條。又列副秘閣及《五經》典書各一通，繕寫校定，以普通五年二月始獲洗畢。」〔註 54〕以上是秘書省收藏、保管圖籍的事例。

正因爲秘書省收藏有大量的圖書典籍，故好學者每每求請到秘書省觀書，或任職秘書省而不願陞遷，前者如江子一，「少好學，有志操……起家王國侍郎，奉朝請。啓求觀書秘閣，高祖許之，有敕直華林省……子一續《黃圖》及班固『九品』，并辭賦文筆數十篇，行於世。」〔註 55〕後者如張纘，尚梁武帝女富陽公主，起家秘書郎，「纘好學，兄緬有書萬餘卷，晝夜披讀，殆不輟手。秘書郎有四員，宋、齊以來，爲甲族起家之選，待次入補，其居職，例數十百日便遷任。纘固求不徙，欲遍觀閣內圖籍。嘗執四部書目曰：『若讀此畢，乃可言優仕矣。』如此數載，方遷太子舍人，轉洗馬、中舍人，並掌

〔註51〕 《梁書》卷三五《蕭子恪附弟子顯傳》，第 511 頁。
〔註52〕 《梁書》卷四八《儒林‧皇侃傳》，第 680 頁。
〔註53〕 《梁書》卷三五《蕭子恪附弟子雲傳》，第 513 頁。
〔註54〕 《梁書》卷二五《徐勉傳》，第 382 頁。
〔註55〕 《梁書》卷四三《江子一傳》，第 608～609 頁。

管記。」〔註56〕

秘書監對圖書典籍所進行的日常管理工作，包括對所收藏的圖籍進行校勘整理、編制目錄等內容。如王泰，「天監元年，遷秘書丞。齊永元末，後宮火，延燒秘書，圖書散亂殆盡。泰爲丞，表校定繕寫，高祖從之。」〔註57〕這是王泰以秘書丞的身份，請求校勘整理秘閣圖籍。又如任昉，「尋轉御史中丞，秘書監，領前軍將軍。自齊永元以來，秘閣四部，篇卷紛雜，昉手自讎校，由是篇目定焉。」〔註58〕又如，殷鈞，「天監初，拜駙馬都尉，起家秘書郎，太子舍人，司徒主簿，秘書丞。鈞在職，啓校定秘閣四部書，更爲目錄。又受詔料檢西省法書古迹，別爲品目。」〔註59〕具體而言，上述三人在任職期間的工作任務，包括校訂繕寫破敗的圖書、對不同版本進行校勘、用四部分類法對秘閣藏書進行編目整理等。

秘書監有時也直接參加史書修撰，如江淹，曾以秘書監身份重新修訂《齊史》十志。〔註60〕又如謝昊，在梁武帝時期也曾以秘書監的身份，參與修撰國史。〔註61〕不過，秘書監親自參加史書編撰的情況並不常見，因爲這個工作主要由其下屬的著作官員承擔。

蕭梁國史修撰，主要由著作郎負責，著作郎號稱大著作，不過，以他官兼領大著作的情況也非常普遍，就所能統計到的蕭梁國史修撰、著作諸例，幾乎都是如此。〔註62〕蕭梁的著作郎，還幾乎一無例外地待詔文德省，負責

〔註56〕《梁書》卷三四《張緬附弟纘傳》，第493頁。

〔註57〕《梁書》卷二一《王泰傳》，第324頁。

〔註58〕《梁書》卷一四《任昉傳》，第254頁。

〔註59〕《梁書》卷二七《殷鈞傳》，第407頁。

〔註60〕按，據《梁書》卷一四《江淹傳》，江淹於蕭齊時曾經在三次擔任秘書監之職（第一次爲全職，後兩次爲兼職），其中最後一次是在梁武帝蕭衍掌控朝政以後，「板爲冠軍將軍，秘書監如故」，天監四年（505），江淹去世，據諸本傳云：「凡所著述百餘篇，自撰爲前後集，并《齊史》十志，並行於世。」（第250～251頁）江淹撰寫《齊史》十志的時間，究竟是在齊末，還是在梁初？尚需作進一步考證。

〔註61〕《史通通釋》卷十二《古今正史》，第356頁。

〔註62〕有確鑿史料表明，蕭梁以他官兼掌著作，自蕭衍建國起就已經如此，據《梁書》卷一四《任昉傳》：「梁臺建，禪讓文誥，多昉所具。高祖踐阼，拜黃門侍郎，遷吏部郎中，尋以本官掌著作。」（第253頁）是任昉在蕭梁建國不久，就以吏部郎中的身份，兼掌著作事宜，這應當與任昉富於文采、擅長書記的才能有關係，也和他在蕭衍禪讓期間，專掌文誥的經歷有關係。按，此處任昉的官職遷轉，可能存在問題，因爲其在梁武帝登基時，任黃門侍郎，由黃

起居注的撰寫。著作郎既掌國史，又集注起居的情況，與宋、齊時期相比，的確有較大不同。這方面的例子，史籍記載頗夥，如裴子野，「吏部尚書徐勉言之於高祖，以爲著作郎，掌國史及起居注。頃之，兼中書通事舍人，尋除通直正員郎，著作、舍人如故……敕仍使撰《方國使圖》，廣述懷來之盛，自要服至于海表，凡二十國。」〔註63〕是裴子野不僅撰修國史、集注起居，還奉敕撰寫前來蕭梁進貢外國使團方面的圖籍。又如廷尉正劉顯，博學多識，「五兵尚書傅昭掌著作，撰國史，引（劉）顯爲佐。」〔註64〕再如王僧孺，「天監初，除臨川王後軍記室參軍，待詔文德省。尋出爲南海太守……有詔徵還……既至，拜中書郎、領著作，復直文德省，撰《中表簿》及《起居注》。遷尚書左丞，領著作如故。」〔註65〕前者傅昭以五兵尚書領著作的身份，修撰國史；後者王僧孺以中書郎領著作的身份，修撰起居注，二人均是以它官兼職著作事宜。

　　除國史修撰、集注起居外，著作郎有時還要承擔一些臨時性的修撰任務。如陸雲公，「梁給事黃門侍郎，掌著作……大同末，雲公受梁武帝詔校定《棋品》……初，（陸）瓊父雲公奉梁武帝勅撰《嘉瑞記》，瓊述其旨而續焉，自永定訖于至德，勒成一家之言。」〔註66〕陸雲公在蕭梁時奉詔校定《棋品》、撰寫《嘉瑞記》，均屬臨時性的撰述任務。

　　據前揭《隋書・百官志》載，除著作郎、佐郎外，蕭梁的著作官序列中，還設有著作令史、撰史學士諸職。其中著作令史，或作著作正令史，爲三品蘊位。〔註67〕至於撰史學士，或稱「修史學士」，則是承襲蕭齊而來。〔註68〕

　　　　門侍郎遷「吏部郎中」，與官員遷轉條例不合，若遷爲「吏部尚書」，則可解釋通融。姑存疑待考。

〔註63〕《梁書》卷三〇《裴子野傳》，第442～443頁。

〔註64〕《梁書》卷四〇《劉顯傳》，第570頁。

〔註65〕《梁書》卷三三《王僧孺傳》，第470頁。

〔註66〕《陳書》卷三〇《陸瓊傳》，第396～397頁。

〔註67〕《隋書》卷二六《百官志上》：「又著作正令史、集書正令史……爲三品蘊位。」（第735頁）按，梁武帝天監七年（508），吏部尚書徐勉主持修訂官制，改九品爲十八班，十八班以容「二品士流」，班多者爲貴；對於「位不登二品者」，則爲流外七班；流外七班之外，另設「三品蘊位」和「三品勳位」。對於十八班與「流外七班」、「三品蘊位」、「三品勳位」之間的區別，學界經過研究以後，已經大致明確，主要用來區別任官者的社會階層來源，如唐長孺氏指出：「流外七班以處通常被認爲寒微的低級士族，以下還有所謂『三品蘊位』、『三品勳位』，那便是寒人之職。」（《南朝寒人的興起》，《魏晉南北朝史論叢續編》，

無論著作令史，還是撰史學士，其在秘書著作機構中的身份，都處於最底層，居中承擔冗雜事務，應當就是他們的職責所在。

（二）蕭梁秘書、著作官人選情況之分析

再就蕭梁時期秘書官、著作官的人選來看，也會發現不同於宋齊時期的一些情況。二者之間的最大不同，在於秘書、著作官作爲起家官，到蕭梁時期已經明顯出現分途而進的趨勢，在宋、齊時期，尤其是劉宋時期，秘書、著作官同爲天下「清官」的情況，到蕭梁時期已不盡如此。作爲起家官，秘書郎更加「清華」，基本爲世家大族、皇親國戚所壟斷。與此同時，著作官雖並未淪落到「濁官」行列，但已不再「清華」，卻是不爭事實，根本無法和秘書郎相比。

爲進一步分析蕭梁秘書、著作官員分途而進的不同發展趨勢，茲徵諸相關史料，將蕭梁秘書、著作官員簡況進行列表統計（表六：蕭梁秘書、著作官簡況表），然後根據「表六」統計數據，計算出秘書、著作官員的郡望分佈比例（共列出有代表性的僑吳士族 15 家，同時列出「其它雜姓」以涵蓋這 15 家之外的家族），以及起家官的郡望分佈比例，分別表列如下（表七：蕭梁秘書、著作官郡望分佈比例簡表、表八：蕭梁起家（秘書、著作）官郡望分佈比例簡表）：

第 98 頁，北京，三聯書店，1959。）汪征魯氏則認爲：「將高門士族、一般門閥士族稱爲士流，其一律爲鄉品二品；將低級士族、平民知識分子稱爲寒微士人、寒素，其分別具有三品至九品的品級。而用勳位、蘊位來作軍人、吏人、寒人的資品。」（汪征魯撰：《魏晉南北朝選官體制研究》，第 416 頁，福州，福建人民出版社，1995。）汪氏還指出，「三品蘊位」、「三品勳位」，二者級別相同。（同氏著，420 頁）金裕哲氏則作出如下判斷：「流內官＝士人，流外官＝寒微士人，勳位＝寒流即庶人。」（金裕哲撰：《梁武帝天監年間官制改革思想及官僚體制上之新趨向》，收入中國魏晉南北朝史學會編《魏晉南北朝史研究》，武漢，湖北人民出版社，1996，第 176 頁）張旭華氏的觀點和金裕哲氏有相似之處，云：「宋齊時期的上品、下品、勳品三個選官層次，分別與門閥士族、寒門庶族、吏姓寒人三個等級相對應。」（張旭華撰：《南朝勳品制度試釋》，收入前揭中國魏晉南北朝史學會編《魏晉南北朝史研究》，第 157 頁）閻步克氏則在綜合諸家研究的基礎上，對梁武帝以十八班爲核心內容的官制改革的意義，總結如下：「二品士流所居官進入了十八班；至於中正三品以下原有門品和勳品之異，門品變成了梁代面向寒微士人的流外七班，勳品則變成了梁代寒流武人的『三品蘊位』和『三品勳位』。」（閻步克撰：《品位與職位——秦漢魏晉南北朝官階制度研究》第六章《中正品與勳位》，第 329 頁，北京，中華書局，2002。）要言之，居於十八班及流外七班以外者，無論是「蘊位三品」還是「勳位三品」，其所對應之人員，都屬於由寒人所擔任的胥吏之職。

〔註68〕《史通通釋》卷十一《史官建置》，第 312 頁。

表六：蕭梁秘書、著作官簡況表

姓名	籍貫	任職	資料出處	備註
秘書官員				
柳忱	河東 解	秘書監	梁／12／1／219	贈中書令，諡穆
江淹	濟陽考城	秘書監	梁／14／1／250	卒，梁武帝素服舉哀，賵錢、布，諡憲伯
任昉	樂安博昌	秘書監	梁／14／1／254	卒，梁武帝即日舉哀，贈太常卿，諡敬子
王亮	琅邪臨沂	秘書監	梁／16／1／270	卒，詔賵錢、布，諡煬子
王訓	琅邪臨沂	秘書郎、丞	梁／21／2／323	贈（本官）侍中，諡溫子
王泰	琅邪臨沂	秘書丞	梁／21／2／324	諡夷子
王錫	琅邪臨沂	秘書郎	梁／21／2／326	贈侍中，給東園秘器，朝服一具，衣一襲，諡貞子
王僉	琅邪臨沂	秘書郎中	梁／21／2／327	贈侍中，給東園秘器，朝服一具，衣一襲，諡恭子
柳惲	河東 解	秘書監	梁／21／2／332	外戚，少子偃尚長城公主，贈侍中、中護軍
蔡撙	濟陽考城	侍中領秘書監	梁／21／2／333	贈侍中、金紫光祿大夫、宣惠將軍，諡康子
江蒨	濟陽考城	秘書郎、丞	梁／21／2／334	贈（本官）光祿大夫，諡肅子
蕭推	南蘭陵	秘書丞	梁／22／2／346	宗室，安成王蕭秀孫，死於侯景之亂
蕭範	南蘭陵	秘書郎	梁／22／2／352	宗室，鄱陽王蕭恢子，「無學術」
蕭業	南蘭陵	秘書監	梁／23／2／360	宗室，長沙王，蕭懿子，諡元
蕭孝儼	南蘭陵	秘書郎	梁／23／2／361	宗室，蕭業子，射策甲科，除郎，諡章
蕭象	南蘭陵	秘書監	梁／23／2／364	宗室，桂陽王，蕭懿子，出嗣蕭融，諡敦
蕭昱	南蘭陵	秘書郎	梁／24／2／371	宗室，蕭衍從父弟蕭景子，贈湘州刺史，諡恭

傅昭	北地靈州	秘書監	梁／26／2／393	二任此職，卒，詔賻錢、布，諡貞子
蕭琛	南蘭陵	秘書監	梁／26／2／397	宗室遠屬，贈侍中、特進、金紫光祿大夫，加雲麾將軍，給東園秘器、朝服、衣，賻錢、布，諡平子
陸杲	吳郡　吳	秘書監	梁／26／2／399	天監六年（507）任職，諡質子
殷鈞	陳郡長平	秘書郎、丞	梁／27／2／407	外戚，尚梁武帝女永興公主，諡貞子
陸襄	吳郡　吳	秘書監	梁／27／2／410	追贈侍中、雲麾將軍，追封餘干縣侯、邑五百戶
張率	吳郡　吳	秘書丞	梁／33／2／475	張永孫、張瓌子，卒，昭明太子遣使賻贈
張緬	范陽方城	秘書郎	梁／34／2／491	起家，外戚〔註69〕，贈侍中，加貞威將軍，賻錢布，舉哀
張纘	范陽方城	秘書郎	梁／34／2／493	起家，外戚〔註70〕，贈侍中、中衛將軍、開府儀同三司，諡簡憲公
張綰	范陽方城	秘書郎	梁／34／2／503	起家，外戚〔註71〕
蕭子恪	南蘭陵	秘書監	梁／35／2／509	宗室遠屬〔註72〕，贈侍中、中書令，諡恭
蕭子範	南蘭陵	秘書監	梁／35／2／510	宗室遠屬，贈金紫光祿大夫，諡文
蕭愷	南蘭陵	秘書郎	梁／35／2／513	起家，宗室遠屬，蕭子顯次子
蕭子雲	南蘭陵	秘書郎	梁／35／2／515	起家，宗室遠屬，「善草隸書，爲世楷法」

〔註69〕 據《梁書》卷三四《張緬傳》，並《附弟纘傳》：緬父弘策，爲梁武帝元從功臣，弘策從兄弘籍，即梁武帝蕭衍舅。

〔註70〕 據《梁書》卷三四《張緬附弟纘傳》：張纘爲張緬三弟，出嗣從伯弘籍，尚梁武帝第四女富陽公主，拜駙馬都尉。纘次子希，選尚簡文帝蕭綱第九女海鹽公主。（第493、503頁）

〔註71〕 據《梁書》卷三四《張緬附弟綰傳》：張綰爲張緬四弟，起家長兼秘書郎。次子交，選尚簡文帝蕭納第十一女安陽公主。

〔註72〕 據《梁書》卷三五《蕭子恪傳》，並所附《弟子範、子顯、子雲傳》：蕭子恪兄弟十六人，俱仕於蕭梁。子恪係蕭齊豫章王蕭嶷第二子，子範爲六弟，子顯爲八弟，子雲爲九弟。按，蕭齊、蕭梁皇室均爲南蘭陵人氏，其實爲宗室遠屬關係。

孔休源	會稽山陰	秘書監	梁／36／2／520	贈散騎常侍、金紫光祿大夫，賻錢、材、布、蠟，舉哀，諡貞子
謝舉	陳郡陽夏	秘書郎、丞	梁／37／2／529	起家，贈侍中、中衛將軍、開府儀同三司、尚書令
何敬容	廬江灊	秘書郎、丞	梁／37／2／531	蕭齊外戚〔註73〕，贈仁威將軍、太子詹事、侍中（本官）
何戢	廬江灊	秘書丞	梁／37／2／534	何敬容子，早卒
王規	琅邪臨沂	秘書郎、丞	梁／41／3／581	起家，王儉孫，贈散騎常侍、光祿大夫，賻錢布，諡章
王褒	琅邪臨沂	秘書郎、丞	梁／41／3／583	起家（舉秀才，除郎），王規子，江陵失陷，入於北周
王承	琅邪臨沂	秘書郎	梁／41／3／585	起家（射策高第，除郎），王暕子，諡章子
褚向	河南陽翟	秘書郎	梁／41／3／585	起家，褚淵孫，謝舉爲其妻兄
褚翔	河南陽翟	秘書郎	梁／41／3／586	褚向子，贈守吏部尚書（本官）
褚球	河南陽翟	秘書監領著作	梁／41／3／590	高祖褚叔度、祖暖、父續，三代尚宋公主，尚建平王劉景素女
殷芸	陳郡長平	秘書監	梁／41／3／596	「勵精勤學，博洽群書」，曾任昭明太子侍讀
張嵊	吳郡吳	秘書郎	梁／43／3／609	起家，贈侍中、中衛將軍、開府儀同三司，諡忠貞子
謝徵	陳郡陽夏	秘書監	梁／50／3／717	
王沖	琅邪臨沂	秘書郎	陳／17／2／235	起家，外戚，母梁武帝妹，贈侍中、司空，諡元簡
王通	琅邪臨沂	秘書郎	陳／17／2／237	王琳子，陳朝贈特進、侍中、安右將軍、光祿，諡成
王勱	琅邪臨沂	秘書郎	陳／17／2／238	王通弟，謝策高第除郎，陳朝贈侍中、中書監，諡溫
袁敬	陳郡陽夏	秘書郎	陳／17／2／239	起家，陳朝贈左光祿大夫，諡靖德

〔註73〕據《梁書》卷三七《何敬容傳》：敬容父昌㝢，蕭齊吏部尚書。敬容以名家子，弱冠選尚齊武帝女長城公主，拜駙馬都尉。梁武帝天監初年，爲秘書郎，後爲秘書丞。（第531頁）

袁樞	陳郡陽夏	秘書郎	陳／17／2／240	起家，陳朝贈侍中、左光祿大夫，諡簡懿
王質	琅邪臨沂	秘書郎	陳／18／2／247	起家，外戚，梁武帝甥，陳贈太府卿、都官尚書，諡安子
謝哲	陳郡陽夏	秘書郎	陳／21／2／277	起家，謝朏孫，陳贈侍中、中書監，諡康子
謝嘏	陳郡陽夏	秘書郎	陳／21／2／279	起家，謝舉子，陳贈侍中、中書令，諡光子
王固	琅邪臨沂	秘書郎	陳／21／2／282	起家，梁武帝甥，陳贈金紫光祿大夫，諡恭子
王瑒	琅邪臨沂	秘書郎	陳／23／2／301	起家，陳贈侍中、特進、護軍將軍，諡光子
徐陵	東海	秘書監	陳／26／2／332	「博涉史籍」、「一代文宗」
蕭濟	東海蘭陵〔註74〕	秘書郎	陳／30／2／395	起家，陳贈金紫光祿大夫（本官），官給喪事
徐僧權	東海	領秘書	陳／34／2／468	東宮通事舍人，領秘書，以善書知名
王彬	琅邪臨沂	秘書監	南史／22／2／611	天監年間，歷吏部尚書、秘書監，諡惠
王寂	琅邪臨沂	秘書郎	南史／22／2／612	
王實	琅邪臨沂	秘書郎	南史／23／2／623	起家，尚梁武帝女安吉公主
袁憲	陳郡陽夏	秘書郎	南史／26／3／719	起家，隋贈大將軍、安成郡公，諡簡

〔註74〕據《陳書》卷三〇《蕭濟傳》：「蕭濟字孝康，東海蘭陵人也。」（第395頁）按，「蘭陵」之原居地爲「東海蘭陵」，即今魯南蘇北交界一帶，大致以今山東蒼山縣爲中心的地區，「南蘭陵」則是因爲永嘉亂後，大批東海蘭陵人南遷，遂於其聚集之江南地區（在今鎮江一帶）僑置。蕭齊、蕭梁兩朝皇室之籍貫，均標明爲「南蘭陵」，凡宋、齊、梁、陳諸史標明出自「南蘭陵」蕭氏者，均指此僑郡之蕭氏，亦即與齊、梁兩朝爲宗室（或宗室遠屬）關係。蕭濟傳既言其郡望爲「東海蘭陵」，而不言「南蘭陵」，表明蕭濟出自並未南遷，而繼續居住於東海蘭陵的蕭氏一枝，與齊、梁兩朝皇室之郡望「南蘭陵」更爲疏遠，故本文不將其計入宗室或宗室遠屬之內。

王許	琅邪臨沂	秘書丞	《廣弘明集》卷二十	《梁簡文帝法寶聯璧序》（作者：湘東王蕭繹）〔註75〕
著作官員				
徐悱	東海 郯	著作佐郎	梁／25／2／388	起家，徐勉第二子，幼聰敏，能屬文
陸襄	吳郡 吳	著作佐郎	梁／27／2／409	起家，後曾任秘書監，贈侍中、雲麾將軍
裴子野	河東聞喜	著作郎	梁／30／2／443	贈散騎常侍，賻錢、布，謚貞子
王僧孺	東海 郯	領著作	梁／33／2／470	中書郎（尚書左丞）領著作
劉孝綽	彭城	著作佐郎	梁／33／2／480	起家，後遷秘書丞
劉諒	彭城	著作佐郎	梁／33／2／484	劉孝綽子，歷佐郎、太子舍人等職
蕭特	南蘭陵	著作佐郎	梁／35／2／515	宗室遠屬，蕭子雲第二子，善草隸
到藎	彭城武原	著作佐郎	梁／40／2／569	起家，祖到溉，爲梁武帝寵臣
許懋	高陽新城	兼著作郎	梁／40／2／575	鄱陽王征西將軍府諮議，兼著作郎
劉勰	彭城	著作郎	梁／41／3／592	曾祖劉勔、祖劉悛、父劉孺，早卒
劉遵	彭 城	著作郎	梁／41／3／593	起家，劉孺弟，「有學行，工屬文」
蕭幾	南蘭陵	著作佐郎	梁／41／3／597	起家，宗室遠屬，齊曲江公蕭遙欣子

〔註75〕 【唐】釋道宣撰：《廣弘明集》卷二十（湘東王繹）《梁簡文帝法寶聯璧序》：「……秘書丞、前中舍人南琅琊王許年二十五字幼仁……」（第251頁，上海，上海古籍出版社1991年據《影印宋磧砂版大藏經》本縮頁影印。）按，此處所説「南琅邪」，即指琅邪臨沂，理由如下：據前揭同文，另有：「吳郡太守前中庶子南琅琊王規年四十三字威明」、「中庶子南琅琊王稺年四十五字孺通」、「宣城王文學南琅琊王訓年二十五字懷範」等。查《梁書》卷二一《王暕傳》：暕有四子：訓、承、稺、訏，並通顯。同卷《附子訓傳》：「訓字懷範……射策高第，除秘書郎，遷太子舍人、秘書丞。轉宣城王文學、友、太子中庶子，掌管記……」（第323頁），《梁書》卷四一《王規傳》：「王規字威明，琅邪臨沂人……中大通二年……仍爲吳郡太守……復爲散騎常侍、太子中庶子，領步兵校尉……」（第581～582頁）凡此，均與《廣弘明集》呈對應關係。由此可知，「南琅邪」即指琅邪王氏之郡望——琅邪臨沂。因此，王許郡望既爲「南琅邪」，亦當與王規、王稺、王訓同族，即其郡望爲琅邪臨沂。然徵諸南朝諸史，不見王許事蹟，故知《廣弘明集》所載，實可補正史之闕也。

柳敬禮	河東　解	著作佐郎	梁／43／3／611	起家，柳慶遠孫、柳津子，死於侯景之亂
陸雲公	吳郡　吳	著作郎	梁／50／3／724	三任此職（知、除、掌），卒，賻錢五萬、布四十匹
徐敬成	安陸	著作郎	陳／12／1／190	起家，陳贈散騎常侍，諡思
陳曇郎	吳興長城	著作佐郎	陳／14／1／210	起家，陳霸先侄，陳贈侍中、安東將軍，開府儀同三司、南徐州刺史，諡愍
虞荔	會稽餘姚	領著作郎	陳／19／2／256	陳贈侍中，諡德子
到仲舉	彭城武原	著作佐郎	陳／19／2／267	起家，子郁尚陳文帝（陳蒨）妹信義長公主
蕭引	南蘭陵	著作佐郎	陳／21／2／288	起家，宗室遠屬，蕭思話曾孫
謝綏	陳郡陽夏	著作佐郎	陳／32／2／426	謝綏，《南史》、《梁書》之《謝藺傳》或作謝經
杜之偉	吳郡錢唐	中書侍郎領著作	陳／34／2／454	陳贈通直散騎常侍，賻錢、布、棺，舉哀
柳𧀍	河東　解	著作佐郎	隋／58／5／1423	起家，柳恢孫、柳惲子，隋煬帝贈大將軍，諡康

表七：蕭梁秘書、著作官郡望分佈比例簡表

	琅邪王氏	南蘭陵蕭氏	陳郡謝氏	陽翟褚氏	陳郡袁氏	范陽張氏	廬江何氏	濟陽江氏
秘書官（60）	18／30.0%	11／18.3%	4／6.7%	3／5.0%	3／5.0%	3／5.0%	2／3.3%	2／3.3%
著作官（22）	0／0	3／13.6%	1／4.5%	0／0	0／0	0／0	0／0	0／0
	吳郡陸氏	吳郡張氏	陳郡殷氏	河東柳氏	濟陽蔡氏	會稽孔氏	會稽虞氏	其它雜姓
秘書官（60）	2／3.3%	2／3.3%	2／3.3%	2／3.3%	2／3.3%	1／1.7%	0／0	4／6.7%
著作官（22）	2／9.1%	0／0	0／0	2／9.1%	0／0	0／0	1／4.5%	12／54.5%

（說明：1. 根據「表六」統計，蕭梁秘書官員共60人，著作官員22人。2. 表七「郡望」一欄，「其它雜姓」指不屬於表中所列15個僑吳士族的家族，其中，范陽方城張氏本不能入僑吳士族之列，但考慮到他們與蕭梁皇室的外戚關係，且張弘策兄弟又都

是梁武帝蕭衍的元從功臣，故權將其入列。同時，爲簡化比較程序，「其它雜姓」不一一具列籍貫。以下列表情況同此。3. 著作佐郎裴子野，係裴松之後人，河東裴氏爲北方著名世家，不應列入「其它雜姓」，因爲表格限制，故未能於表中體現，此處特別標出。）

表八：蕭梁起家（秘書、著作）官郡望分佈比例簡表

	琅邪王氏	南蘭陵蕭氏	陳郡謝氏	陽翟褚氏	陳郡袁氏	范陽張氏	盧江何氏	濟陽江氏
秘書官（22）	8 / 36.4%	2 / 9.1%	3 / 13.6%	1 / 4.5%	3 / 13.6%	3 / 13.6%	0 / 0	0 / 0
著作官（12）	0 / 0	2 / 16.7%	0 / 0	0 / 0	0 / 0	0 / 0	0 / 0	0 / 0
	吳郡陸氏	吳郡張氏	陳郡殷氏	河東柳氏	濟陽蔡氏	會稽孔氏	其它雜姓	
秘書官（22）	0 / 0	1 / 4.5%	0 / 0	0 / 0	0 / 0	0 / 0	1 / 4.5%	
著作官（12）	1 / 8.3%	0 / 0	0 / 0	2 / 16.7%	0 / 0	0 / 0	7 / 58.3%	

（說明：1.根據「表六」統計，蕭梁以秘書郎起家者共計 22 例，以著作郎、著作佐郎起家者共計 12 例。2.南蘭陵蕭氏包括宗室及宗室遠屬在內。）

　　據諸「表六」統計，蕭梁秘書官員共 60 人、著作官員 22 人。結合「表七」、「表八」之相關數據，試對蕭梁秘書、著作官任職群體的情況分析如下：
　　（1）秘書、著作官員任職群體郡望分佈之情況：綜合「表六」、「表七」可知，在 60 位蕭梁秘書官員中，只有 4 例來自「其它雜姓」，占比約 6.7%，其餘 56 例皆門第可稱，全部出自以琅邪王氏、南蘭陵蕭氏（宗室，包括遠屬）、陳郡謝氏爲代表的僑吳士族，占比高達 93.3%。其中琅邪王氏共 18 人，曾經有過擔任秘書官員的經歷，占比高達 30%；南蘭陵蕭氏因爲係蕭梁宗室的關係，也達到了 11 人，占比 18.3%，以下是陳郡謝氏 4 人，陳郡袁氏、陽翟褚氏、外戚范陽張氏各 3 人，濟陽江氏、吳郡陸氏、吳郡張氏、盧江何氏、陳郡殷氏、濟陽蔡氏、河東柳氏各 2 人，會稽孔氏 1 人。由此我們得出結論認爲，蕭梁時期，秘書官員爲世家大族所壟斷的趨勢十分明顯，出身較低的次等士族或下層寒庶，已經很少有人能夠獲得秘書官員的任職資格了。

再來看著作官員的情況。在 22 例蕭梁著作官員中,來自「其它雜姓」12 例,占比達 54.5%。其餘 10 人分別來自:南蘭陵蕭氏 3 人(13.6%),吳郡陸氏 2 人(9.1%),河東柳氏 2 人(9.1%),河東裴氏 1 人、陳郡謝氏 1 人、會稽虞氏 1 人,各占比 4.5%。從中可以看出,有超過一半的著作官員出自門第不顯的家族,琅邪王氏作為南渡士族的首望,沒有一個人出任著作官員,這與劉宋、蕭齊時期相比,是一個比較明顯的變化。另外,任職的士族中,只有陳郡謝氏、吳郡陸氏可以稱得上真正意義上的僑吳士族,因為其它諸族,如會稽虞氏,在吳姓士族中,排名歷來在「顧陸朱張」之後,即便能夠算作吳姓門閥,那也只是吳地二流士族;至若河東柳氏、河東裴氏,雖為素有盛名的北方門閥,但在南朝社會卻由於「晚渡」的原因,而不免為琅邪王氏等老牌門閥譏為「荒傖」〔註76〕。由此可以斷言:蕭梁時期,一流士族門閥子弟多數不願就任著作官員,在所有任職者當中,超過一半的人員來自於次等士族或是寒庶家庭,這正是著作官員的清望程度明顯下降的一個標誌。

(2)秘書、著作官用作起家官之郡望分佈情況:對蕭梁時期秘書、著作官用作起家官的情況加以分析,有助於我們進一步認識秘書、著作官員的不同發展趨勢。蕭梁一朝,以秘書郎作為起家官者,共 22 例。在僑吳士族中的分佈情況如下:琅邪王氏 8 人,占比 36.4%,陳郡謝氏、陳郡袁氏、外戚范陽

〔註76〕 北方士族南渡,因為有時間先後的關係,而呈現出不同的命運際遇,晚渡者往往被視為「荒傖」,最典型的例子是劉宋時期的杜坦、杜驥兄弟。按,杜氏兄弟本京兆杜陵人氏,高祖杜預,西晉征南將軍,永嘉離亂,坦曾祖耽避難河西,符秦時返還關中。劉裕北征後秦,坦兄弟隨而南下,至元嘉時期,宋文帝對杜坦「任遇甚厚」,歷任後軍將軍、龍驤將軍、青冀二州刺史、南平王劉鑠右將軍司馬諸職。然而,杜坦的仕途並未因宋文帝的「任遇」而變得順暢,原因即在於「晚渡北人,朝廷常以傖荒遇之,雖復人才可施,每為清塗所隔,坦以此慨然。」後來,杜坦借與宋文帝言史之機,話及金日磾,君臣言語之際,宋文帝變色曰:「卿何量朝廷之薄也。」坦曰:「請以臣言之。臣本中華高族,亡曾祖晉氏喪亂,播遷涼土,世業相承,不殞其舊。直以南度不早,便以荒傖賜隔。日磾胡人,身為牧圉,便超入內侍,齒列名賢。聖朝雖復拔才,臣恐未必能也。」宋文帝聞之「默然」。(《宋書》卷六五《杜驥附兄坦傳》,第 1720~1721 頁)再如,王玄謨,太原祁縣王氏,也因為南渡較晚,而被視為「老傖」。(《宋書》卷七六《王玄謨傳》,第 1975 頁)京兆杜氏、太原王氏本皆北方一流高門,卻因為「晚渡」的關係,在劉宋時期被南朝僑吳士族視為「荒傖」,時至齊、梁兩朝,這種情況不僅沒有發生變化,反而呈進一步加劇之勢,河東柳氏、裴氏也都屬於較晚渡江的北方世族,因此在境遇上與杜、王諸氏不會有太大差別。

張氏各 3 人，占比分別爲 13.6%，其它分別爲宗室遠屬蕭氏 2 人（占比 9.1%）、吳郡張氏、陽翟褚氏、東海蕭氏（雜姓）各 1 人（分別占比 4.5%）。

王、謝、袁爲南朝最著名的僑姓士族，素以文化學養傲視群僑，其子弟以秘書郎作爲起家官，在諸姓中最多，正是一個很好的說明。除王、謝、袁諸姓外，其它得此殊榮者，如族陽翟褚氏、吳郡張氏也都是著名的僑吳士族。能夠肯定出自「雜姓」者，也就只有蕭濟一人，正如前面所分析的那樣，蕭濟所出之東海蕭氏，既非齊、梁皇室之遠屬，亦非有名望之僑吳士族，實爲素來默默無聞之次等士族或寒庶。如此一來，在 22 位以秘書郎起家者，有 21人，來自以琅邪王氏、陳郡謝氏爲代表的僑吳士族，占比高達 95.5%。易言之，秘書郎用作起家官，基本爲世家大族（包括皇室、外戚在內）所把持。

再看著作（佐）郎作爲起家官的情況。蕭梁以著作官員起家者，共 12 例，其中有 7 人可以明確爲「其它雜姓」（徐悱，出東海郯；劉孝綽、劉遵、到藎、到仲舉，出彭城；徐敬成，出安陸；陳曇郎，出吳興長城），占比達 58.3%。餘者 5 人，除陸襄出自吳郡陸氏，可以稱得上吳地士族大姓外，其它 4 人，雖然也勉強有門第可言，但至多只能算作二流士族，如蕭幾、蕭引雖云出自宗室遠屬，但他們與蕭梁皇室之關係，較之前述蕭愷、蕭子雲更爲疏遠，因爲此二蕭爲劉宋姻親蕭思話之後人。柳敬禮、柳㬪，河東柳氏本爲北方著姓，但如前所言，作爲晚渡士族，河東柳氏至柳敬禮、柳㬪時，已僑居襄陽二世以上，一向被視爲「晚渡荒傖」。

這也就是說，有 12 例以著作官起家者，只有陸襄一人可以明確爲吳地士族，占比 8.3%，餘者 11 人的家庭出身，實際上都比較低，其中 7 人明確出自門第寒庶之「其它雜姓」，另外 4 人的家庭雖不至淪落到和素爲時人所不恥之恩倖輩爲伍，但普遍門第不顯，也是可以肯定的。由此我們可以斷言，著作官作爲起家官，已經被王、謝等一流僑吳高門所不齒，以之爲起家官者，絕大多數出自次等士族或寒庶家庭，至遲到蕭梁時，著作官已經不再是「清華」之選，根本無法與秘書郎相比。

（3）秘書、著作官獲贈之情況：官員在死後獲得贈官贈諡，並非尋常的皇家賞賜，更是對其生前政治行爲、品德修養的肯定，在很多時候，贈官贈諡還會對死者子孫之仕途具有潛在的影響力，因此獲贈不僅具有至高無上的榮譽性，且與現實政治權益有著不可分割的聯繫。〔註 77〕由於這個緣故，封

〔註 77〕爲避免比較項目過於複雜，本文凡涉及贈官、贈諡、賻贈錢物等情況，均不

建國家對於贈官贈諡，不僅有著較爲複雜的操作程序，同時還有相對嚴格的管控，並不輕易授人。

通檢「表六」所載，在 60 例蕭梁秘書官員中，共有 45 人先後獲得贈官或贈諡（多數情況下同時獲得贈官贈諡），占比高達 75.0%；在 22 例著作官員中，獲贈者共有 7 人，占比 31.8%。兩相比較，秘書官員獲贈的比例，遠遠高於著作官員。其中主要原因，即如前面所分析的那樣，秘書官員之「清華」實非著作官員所能比擬。

除了贈官贈諡之外，我們還注意到，有些人員死後，還另外獲得錢、布、棺、衣、朝服、東園秘器等物質性賻贈，或者「官給喪事」，以及皇帝爲之「發哀」的榮耀（包括陳朝的贈、賻或官給喪事在內）。其中秘書官員 12 例，占比 20.0%，著作官員 3 例，占比 14.3%，秘書官員所佔比例較著作官員略高。在這 15 例獲贈人員中，傅昭籍貫北地靈州、任昉籍貫樂安博昌、杜之偉籍貫吳郡錢唐、蕭濟籍貫東海蘭陵，除此四人籍貫不顯外，其餘 11 人都是出自僑吳顯赫門第，如琅邪王氏、濟陽江氏、吳郡張氏、吳郡陸氏、南蘭陵蕭氏等。這也從某一側面表明，門第仍然是影響一個官員能否獲贈的重要因素之一，因爲絕大多數獲贈的秘書著作官員，仍來自門閥世家（占比 73.3%）。

通過以上對秘書、著作官員任職群體郡望分佈、二者用作起家官的郡望分佈，以及二者獲贈情況的分析，可以較爲清晰地看到，秘書、著作官員在「清望」程度上已經產生了較大區別，尤其是秘書郎與著作（佐）郎在用作起家官之選的道路上，已經較爲突出地呈現出分途而進的態勢，秘書官員愈加「清華」，著作官員雖未「濁化」，但在事實上已經被士族社會所冷落，甚至是不齒了。

秘書、著作官員分途而進的情況，早在蕭齊時期實際已經出現，當時主要表現爲秘書郎與著作（佐）郎在起家之選道路上的分途。當時的一流高門，就已經不願就任著作官，卻願意應秘書郎之選，如吳郡張稷（張永子），「起家著作佐郎，不拜。頻居父母憂，六載廬于墓側。服除，爲驃騎法曹行參軍，遷外兵參軍。」〔註78〕我們注意到，張稷並不願意以著作佐郎起家，正好趕上接連服父母喪，遂成爲他不願就職的藉口，然而等到服喪期滿，張稷卻寧可出任驃騎將軍府的法曹行參軍一類的「濁職」，也不願

限於本朝，亦包括後續之其它王朝所贈。
〔註78〕《梁書》卷一六《張稷傳》，第 270 頁。

意就任著作佐郎。又如琅邪王峻，「起家著作佐郎，不拜，累遷中軍廬陵王法曹行參軍，太子舍人，邵陵王文學，太傅主簿。」〔註79〕王峻寧可出任親王軍府法現曹參軍之職，而不願以著作佐郎為起家官，正表明著作佐郎一職作為起家官，已經為王謝等高門子弟所輕視的事實。又如王泰，「起家為著作郎，不拜，改除秘書郎……高祖霸府建，以泰為驃騎功曹史。天監元年，遷秘書丞。」〔註80〕王泰不願以著作郎起家，而以秘書郎釋褐，更是秘書官員優於著作官員的直接證明。

　　張稷、王峻、王泰的例子，都發生於蕭齊時期，如果放到劉宋時期，則絕對不會出現這種情況，因為彼時著作官與秘書官員一樣，也是世人心目中的「清美」之選。及至蕭梁，著作官世人所輕忽的狀況呈更甚之勢，正如前面所分析的那樣，著作官員任職者的家庭出身均非高門，絕大多數為中下層士族子弟，而以之為起家官者，也是絕大多數來自次等士族或者寒庶；與此同時，秘書官的「清望」程度進一步提升，秘書郎作為起家官，基本被王、謝為代表的高級士族，以及皇親國戚所把持。

　　不僅秘書郎作為起家官，被皇親國戚和一流門閥所壟斷，甚至出現了秘書丞為天下「第一官」的說法。如梁武帝天監初年，吳郡著姓張率遷任秘書丞，「引見玉衡殿。高祖曰：『秘書丞天下清官，東南冑望未有為之者，今以相處，足為卿譽。』其恩遇如此。」〔註81〕梁武帝的話包含兩重含義，一是秘書丞之職，此前東南吳姓士族亦很少有人獲任，因為基本上被王、謝等僑姓大族所把持；二者，秘書丞為天下之「清官」，足以成就張率作為吳姓士族的崇高聲譽。再如，劉孝綽，「出為上虞令，還除秘書丞。高祖謂舍人周捨曰：『第一官當用第一人。』故以孝綽居此職。公事免。尋復除秘書丞。」〔註82〕劉孝綽出自彭城劉氏，門第本來不顯，按照一般慣例，本來沒有資格出任秘書丞這樣的「清官」，但劉氏以其卓越的才華，以及和梁武帝非同尋常的關係，而得以出任該職。要之，張率、劉孝綽之例，均可證秘書官在蕭梁時之為世人所看重，因為就這兩次任職過程來看，任職者得到了梁武帝本人的評點與認可。

〔註79〕《梁書》卷二一《王峻傳》，第320頁。
〔註80〕《梁書》卷二一《王泰傳》，第323～324頁。
〔註81〕《梁書》卷三三《張率傳》，第475頁。
〔註82〕《梁書》卷三三《劉孝綽傳》，第480頁。

（三）蕭梁圖籍編纂整理的關涉機構

最後還要特別說明的是，包括國史修撰、圖籍整理、書目編制等在內的文化事業，雖然有秘書、著作官員專職負責，並且秘書、著作官員也承擔了其中的絕大部分事務，但以它官兼職著作事宜的情況，在蕭梁一朝也始終存在。

蕭梁以它官兼掌著作的情況，史籍記載甚多。尤其在梁武帝天監初年最爲突出，當時的文德省（殿）、壽光省（殿）、華林省實爲蕭梁組織校勘典籍、撰寫圖書、整理文集的最主要場所，此外，「西省」有時也具有這方面的功能，因此我們不妨將它們視爲蕭梁國家圖籍編纂、整理與撰寫的關涉機構。這方面的具體例證頗多，茲錄之如下，以成其說：

（1）王僧孺：「天監初，除臨川王後軍記室參軍，待詔文德省。尋出爲南海太守……有詔徵還……既至，拜中書郎、領著作，復直文德省，撰《中表簿》及《起居注》。遷尚書左丞，領著作如故。」〔註83〕

（2）張率：「天監初，臨川王已下並置友、學。以率爲鄱陽王友，遷司徒謝朏掾，直文德待詔省，敕使抄乙部書，又使撰婦人事二十餘條，勒成百卷，使工書人琅邪王深、吳郡范懷約、褚洵等繕寫，以給後宮。率又爲《待詔賦》奏之，甚見稱賞……其年，遷秘書丞……（天監）七年……俄有敕直壽光省，治丙丁部書抄。」〔註84〕

（3）許懋：「天監初，吏部尚書范雲舉懋參詳五禮，除征西鄱陽王諮議，兼著作郎，待詔文德省。」〔註85〕

（4）到沆：「天監初，遷征虜主簿。高祖初臨天下，收拔賢俊，甚愛其才。東宮建，以爲太子洗馬。時文德殿置學士省，召高才碩學者待詔其中，使校定墳史，詔沆通籍焉。」〔註86〕

（5）丘遲：「高祖踐阼，拜散騎侍郎，俄遷中書侍郎，領吳興邑中正，待詔文德殿。時高祖著《連珠》，詔羣臣繼作者數十人，遲文最美。」〔註87〕

〔註83〕 《梁書》卷三三《王僧孺傳》，第470頁。
〔註84〕 《梁書》卷三三《張率傳》，第475～478頁。
〔註85〕 《梁書》卷四〇《許懋傳》，第575頁。
〔註86〕 《梁書》卷四九《文學上·到沆傳》，第686頁。
〔註87〕 《梁書》卷四九《文學上·丘遲傳》，第687頁。

（6）劉苞：「天監初，以臨川王妃弟故，自征虜主簿仍遷王中軍功曹，累遷尚書庫部侍郎、丹陽尹丞、太子太傅丞、尚書殿中侍郎、南徐州治中，以公事免。久之，爲太子洗馬，掌書記，侍講壽光殿。自高祖即位，引後進文學之士，苞及從兄孝綽、從弟孺、同郡到溉、溉弟洽、從弟沆、吳郡陸倕、張率並以文藻見知，多預讌坐，雖仕進有前後，其賞賜不殊。」〔註88〕

（7）袁峻：「（天監）六年，峻乃擬揚雄《官箴》奏之。高祖嘉焉，賜束帛。除員外散騎侍郎，直文德學士省，抄《史記》、《漢書》各爲二十卷。又奉敕與陸倕各製《新闕銘》，辭多不載。」〔註89〕

（8）庾於陵：「天監初，爲建康獄平，遷尚書功論郎，待詔文德殿。」〔註90〕

（9）周興嗣：「高祖革命⋯⋯拜安成王國侍郎，直華林省。其年，河南獻儛馬，詔興嗣與待詔到沆、張率爲賦，高祖以興嗣爲工。擢員外散騎侍郎，進直文德、壽光省⋯⋯（天監）九年，除新安郡丞，秩滿，復爲員外散騎侍郎，佐撰國史。十二年，遷給事中，撰史如故⋯⋯十七年，復爲給事中，直西省。左衛率周捨奉敕注高祖所製歷代賦，啓興嗣助焉。普通二年，卒。所撰《皇帝實錄》、《皇德記》、《起居注》、《職儀》等百餘卷，文集十卷。」〔註91〕

（10）劉峻：「天監初，召入西省，與學士賀蹤典校秘書。」〔註92〕

（11）何思澄：「除廷尉正。天監十五年，敕太子詹事徐勉舉學士入華林撰《徧略》，勉舉思澄等五人以應選。」〔註93〕

（12）劉杳：「尋佐周捨撰國史。出爲臨津令，有善績，秩滿，縣人三百餘人詣闕請留，敕許焉。杳以疾陳解，還除雲麾晉安王府參軍。詹事徐勉舉杳及顧協等五人入華林撰《徧略》，書成，以本官兼

〔註88〕《梁書》卷四九《文學上・劉苞傳》，第688頁。
〔註89〕《梁書》卷四九《文學上・袁峻傳》，第689頁。
〔註90〕《梁書》卷四九《文學上・庾於陵傳》，第689頁。
〔註91〕《梁書》卷四九《文學上・周興嗣傳》，第697～698頁。
〔註92〕《梁書》卷五〇《文學下・劉峻傳》，第702頁。
〔註93〕《梁書》卷五〇《文學下・何思澄傳》，第714頁。

廷尉正，又以足疾解。」〔註94〕

（13）陸雲公：「（張）纘至都掌選，言之於高祖，召兼尚書儀曹郎，頃之即眞，入直壽光省，以本官知著作郎事。俄除著作郎，累遷中書黃門郎，並掌著作。」〔註95〕

（14）任孝恭：「高祖聞其有才學，召入西省撰史。初爲奉朝請，進直壽光省，爲司文侍郎，俄兼中書通事舍人。勅遣製《建陵寺刹下銘》，又啓撰高祖集《序文》，並富麗，自是專掌公家筆翰。」〔註96〕

上述14人，官職雖然多種多樣，但在文德省（殿）、壽光省（殿）、華林省、「西省」入直，職司撰史、著書、校勘、整理等工作，則是相同。由此可知，梁武帝天監時期的文化事業相對昌明發達，與他成立相關文化機構，大力提倡文教的文化政策，有著直接的關係。

四、陳朝秘書、著作官略述

陳朝職官制度基本承襲蕭梁，且立國時間短促，故而在此附帶簡說一下陳朝秘書著作官的情況。爲便於下文分析，茲徵諸相關史籍，將陳朝秘書、著作官員簡況，表列如下（表九：陳朝秘書、著作官員簡況表。按，表中「秘書官員」一項，附列3例「贈秘書監」）：

表九：陳朝秘書、著作官員簡況表

姓名	籍貫	任職	資料出處	備注
秘書官員				
蔡景歷	濟陽考城	秘書監	陳／16／1／226	兩任此職。贈太常卿，諡敬；581年，重贈中領軍；588年，重贈侍中、中撫軍將軍，諡忠敬，給鼓吹一部，並於墓所立碑
周弘直	汝南安城	秘書監	陳／24／2／310	掌國史
徐儀	東海 郯	秘書郎	陳／26／2／336	徐陵子，《周易》生舉高第爲郎；隋開皇九年，著作郎
江溠	濟陽考城	秘書郎	陳／27／2／347	江總第七子，隋給事郎，直秘書省學士

〔註94〕　《梁書》卷五〇《文學下‧劉杳傳》，第716頁。
〔註95〕　《梁書》卷五〇《文學下‧陸雲公傳》，第724頁。
〔註96〕　《梁書》卷五〇《文學下‧任孝恭傳》，第726頁。

姚察	吳興武康	秘書監領 著作	陳／27／2／350	一次領著作佐郎，六次任領著作郎
傅縡	北地靈州	秘書監	陳／30／2／405	秘書監、右衛將軍，兼中書通事舍 人，掌詔誥
江德藻	濟陽考城	秘書監	陳／34／2／457	秘書監，兼尚書左丞，後以秘書監 兼中書舍人，贈散騎常侍
庾持	潁川鄢陵	秘書監	陳／34／2／458	秘書監，知國史事，贈光祿大夫
蔡凝	濟陽考城	秘書郎	陳／34／2／470	起家
顧野王	吳郡　吳	贈秘書監	陳／30／2／400	581 年詔贈，584 年，又贈右衛將 軍
殷不佞	陳郡長平	贈秘書監	陳／32／2／426	573 年詔贈
褚玠	河南陽翟	贈秘書監	陳／34／2／461	584 年追贈
著作官員（著作郎、著作佐郎、撰史著士、撰史學士）				
虞荔	會稽餘姚	領著作郎	陳／19／2／257	贈侍中，諡德子，喪柩還鄉里，陳 文帝親出臨送
徐陵	東海　郯	領著作郎	陳／26／2／332	贈鎮右將軍、特進，諡章，舉哀， 資給喪事
陸瓊	吳郡　吳	著作郎	陳／30／2／396	贈領軍將軍，官給喪事
陸從典	吳郡　吳	著作佐郎	陳／30／2／398	陸瓊第三子，起家，仕隋又任著作 佐郎
顧野王	吳郡　吳	領著作郎	陳／30／2／399	581 年，贈秘書監；584 年，又贈 右衛將軍
許亨	高陽新城	領著作郎	陳／34／2／459	太中大夫，領大著作，知梁史事
張正見	清河東武城	撰史著士	陳／34／2／470	二任此職
阮卓	陳留尉氏	撰史著士	陳／34／2／472	新安王府記室參軍，帶撰史著士
許善心	高陽新城	撰史學士	隋／58／5／ 1424	起家，許亨子，隋越王楊侗贈左光 祿大夫、高陽縣公，諡文節

　　「表九」所列陳朝秘書官員 9 例、著作官員 9 例、贈秘書監 3 例。在 9
例秘書官員中，濟陽江氏 2 人、濟陽蔡氏 2 人、潁川庾氏、會稽虞氏、北地
傅氏、吳興姚氏、東海徐氏各 1 人；在 8 例著作官員中，吳郡陸氏、高陽許
氏各 2 人、吳郡顧氏、會稽虞氏、東海徐氏、陳留阮氏、清河東武城張氏各 1
人。因此，從陳朝秘書、著作官員的籍貫或郡望的角度進行分析，並無多少
實際意義，因為不像宋、齊、梁三朝一樣，有某種規律性的現象可循。

　　不過，我們同時也注意到，此前三朝頻繁出現的琅邪王氏、陳郡謝氏，在這裏確是一個也見不到了，如果從這個角度來說，唐代詩人劉禹錫所說的「舊時王謝堂前燕」，已經眞正地「飛入尋常百姓家」了。王、謝所以無人，實與「侯景之亂」對南朝世家大族的掃蕩，有直接關係。「侯景之亂」的意義，不僅在於直接摧毀了蕭梁王朝，更在於給本已日薄西山的南朝僑吳士族以最後的致命一擊，在這場空前的浩劫中，以王、謝爲代表的僑吳高門，遭受到了毀滅性的打擊。在依恃南方蠻族「溪洞豪帥」所建立起來的陳朝，像琅邪王氏、陳郡謝氏那樣依靠文化學養立身的世家大族，已經很難找到，因此在涉及圖籍整理、國史編撰、修訂禮樂等文化事業中，在許多時候只能從低等士族或寒庶素士中尋找，這就是陳朝秘書、著作官員中很少能夠看到一流士族人員的根本原因所在。對於陳朝興起所蘊含文化層面上的意義，確如陳寅恪氏所指出的那樣，陳朝的建立，乃是「南朝政治史上的一個大變化的時代，楚子集團的時期結束了，士族的歷史結束了」〔註97〕，士族歷史在陳朝的結束，不僅表現在國家政治權力的構成方面，也體現在包括禮樂修訂、圖籍編纂、史書撰著等文化事業建設的層面。

　　與齊、梁時期不同，陳朝秘書、著作官的人選已無所謂「清」、「濁」的概念，原先一向強調「人門兼美」的秘書官員，在陳朝多數由門第不顯，甚至是門第孤寒之人士擔任。如姚察在有陳一代頻領大著作，並執掌國史修撰、選舉等大任，然而他的籍貫卻是吳興武康，武康姚氏自孫吳以後，歷東晉、宋、齊、梁四朝確實默默無聞，其反覆自稱「東皋賤族」、「家世素士」〔註98〕，應該說是符合實際的。再如，杜之偉，吳郡錢塘人，錢塘杜氏在孫吳、東晉時曾一度以天師道治而著名於吳地，但其在東晉南朝政治與文壇上，卻素無影響，《陳書》本傳說他「家世儒學，以《三禮》專門」，其實不免溢美，杜之偉在陳朝建立後，上表啓求解著作之任，云「臣本庸賤，謬蒙盼識」〔註99〕，也並非全屬自謙之辭。

　　再從秘書、著作官員獲贈的情況來看，陳朝也不似之前的宋、齊、梁三代有規律可循，甚至可以說顛倒了之前的諸般「規律」。在 9 例秘書官員中，

〔註97〕　前揭《陳寅恪魏晉南北朝史講演錄》第十篇《梁陳時期士族的沒落與南方蠻族的興起》，第 213 頁。

〔註98〕　《陳書》卷二七《姚察傳》，第 351、352 頁。

〔註99〕　《陳書》卷三四《文學・杜之偉傳》，第 454～455 頁。

有 3 人獲贈，占比 33.3%；9 例著作官員中，有 5 人獲贈，占比 55.6%，即便後者去掉許善心一例（因爲是隋朝所贈），占比也達到 44.4%。也就是說，在獲得贈官贈諡方面，秘書官員所佔比例，較之著作官員反而低了許多，正好與宋、齊、梁三朝情況相反。需要指出的是，陳朝的這種「反常」情況，並不意味著陳朝著作官員的「清望」程度高於秘書官員，至於造成這一「反常」的原因，則如前面所分析的那樣，乃是因爲文化高門已經被「侯景之亂」掃蕩殆盡。

相較於宋、齊、梁三朝，陳朝秘書、著作官的最大不同，並不是籍貫或郡望方面的差別，也不在於二職獲贈情況與以前相比所呈現出來的背反狀態，而是在於陳朝之秘書、著作官員在職掌修撰著作的同時，往往兼有實際的政治權力，甚至專掌詔誥的草擬。正是由於秘書、著作官員獲得比前朝更大的實際權力，從而影響到後來他們的獲贈比例。

以秘書官員而言，秘書監不僅繼續擁有掌國史的權力，還獲得了職掌詔誥之權。這方面的例證可以找到一些。如周弘直，「天嘉（560～566）中，歷國子博士、廬陵王長史、尚書左丞、領羽林監、中散大夫、秘書監，掌國史。」〔註100〕又如庾持，「光大元年（567），遷秘書監，知國史事。」〔註101〕是周弘直、庾持二人，先後以秘書監的身份，掌國史修撰。秘書監掌詔誥，也可以找到兩例，如蔡景歷，「高祖受禪，遷秘書監，中書通事舍人，掌詔誥……世祖即位，復爲秘書監，舍人如故。」〔註102〕是蔡景歷以秘書監、中書通事舍人之職，負責詔誥撰擬。又如傅緯，「後主即位，遷秘書監、右衛將軍，兼中書通事舍人，掌詔誥。緯爲文典麗，性又敏速，雖軍國大事，下筆輒成，未嘗起草，沉思者亦無以加焉，甚爲後主所重。」〔註103〕是傅緯以秘書監、右衛將軍，兼中書通事舍人的身份，掌詔誥，其所草擬的詔誥，多爲「軍國大事」。

以著作郎而言，陳朝依然俗稱大著作，但全部以它官兼領，負責國史及其它各朝史書的撰寫，如虞荔、徐陵、陸倕、姚察、杜之偉、許亨等人，都曾以他官兼領著作。茲簡錄諸人事蹟如下，以見其實：

〔註100〕《陳書》卷二四《周弘正附弟弘直傳》，第 310 頁。
〔註101〕《陳書》卷三四《文學·庾持傳》，第 458 頁。
〔註102〕《陳書》卷一六《蔡景歷傳》，第 226～227 頁。
〔註103〕《陳書》卷三〇《傅緯傳》，第 405 頁。

（1）虞荔：會稽餘姚人，蕭梁時曾任士林館學士，領大著作。陳朝建立，虞荔應命至都，「高祖崩，文帝嗣位，除太子中庶子，仍侍太子讀書。尋領大著作、東揚‧揚州二州大中正，庶子如故。」〔註104〕是虞荔以太子中庶子之職，兼領著作郎。

（2）徐陵：東海郯人，「高祖受禪，加散騎常侍，左丞如故。天嘉初，除太府卿。四年，遷五兵尚書，領大著作……天康元年，遷吏部尚書，領大著作……」〔註105〕是徐陵分別以五兵尚書、吏部尚書之職，先後兩次領著作郎。

（3）姚察：吳興武康人，「永定初，拜始興王府功曹參軍，尋補嘉德殿學士，轉中衛、儀同始興王府記室參軍。吏部尚書徐陵時領著作，復引爲史佐，及陵讓官致仕等表，竝請察製焉……俄起爲戎昭將軍，知撰梁史事，固辭不免。後主纂業，勅兼東宮通事舍人，將軍、知撰史如故。又勅專知優冊謚議等文筆。至德元年，除中書侍郎，轉太子僕，餘竝如故……尋以忠毅將軍起兼東宮通事舍人……俄勅知著作郎事，服闋，除給事黃門侍郎，領著作……又詔授秘書監，領著作如故，乃累進讓，竝優答不許。察在秘書省大加刪正，又奏撰中書表集。拜散騎常侍，尋授度支尚書，旬月遷吏部尚書，領著作竝如故……陳滅入隋，開皇九年，詔授秘書丞，別勅成梁、陳二代史……」〔註106〕

我們可以對姚察的任職經歷稍加疏理：①姚察初應徐陵之推薦，兼著作佐郎之職，參加史書修撰，其時他的本官爲中衛、始興王府記室參軍→②後來以戎昭將軍的身份，兼知梁史修撰→③陳後主繼位後，以東宮通事舍人、戎昭將軍之職，兼知修史→④中書侍郎、太子僕等職，兼知修史→⑤忠毅將軍兼東宮通事舍人，知著作郎事→⑥給事黃門侍郎，領著作→⑦秘書監，領著作→⑧散騎常侍、度支尚書，領著作→⑨吏部尚書，領著作。由此可見，姚察在陳朝先後 9 次以他官兼領著作（佐）郎之職，除第一次是以兼著作佐郎佐助修史外，餘者 8 次皆是以本官兼著作郎的身份，負責著作事宜。

〔註104〕《陳書》卷一九《虞荔傳》，第 257 頁。
〔註105〕《陳書》卷二六《徐陵傳》，第 332 頁。
〔註106〕《陳書》卷二七《姚察傳》，第 348～352 頁。

（4）陸瓊：吳郡吳人，「轉太子中庶子，領步兵校尉。又領大著作，撰國史……初，瓊父雲公奉梁武帝勅撰《嘉瑞記》，瓊述其旨而續焉，自永定訖于至德，勒成一家之言。遷吏部尚書，著作如故。」〔註107〕是陸瓊先後以太子中庶子、吏部尚書之職，領著作郎。

（5）顧野王：吳郡吳人，「天嘉元年，勅補撰史學士，尋加招遠將軍……後主在東宮，野王兼東宮管記，本官如故。（太建）六年，除太子率更令，尋領大著作，掌國史，知梁史事，兼東宮通事舍人。」〔註108〕是顧野王曾以太子率更令之職，領著作郎，掌國史及梁史修撰。

（6）杜之偉：吳郡錢塘人，「侯景反，之偉逃竄山澤。及高祖爲丞相，素聞其名，召補記室參軍。遷中書侍郎，領大著作。高祖受禪，除鴻臚卿，餘竝如故。之偉啓求解著作，曰：『臣以紹泰元年，忝中書侍郎，掌國史，于今四載。臣本庸賤，謬蒙盼識，思報恩獎，不敢廢官。皇曆惟新，驅馭軒、昊，記言記事，未易其人，著作之材，更宜選眾……』優勅不許。尋轉大匠卿，遷太中大夫，仍勅撰梁史。」〔註109〕是杜之偉於陳高祖時，曾以中書侍郎、鴻臚卿諸職，同時兼領著作郎，並一直負責梁朝歷史的修撰，杜之偉雖上疏請求解除著作郎之兼職，但並未得到陳高祖的許可。後來，杜之偉又遷太中大夫之職，但「仍勅撰梁史」，估計其領著作郎的身份仍得以保持。

（7）許亨：高陽新城人，「高祖受禪，授中散大夫，領羽林監。遷太中大夫，領大著作，知梁史事……初撰《齊書》并《志》五十卷，遇亂失亡。後撰《梁史》，成者五十八卷。梁太清之後所製文筆六卷。」〔註110〕是許亨以太中大夫之職，領著作郎，負責修撰梁朝歷史。

上述 7 人，都是以它官兼領著作。我們注意到，上述兼領著作者的本官中，既有功曹、記室參軍一類的王府侍從職銜，也有東宮通事舍人一類的東宮諸職（同時有將軍號），也有散騎常侍一類散化程度稍高的文職官員，更有掌握

〔註107〕《陳書》卷三〇《陸瓊傳》，第 397 頁。
〔註108〕《陳書》卷三〇《顧野王傳》，第 399～400 頁。
〔註109〕《陳書》卷三四《文學·杜之偉傳》，第 454～455 頁。
〔註110〕《陳書》卷三四《文學·許亨傳》，第 459 頁。

實際權力的度支尚書、黃門侍郎、吏部尚書一類的朝官，其中吏部尚書一職，在南朝更是執掌「大選」的顯要之職。由此可見，與宋、齊、梁諸朝不同，陳朝著作官員絕大多數都有政治上的本職官銜，著作郎反而是其兼領的次要之任。

陳朝著作局官員，除著作郎外，還包括著作佐郎 8 人，其出身門第較之齊、梁時期，進一步下降，這一點主要是通過起家官得以體現。據諸史載，陳朝諸王、諸侯之子，起家官爲給事；三公之子的起家官，則爲員外散騎常侍；秘書郎則爲尚書令、僕射之子的起家官；接下來才是著作佐郎，即「次令僕子起家著作佐郎，亦爲板行參軍」。〔註111〕這也就是說，作爲起家官，秘書郎適用於尚書令、僕之子，而著作佐郎則用作那些地位低於尚書令、僕官員之子的起家之選。因此，有陳一朝，儘管由於「侯景之亂」的掃蕩，造成王、謝爲代表的文化家族的毀滅殆盡，以至於我們很難看到由這些曾經顯赫之極的文化家族人物出任秘書官員，但體現到職官制度的層面上，著作官在與秘書郎在起家之選的分途中，還是呈現出進一步「濁化」的傾向。

此外，在著作官內部似乎也開始有了等級之分。仍據前引《隋志》，「秘書著作佐郎（自注：並四百石。依減秩例。）……品並第七。」〔註112〕自注中所謂「並四百石。依減秩例。」可能意味著著作佐郎已經開始分等，一種是秩四百石七品著作佐郎，另一種是同四百石依減秩例七品佐郎。這種分等極有可能表明，著作官員內部因爲分工不同，所承擔的任務輕重有異，故而重要程度也就不一樣了，因而開始有等級之分。〔註113〕著作官內部分等級的情況表明，隨國家編撰事務的增多，以及著作官制度本身的發展和完善，其職官體系也需要進一步細化，以適應現實的需要。同蕭梁一樣，陳朝亦有著作令史、撰史學士等職。其中撰史學士，又稱「撰史著士」，其官品史書闕如，大概相當於前文所分析的「三品蘊位」或「三品勳位」，乃是不入流品的寒人吏職。徵諸史籍所載，張正見、顧野王、阮卓、許善心等人曾任此職。

〔註111〕據《隋書》卷二六《百官志上》：「陳承梁，皆循其制官……諸王子并諸侯世子，起家給事。三公子起家員外散騎侍郎，令僕子起家秘書郎。若員滿，亦爲板法曹，雖高半階，望終秘書郎下。次令僕子起家著作佐郎，亦爲板行參軍。」（第 741 頁）由此可見，陳朝的職官制度基本因循梁朝，而未加調整。

〔註112〕《隋書》卷二六《百官志上》，第 744～745 頁。

〔註113〕前揭《漢至唐初史官制度的演變》，第 148～149 頁。

建康「中堂」與魏晉南朝政治

　　筆者曾撰《太極殿與魏晉南北朝政治》一文，對太極殿及其東堂、西堂與魏晉南北朝政治的關係進行了較爲詳細的考察，因「中堂」也是頻繁出現於魏晉南朝史籍的一個詞彙，爲釐清它與太極殿、太極東堂、太極西堂之間的關係，所以在這篇文章中也附帶著對「中堂」進行了一些分析。〔註1〕由於所論重點爲太極殿及東、西堂，兼考慮到篇幅等其它因素，因此對於「中堂」的問題，不免所論甚淺。實際上，在魏晉南北朝時期，「中堂」不僅爲六朝都城建康（今江蘇南京）所獨有，而且在建康的軍事防衛史上佔有極其重要的地位，與六朝政治也有著十分密切的聯繫。〔註2〕因此，有必要對六朝都城建康「中堂」進行專文探討。

　　爲比較直觀地瞭解六朝都城建康「中堂」的位置所在，我們先根據楊寬氏《中國古代都城制度史研究》第165頁「圖43」，摹畫出東晉都城建康平面圖：

〔註1〕 李文才撰：《太極殿與魏晉南北朝政治》，載張金龍主編《黎虎教授古稀紀念——中國古代史論叢》，第502～538頁，北京，世界知識出版社，2006。

〔註2〕 學界關於六朝都城建康的城市佈局及軍事防衛等情況所進行的研究，以筆者所見，主要有如下著作：（1）楊寬撰：《中國古代都城制度史研究》，上海，上海古籍出版社，1993。（2）張金龍撰：《魏晉南北朝禁衛武官制度研究》，北京，中華書局，2004。（3）【日】鹽澤裕仁撰：《六朝建康的城市防衛體系試探》，《東南學術》2001年第1期，第46～50頁。其中以張金龍氏的研究最具代表性，氏著從禁衛武官制度的角度入手，對六朝時期由石頭城、東府城及臺城組成的建康城市核心區域的軍事防衛，進行了深入而系統的研究，其中也涉及到「中堂」的問題。

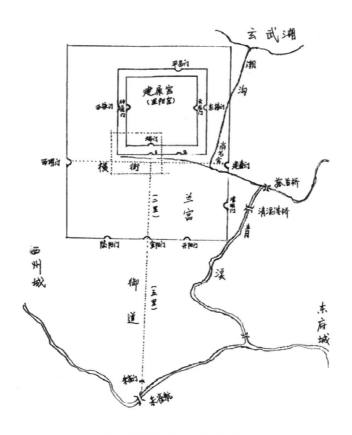

東晉都城建康平面圖

（採自朱偰《金陵古迹圖考》，商務印書館 1936 年出版）

說明：①圖中「1」指大司馬門，「2」指閶闔門（即南掖門）；②圖中虛線方框，爲太初宮遺址；③陵陽門，又名尚方門、廣陽門；宣陽門，又名白門；平昌門，又名冠爵門。爲使畫面清晰可觀，以上諸門的其它稱呼均未標注。④都城（即最外圍大城）周長二十里十九步，每邊約五里；臺城（即內二環）周長八里，每邊二里；最裏面一圈爲宮城，新宮大小三千五百間。

一、「中堂」位置之考辨

關於六朝都城建康「中堂」的位置所在，有三種說法，今依提出時間順序爲次，臚列如下：

（一）第一種說法，在宣陽門內路西，持此說者爲唐人許嵩氏。據許嵩所著《建康實錄》載，陳文帝天嘉六年（564）七月，「甲申，儀賢堂前架無故自壞。」自注云：「案，儀賢堂，吳時造，號爲中堂，在宣陽門內路西，七

間，亦名聽訟堂，每年策孝廉秀才、考學士學業，歲暮習元會儀于此，前在鴻臚寺。西南衛尉府，南宗正寺、太僕寺、大弩署、脂澤庫，更南即太史署、太府寺。東南角逼路宣陽門內過，東即客省右尚方，並在今縣城東一里二百步。玄風觀後隔路儀賢堂，更近北也。」〔註3〕

　　（二）第二種說法，在宣陽門外，持此說者爲元人胡三省氏。據《資治通鑒》卷九三晉明帝太寧二年（324）五月條載：「詔徵（蘇）峻、（劉）遐及徐州刺史王邃、豫州刺史祖約、廣陵太守陶瞻等入衛京師。帝屯于中堂。」胡三省注云：「按蕭子顯《齊書・高帝紀》：桂陽王休範之反，諸貴會議，帝曰：『中堂舊是置兵地，領軍宜屯宣陽門，爲諸軍節度，』則中堂當在宣陽門外。」〔註4〕又同書卷一二〇宋文帝元嘉元年（424）八月「丁酉，王謁初寧陵，還，止中堂。」胡三省注云：「晉孝武以太學在秦淮南，去臺城懸遠，權以中堂爲太學，親釋奠於先聖。則中堂亦在秦淮北，但在臺城之外耳。」〔註5〕據胡三省氏的說法，中堂在建康城以外（亦即宣陽門以南），秦淮河以北，大概在宣陽門與朱雀門之間（二門之間相距5里）。

　　（三）第三種說法，在臺城之內，中堂即太極正殿，持此說者爲張金龍氏。張氏先是根據《晉書》卷一〇《安帝紀》關於安帝隆安五年（401）六月，孫恩兵至丹徒時的軍事部署，指出「中皇堂則是宮城的核心所在，當時不僅皇帝在此，而且『百官入居於省』，亦當躲避於此，這是此次防衛之最緊要處，是重中之重。」又引《晉書》卷六《明帝紀》太寧二年「秋七月壬申朔，（王）敦遣其兄含及錢鳳、周撫、鄧岳等水陸五萬，至于南岸。溫嶠移屯水北，燒朱雀桁，以挫其鋒。帝躬率六軍，出次南皇堂。」推測認爲：「皇堂即指宮城（臺城），有東、西、南、北、中五部，其中中皇堂爲正殿所在，是東晉朝廷的政治中心。」〔註6〕

　　從史料的角度來看，以上三種說法，各有所據，亦各言之成理。然而，答案卻只有一個，哪一種說法才合乎史實呢？

　　我們先來看看第三種說法，即張金龍氏所持「中堂」即是太極正殿的說

〔註3〕【唐】許嵩撰：《建康實錄》卷十九《世祖文皇帝》，第 767 頁，北京，中華書局，1986。

〔註4〕《資治通鑒》卷九三晉明帝太寧二年（324）五月，第 2924 頁。

〔註5〕《資治通鑒》卷一二〇宋文帝元嘉元年（424）八月，第 3771 頁。

〔註6〕前揭《魏晉南北朝禁衛武官制度研究》（上），第 334 頁注二，並參考其正文所論。

法。張氏在其大著中，指出「中皇堂」是六朝都城建康軍事防衛的重中之重，此說甚是。然而，其錯誤之處即在於把「中皇堂」當成了太極正殿。張氏之所以會出現這個疏誤，當在於他把「中堂」與「中皇堂」視爲兩個不同概念，實際上「中堂」、「中皇堂」、「中堂皇」三者是同一個概念。據《晉書・安帝紀》載：隆安五年（401），「六月甲戌，孫恩至丹徒。乙亥，內外戒嚴，百官入居于省。冠軍將軍高素、右衛將軍張崇之守石頭，輔國將軍劉襲柵斷淮口，丹楊尹司馬恢之戍南岸，冠軍將軍桓謙、輔國將軍司馬允之、游擊將軍毛遂備白石，左衛將軍王嘏、領軍將軍孔安國屯中皇堂。」〔註7〕按，此事《資治通鑒》亦有記載，據卷一一二晉安帝隆安五年（401）六月條云：「甲戌，孫恩浮海奄至丹徒，戰士十餘萬，樓船千餘艘，建康震駭。乙亥，內外戒嚴，百官入居省內……左衛將軍王嘏等屯中堂，徵豫州刺史譙王（司馬）尙之入衛京師。」〔註8〕由此可見，《晉書・安帝紀》所載之「中皇堂」，也就是《資治通鑒》所載之「中堂」，此「中堂」與「中皇堂」爲同一地點之明證。「中堂」與「中皇堂」爲同一地點，另有其證，仍據《資治通鑒》載，晉安帝義熙六年（410）五月「乙丑，盧循至淮口，中外戒嚴。琅邪王（司馬）德文都督宮城諸軍事，屯中堂皇，（胡注：堂無四壁曰皇。）劉裕屯石頭，諸將各有屯守。」〔註9〕由胡三省注可知，「堂皇」、「皇堂」均可指「堂」，所謂「中皇堂」、「中堂皇」，都是指「中堂」。

「中堂」除了可以稱爲「中堂皇」或「中皇堂」外，另有史料表明，南朝劉宋時期，「中堂」一度也被叫做「中興堂」。據《宋書・明帝紀》載，「義嘉之亂」時，泰始二年（466）正月，「丙午，車駕親御六師，出頓中興堂。辛亥，驃騎大將軍、南豫州刺史山陽王休祐改爲豫州刺史，統衆軍西討。」〔註10〕此事《資治通鑒》亦有記載，據卷一三一宋明帝泰始二年正月條云：「丙午，上親總兵，出頓中堂。辛亥，以山陽王休祐爲豫州刺史，督輔國將軍彭城劉勔、寧朔將軍廣陵呂安國等諸軍西討殷琰。」〔註11〕由此可證，《宋書・明帝紀》所說「中興堂」，即《資治通鑒》所說的「中堂」。

那麼，張金龍氏所云「中皇堂即正殿所在」的說法，爲什麼不準確呢？

〔註 7〕《晉書》卷一○《安帝紀》，第 254 頁。
〔註 8〕《資治通鑒》卷一一二晉安帝隆安五年（401）六月，第 3524 頁。
〔註 9〕《資治通鑒》卷一一五晉安帝義熙六年（410）五月，第 3633 頁。
〔註 10〕《宋書》卷八《明帝紀》，第 156 頁。
〔註 11〕《資治通鑒》卷一三一宋明帝泰始二年（466）正月，第 4101 頁。

我們先舉前揭《資治通鑑》所載宋文帝止「中堂」一事以證。元嘉元年（424）八月，「丁酉，王謁初寧陵，還，止中堂。百官奉璽綬，王辭讓數四，乃受之，即皇帝位于中堂。備法駕入宮，御太極前殿，大赦，改元，文武賜位二等。」〔註12〕從這段記載可以清楚地看到，宋文帝劉義隆即位的地點是「中堂」，在「中堂」完成即位典禮以後，再備法駕回到宮中，「御太極前殿」，並在太極前殿宣佈大赦、改元及賞賜文武百官等命令。顯然，如果「中堂」即是正殿（太極前殿）的話，那麼，《資治通鑑》的這段記載就無法理解。

例證之二，《南齊書·劉祥傳》有這樣一個記載：「（劉祥）於朝士多所貶忽。王奐爲僕射，祥與奐子融同載，行至中堂，見路人驅驢，祥曰：『驢！汝好爲之，如汝人才，皆已令僕。』」〔註13〕劉祥與王融同車而行，在行至「中堂」時，看到有人驅驢而過，遂大發感慨。試想，如果「中堂」就是百官朝會的太極正殿，怎麼可能允許「路人驅驢」而過呢？

例證之三，劉宋蒼梧王（按，即後廢帝劉昱，被廢殺後追封爲蒼梧郡王）元徽二年（474）五月，桂陽王劉休範舉兵向闕，蕭道成、褚淵、劉勔、劉秉、張永等諸貴與戴明寶、阮佃夫、楊運長、孫千齡等恩倖，於中書省集議，蕭道成提議：「……我請頓新亭以當其鋒；征北（按，指張永）可以見甲守白下；中堂舊是置兵地，領軍（按，指劉勔）宜屯宣陽門爲諸軍節度；諸貴安坐殿中，右軍諸人不須競出，我自前驅，破賊必矣。」〔註14〕由蕭道成「中堂舊是置兵地」一語，可知：南齊以前東晉、劉宋時期，「中堂」均爲軍隊駐紮地點之一，而諸史所記載六朝之「中堂」，絕大多數情況下又都和「屯兵」、防衛等軍事行動有關。因此，如果說在太極殿（正殿）可以駐紮很多兵馬，實在難以理解，因爲無論從空間的容納性，還是出於保衛君主的安全來說，太極正殿都不應該是屯兵地點，更不可能駐紮太多的軍隊。

由此，我們斷定：張金龍氏「中堂」即是太極正殿的說法，不能成立。

接下來，我們再看第二種說法，即胡三省「中堂在宣陽門外」的說法。徵諸史載，晉安帝元興元年（402）三月，桓玄回兵進攻建康，「玄至新亭，（司馬）元顯棄船，退入國子堂，列陳宣陽門前。元顯欲挾（司馬）德宗出戰，而軍中相驚，言玄已至南桁，乃回軍赴宮。既至中堂，一時崩散。元顯奔東

〔註12〕 《資治通鑑》卷一二〇宋文帝元嘉元年（424）八月，第3771頁。
〔註13〕 《南齊書》卷三六《劉祥傳》，第639～640頁。
〔註14〕 《南齊書》卷一《高帝紀上》，第7頁。

府，惟張法順一騎隨之。」〔註15〕

　　據此我們知道如下事實：桓玄兵至新亭時，司馬元顯棄船上岸，退入國子堂，並在宣陽門的前面（即宣陽門的南面）擺陣準備戰鬥，這表明「國子堂」只能在宣陽門的後面（北面），因爲只有這樣擺陣禦敵，才有意義；但就在司馬元顯擺好陣勢不久，軍中驚亂，傳言桓玄已進至「南桁」即朱雀桁（航），於是司馬元顯挾晉安帝回師建康宮（在橫街以北臺城），但行至「中堂」的時候，軍隊潰散，於是司馬元顯獨自逃往「東府城」。對照上面所揭示意圖，可知：「中堂」當在建康城內，宣陽門以北，大司馬門以南（此二門之間相距 2 里），否則就無法解釋司馬元顯的行動線路。當然，這僅僅是我們根據史籍所載信息進行空間上的分析，以下再稽諸相關史料作進一步申說。

　　就史籍所透露的信息來看，六朝「中堂」與京師禁衛、護衛君主的軍事行動，關係十分密切。東晉、宋、齊時期，但凡京師建康面臨軍事危機，或是發生政變，均要在「中堂」屯兵，所以如此，乃是由於「中堂」爲護衛臺城（即君主所居之建康宮所在地〔註16〕），保證君主安全的最後一道屏障，處於京師禁衛的最重要部分，是符合歷史實情的。那麼，「中堂」應該處在什麼樣的位置，才能夠充分發揮其禁衛功能呢？

　　如前所論，「中堂」不可能處於「臺城」之內，因爲臺城並不適宜於駐紮較多的軍隊。「中堂」如果像胡三省所說的「在宣陽門外」，則已經出了建康外城，又距離臺城太遠，也不能正常發揮其護衛功能。試舉一例以分析，據《晉書‧司馬恬傳》云：「少拜散騎侍郎，累遷散騎常侍、黃門郎、御史中丞。值海西廢，簡文帝登阼，未解嚴，大司馬桓溫屯中堂，吹警角，恬奏劾溫大不敬，請科罪。」〔註17〕這是寫桓溫廢黜海西公，立簡文帝一事。簡文帝登基時，並未解除戒嚴狀態，而這時駐紮於中堂的軍隊中卻吹響「警角」，結果領兵的大司馬桓溫遭到時任御史中丞的宗室人物司馬恬所彈劾。這表明：中堂屯兵的「警角」聲，是能夠被正在太極殿活動的君臣所聽見，由此可知，

〔註15〕《魏書》卷九七《島夷桓玄傳》，第 2121 頁。

〔註16〕「臺城」所指，據前揭楊寬氏《中國古代都城制度史研究》云：東晉建康城「南面三門，正中仍稱宣陽門，東側爲開陽門，西側爲陵陽門，東面有清明、建春二門，西面爲西明門，從西明門到建春門之間建有東西向橫街，街北爲宮城，亦稱臺城或苑城；街南爲中央重要官署。」（第163頁）在本文所摹畫之示意圖中，臺城即內二環之所在。

〔註17〕《晉書》卷三七《宗室‧敬王（司馬）恬傳》，第 1107 頁。

中堂離太極殿必定不會太過遙遠；因爲如果中堂是在宣陽門外，則已經出了建康外城，「警角」聲恐怕就無法聽見，因爲距離太遠。再據《宋書・蔡興宗傳》載：「初，（王）玄謨舊部曲猶有三千人，廢帝頗疑之，徹配監者。玄謨太息深怨，啓留五百人嚴山營墓，事猶未畢，少帝欲獵，又悉喚還城。嚴（山）兵在中堂，興宗勸以此衆舉事……」〔註18〕，嚴山營墓的五百士兵，被少帝「悉喚還城。嚴兵在中堂」，更是表明「中堂」當在建康「城」內，而不能在宣陽門外，因爲從圖中可以明確看出，出了宣陽門，實際是就已經出了建康城，怎麼還說「悉喚還城」？

由以上分析可知，胡三省氏「中堂在宣陽門外」的說法，也不能成立。

既然第二、三兩個說法都不正確，那麼剩下的只有第一種說法，即許嵩氏的「宣陽門內路西」說。綜合各種因素考慮，我認爲許嵩的說法合乎實情。許嵩所說的「宣陽門內路西」的「路」，當指從臺城的大司馬門到建康城的宣陽門之間的「御道」，這條「御道」長2華里，也就是大司馬門與宣陽門之間的距離。「中堂」就位於這條「御道」的西側某處。何以言之？

首先從地理位置與交通條件來看，在此駐紮軍隊，能夠充分發揮其禁衛功能，一旦臺城有險，從這裏出發，可以在最短時間趕到事發現場，有效保證國家政治中心──臺城的安全；從空間可能性來看，從大司馬門以南（亦即橫街以南），到宣陽門以北相距2華里，這是建康城的南半部分，也是中央重要官署所在地，表明這裏有足夠的空間，能夠滿足駐軍的需要。結合許嵩所說中堂「在宣陽門路西」、「東南角逼路宣陽門內過」，我們可以將「中堂」的位置進一步明確：即「中堂」在宣陽門與大司馬門之間的「御道」西側偏南部分，「中堂」的東南角已然逼近於宣陽門。

再結合宮城防衛的需要來看，也可證許嵩的說法最符合實際。根據張金龍氏的研究，左、右衛將軍爲負責宮城內禁衛的禁衛長官，在宮殿當值宿衛，在東晉末年更是處於最機要的位置，「東晉一朝絕大部分時間，左衛營位於宮城東南。」〔註19〕結合上圖可知，左衛營「位於宮城東南」，當在大司馬門與宣陽門之間的「御道」東側某處。考慮到左衛營的禁衛職能，既然左衛營在「御道」東側的事實成立，那麼很有可能「中堂」就與「左衛營」隔路相對，這二者在地理位置上的聯繫十分密切，一旦「中堂」發生緊急情況，左衛營

〔註18〕 《宋書》卷五七《蔡廓附子興宗傳》，第1580～1581頁。
〔註19〕 前揭《魏晉南北朝禁衛武官制度研究》（上），第319頁。

可以在最短時間趕到現場，提供軍事上的支持；又據前揭《建康實錄》所提供的信息，中堂的西南面是「衛尉府」，而「衛尉」除兩晉以外，在南朝的宋、齊、梁、陳時期，均行使禁衛軍權，且與左、右衛將軍關係密切，一般情況下由左、右衛將軍兼任。〔註20〕可見一旦「中堂」有警，衛尉府也可以提供軍事支持。再加上，衛尉一般情況下又由左、右衛（營）將軍兼任，因此一旦「中堂」出現緊急情況，就可以同時調動這兩處的軍隊。可以說，正是由於「中堂」與衛尉、左（右）衛營在地理位置構成上的這種形勢，從而就使得「中堂舊是置兵地」，成為南朝人所共知的說法。

綜上所述，六朝都城建康「中堂」的位置，當在宣陽門與大司馬門之間的「御道」西側偏南部分，「中堂」的東南角已然毗鄰宣陽門。從地理位置而言，「中堂」與六朝時期的朝會正殿太極殿及太極東、西堂並無關係。

二、「中堂」與建康之軍事防衛

「中堂」與魏晉南朝政治生活的密切關係，最主要的就是體現在屯兵防衛、禁衛臺城方面，特別是在政變頻發的東晉、宋、齊三朝，「中堂」更是軍事爭奪的中心。據筆者粗略統計，僅東晉、宋、齊三朝，圍繞政變或其它軍事行動而「屯兵」或「出次」中堂者，至少有 11 次之多。以下先條列這 11 次「屯兵」或「出次」中堂之事件，然後再對東晉明帝太寧二年（324）六月、劉宋後廢帝元徽二年（474）五月這兩次軍事行動進行個案式解剖，具體分析「中堂」與建康軍事防衛的關係。

（一）魏晉南朝屯兵「中堂」之實例

（1）東晉明帝太寧二年（324）六月，王敦舉兵向闕，「丁卯，加司徒王導大都督、假節，領揚州刺史，以丹楊尹溫嶠爲中壘將軍，與右將軍卞敦守石頭，以光祿勳應詹爲護軍將軍、假節、督朱雀橋南諸軍事，以尚書令郗鑒行衛將軍、都督從駕諸軍事，以中書監庾亮領左衛將軍，以尚書卞壼行中軍將軍。徵平北將軍、徐州刺史王邃，平西將軍、豫州刺史祖約，北中郎將、兗州刺史劉遐，奮武將軍、臨淮太守蘇峻，奮威將軍、廣陵太守陶瞻等還衛京師。帝次於中堂。」〔註21〕這是王敦之亂發生以後，東晉朝廷京師進行軍

<hr>

〔註20〕前揭《魏晉南北朝禁衛武官制度研究》（下），第 472 頁，並詳參氏著第十二、十三、十四、十五章的相關論述。

〔註21〕《晉書》卷六《明帝紀》，第 161 頁。

事佈防，晉明帝司馬紹本人出次於「中堂」。

（2）晉穆帝永和十年（354）五月，「江西乞活郭敞等執陳留內史劉仕而叛，京師震駭，以吏部尚書周閔爲中軍將軍，屯于中堂，豫州刺史謝尙自歷陽還衛京師。」〔註22〕這是江西乞活叛亂發生後，「京師震駭」，命吏部尚書周閔爲中軍將軍，在「中堂」屯衛。

（3）晉簡文帝咸安元年（371）十一月，「己酉，（司馬昱）即皇帝位。桓溫出次中堂，令（案，據宋本，「令」當爲「分」）兵屯衛。乙卯，溫奏廢太宰、武陵王（司馬）晞及子綜。詔魏郡太守毛安之帥所領宿衛殿內，改元爲咸安。」〔註23〕這是桓溫廢黜海西公司馬奕，改立簡文帝司馬昱時，爲從軍事上確保政變能順利進行，親自坐鎮「中堂」。

（4）晉安帝隆安二年（398）八月，桓玄等人起兵反叛，大敗王師於白石，「九月辛卯，加太傅、會稽王（司馬）道子黃鉞。遣征虜將軍會稽王世子（司馬）元顯、前將軍王珣、右將軍謝琰討桓玄等。己亥，破庾楷于牛渚。丙午，會稽王道子屯中堂，元顯守石頭。己酉，前將軍王珣守北郊，右將軍謝琰備宣陽門。」〔註24〕這是桓玄之亂發生後，朝廷在京師進行軍事佈防，執政者司馬道子親自領兵駐屯於「中堂」。

（5）晉安帝隆安五年（401）六月，「甲戌，孫恩至丹徒。乙亥，內外戒嚴，百官入居于省。冠軍將軍高素、右衛將軍張崇之守石頭，輔國將軍劉襲柵斷淮口，丹楊尹司馬恢之戍南岸，冠軍將軍桓謙、輔國將軍司馬允之、游擊將軍毛邃備白石，左衛將軍王嘏、領軍將軍孔安國屯中皇堂。」〔註25〕這是孫恩之亂時，孫恩攻佔丹徒以後，東晉朝廷在建康進行軍事佈防，以左衛將軍王嘏、領軍將軍孔安國二人領重兵防守「中堂」。

（6）晉安帝義熙六年（410）正月，廣州刺史盧循起兵反叛，五月，「乙丑，循至淮口，內外戒嚴。大司馬、琅邪王（司馬）德文都督宮城諸軍事，

〔註22〕《晉書》卷八《穆帝紀》，第 200 頁。按，據同卷校勘記〔一八〕載，《姚襄載記》「郭敞」作「郭敷」。又《姚襄載記》及《冊府元龜》卷四四〇皆云劉仕爲堂邑內史，疑「陳留內史」當作「堂邑內史」，晉堂邑郡治所在今江蘇六合境內，離建康較近，故「京師震駭」。（第 217 頁）又，此事《資治通鑑》卷九九晉穆帝永和十年五月載，郭敞等執劉仕降於姚襄。（第 3141 頁）綜合諸史所載，校勘記所云是也。

〔註23〕《晉書》卷九《簡文帝紀》，第 220 頁。

〔註24〕《晉書》卷一〇《安帝紀》，第 251 頁。

〔註25〕《晉書》卷一〇《安帝紀》，第 254 頁。

次中皇堂，太尉劉裕次石頭，梁王（司馬）珍之屯南掖門，冠軍將軍劉敬宣屯北郊，輔國將軍孟懷玉屯南岸，建武將軍王仲德屯越城，廣武將軍劉懷默屯建陽門，淮口築柤浦、藥園、廷尉三壘以距之。」〔註26〕這是盧循之亂時，盧循兵至秦淮河口時，東晉朝廷進行軍事佈防，以宗室、大司馬・琅邪王司馬德文爲「都督宮城諸軍事」，領兵防衛「中堂」。

（7）宋文帝元嘉三十年（453）二月，劉劭弒父宋文帝，「遣人於崇禮闥殺吏部尚書江湛。太祖左細杖主卜天與攻劭於東堂，見殺。又使人從東閤入殺潘淑妃，又殺太祖親信左右數十人。急召始興王（劉）濬，率眾屯中堂。又召太尉江夏王義恭、尚書令何尚之。」〔註27〕這是劉劭弒父、發動政變後，爲確保自身安全及京師防衛，急召尚在西州城的始興王劉濬，令其立即領兵控制「中堂」。〔註28〕

（8）劉宋前廢帝劉子業末年「兇暴」，殺沈慶之等重臣以後，又欲殺王玄謨等，蔡興宗等人遂因此謀劃廢黜劉子業。據諸史載：

> 時領軍王玄謨大將有威名，邑里訛言云已見誅，市道喧擾。玄
> 謨典簽包法榮者，家在東陽，（蔡）興宗故郡民也，爲玄謨所信，見

〔註26〕《晉書》卷一〇《安帝紀》，第 261～262 頁。
〔註27〕《宋書》卷九九《二凶傳》，第 2427 頁。
〔註28〕據《宋書》卷九九《二凶傳・（始興王）劉濬傳》：「劭入弒之旦，濬在西州，府舍人朱法瑜奔告濬曰：『臺內叫喚，宮門皆閉，道上傳太子反，未測禍變所至。』濬陽驚曰：『今當奈何？』法瑜勸入據石頭。濬未得劭信，不知事之濟不，騷擾未知所爲。將軍王慶曰：『今宮內有變，未知主上安危，預在臣子，當投袂赴難。憑城自守，非臣節也。』濬不聽，乃從南門出，徑向石頭，文武從者千餘人。時南平王鑠守石頭，兵士亦千餘人。俄而劭遣張超之馳馬召濬，濬屏人問狀，即戎服乘馬而去。朱法瑜固止濬，濬不從。出至中門，王慶又諫曰：『太子反逆，天下怨憤。明公但當堅閉城門，坐食積粟，不過三日，凶黨自離。公情事如此，今豈宜去。』濬曰：『皇太子令，敢有復言者斬！』既入，見劭，勸殺荀赤松等。」（第 2437～2438 頁）可證，劉劭弒父政變發生，劉濬時在西州城，由於西州城與政變發生地臺城之間尚有相當一段距離，故傳召者與應召者，均需「馳馬」才能及時趕到。又，結合正文所列「東晉都城建康平面圖」可知劉濬所至之「中門」，當指建康城南面正門——宣陽門，而王慶勸諫「明公但當堅閉城門」云云，則是希望劉濬堅守住宣陽門，只要能夠堅守三天，則劉劭的「凶黨」必定會潰敗。何以王慶會有堅守住宣陽門，就會取得最後勝利的認識呢？原因無他，即在於宣陽門與「中堂」密邇相連，而「中堂」一直都是京師防衛的最後堡壘，這裏屯聚著左（右）營和衛尉府兩支精銳的京師禁衛部隊。而這也正是劉劭在發動政變、弒殺父皇以後，要緊急召見劉濬、令其屯衛「中堂」的原因所在。

使至，興宗因謂曰：「領軍殊當憂懼。」法榮曰：「領軍比日殆不復
食，夜亦不眠，常言收已在門，不保俄頃。」興宗曰：「領軍憂懼，
當爲方略，那得坐待禍至。」初，玄謨舊部曲猶有三千人，廢帝頗
疑之，徹配監者。玄謨太息深怨，啓留五百人巖山營墓，事猶未畢，
少帝欲獵，又悉喚還城。巖兵在中堂，興宗勸以此眾舉事，曰：「當
今以領軍威名，率此爲朝廷唱始，事便立剋。領軍雖復失腳，自可
乘輦處分。禍殆不測，勿失事機。君還，可白領軍如此。」玄謨遣
法榮報曰：「此亦未易可行，期當不泄君言。」〔註29〕

蔡興宗之所以要策動王玄謨率留守「中堂」的五百巖山墓兵發動政變，並且
認爲如此則肯定可以一舉成功，就是因爲「中堂」既是建康城的最後一道防
線，也是最關鍵的一道防衛堡壘，一旦控制住「中堂」，政變也就宣告大功
告成。而當時駐紮於「中堂」的五百巖山墓兵，乃是王玄謨的「舊部曲」，
王玄謨有足夠的軍事能力掌握這支部隊。因此，如果王玄謨能夠振臂一呼，
得地利之便的「舊部曲」五百巖山墓兵，就可以在最短的時間內控制住「中
堂」。

（9）宋明帝泰始二年（466）正月，「丙午，車駕親御六師，出頓中興堂。
辛亥，驃騎大將軍、南豫州刺史山陽王休祐改爲豫州刺史，統眾軍西討……
鎮東將軍巴陵王休若統眾軍東討。」〔註30〕中興堂，即中堂，這一點前已有
論。宋明帝即位初期，劉宋王朝發生了被稱爲「義嘉之亂」的最高統治集團
內部政爭，時擁護尋陽王劉子勛的勢力超過宋明帝劉彧的擁戴者，正是在形
勢危急的情況下，宋明帝劉彧親自統兵駐屯於「中堂」，其用意一是爲了鼓舞
士氣，再一個就是爲了確保對「中堂」的控制權。

（10）劉宋後廢帝元徽二年（474）五月，宗室桂陽王劉休範舉兵向闕，
蕭道成與諸貴部署京師防衛，略云：「太祖與護軍褚淵、征北張永、領軍劉勔、
僕射劉秉、游擊將軍戴明寶、驃騎將軍阮佃夫、右軍將軍王道隆、中書舍人
孫千齡、員外郎楊運長集中書省計議，莫有言者。太祖曰：『昔上流謀逆，皆

〔註29〕 《宋書》卷五七《蔡廓附子興宗傳》，第 1580～1581 頁。
〔註30〕 《宋書》卷八《明帝紀》，第 156 頁。此事《資治通鑑》卷一三一宋明帝泰始
　　　　二年正月亦有載，云：「丙午，上親總兵，出頓中堂。辛亥，以山陽王休祐爲
　　　　豫州刺史，督輔國將軍彭城劉勔、寧朔將軍廣陵呂安國等諸軍西討殷琰。巴
　　　　陵王休若督建威將軍吳興沈懷明、尚書張永、輔國將軍蕭道成等諸軍東討孔
　　　　覬。」（第 4101～4102 頁）

因淹緩，至於覆敗。休範必遠懲前失，輕兵急下，乘我無備。今應變之術，不宜念遠，若偏師失律，則大沮眾心。宜頓新亭、白下，堅守宮掖、東府、石頭以待。賊千里孤軍，後無委積，求戰不得，自然瓦解。我請頓新亭以當其鋒；征北可以見甲守白下；中堂舊是置兵地，領軍宜屯宣陽門為諸軍節度；諸貴安坐殿中，右軍諸人不須競出，我自前驅，破賊必矣。』因索筆下議，竝注同。」〔註31〕

　　在蕭道成所部署的京師防衛計劃中，負責「中堂」防守任務的是領軍將軍劉勔所率領的禁衛軍，他的任務主要是屯兵宣陽門，節度策應其它諸路兵馬，「中堂」在軍事防衛體系中的核心樞紐地位由此可見。而據《宋書》卷九《後廢帝紀》的記載，後來由於東府城守軍撫軍長史褚澄開門納叛〔註32〕，叛軍在白下、石頭擊潰張永、沈懷明等軍後，繞過朱雀航，一度攻入「中堂」，並造成了宮省的恐慌。後來，由於劉休範被張敬兒襲殺，叛軍群龍無首，陳顯達乘機在「中堂」一帶大破叛軍，才扭轉了戰局，隨後張敬兒等人又在宣陽門等地接連擊敗叛軍，收復東府城，這才把叛軍徹底打敗。（關於此次軍事以下有詳細討論）

　　（11）南齊東昏侯永元元年（499）十一月，陳顯達因功高震主，不堪東昏侯蕭寶卷的猜忌而起兵於尋陽，並迅速攻到京師建康附近，朝廷進行軍事佈防，「加（崔）慧景平南將軍，都督眾軍事，屯中堂。」〔註33〕時崔慧景任護軍將軍，加侍中，為十分重要的禁衛武官之職，由他承擔「中堂」的防禦指揮，自是上選。不過，由於崔慧景本人當時也遭到了東昏侯的猜忌，而受輔國將軍徐世標等人的掣肘，並未能獲得實際的軍事指揮權，結果徐世標等人的指揮造成了京師防衛初期的被動局面。〔註34〕

〔註31〕《南齊書》卷一《高帝紀上》，第 7 頁。
〔註32〕按，《宋書・後廢帝紀》、《南齊書・高帝紀》言開東府門納叛者，為撫軍典籤茅恬，均誤。據《資治通鑑》卷一三三宋明帝元徽二年（474）五月甲午條云：「撫軍長史褚澄開東府門，納南軍」，胡三省注云：「《考異》曰：《宋書》作『撫軍典籤茅恬開東府納賊』，《南齊書》作『車騎典籤茅恬』，蓋皆為褚澄諱耳。今從《宋略》。」（第 4181 頁），按，《通鑑考異》及胡三省之說，是也。褚澄為褚淵弟，褚淵在宋、齊均位高權重，故史臣修宋、齊史，為其避諱也，其時開東府城納叛者，當為褚澄無疑。
〔註33〕《南齊書》卷五一《崔慧景傳》，第 874 頁。
〔註34〕據《南齊書》卷五一《崔慧景傳》：「時輔國將軍徐世標專勢號令，慧景備員而已。」（第 874 頁）

（二）「中堂」為建康軍事部署之樞紐——以 324、474 年之軍事行動為個案

1. 王敦之亂，進攻建康之役

東晉明帝太寧二年（324）六月，王敦上表奏請以溫嶠爲丹陽尹，以此覘伺朝廷。溫嶠至建康後，向晉明帝陳述王敦密謀，晉明帝遂召庾亮等人，謀劃討伐王敦事宜，並進行軍事部署。以下依《資治通鑒》卷九三晉明帝太寧二年六月敘事爲次，結合前文所揭示之「東晉都城建康平面圖」，對此次戰役中雙方的軍事部署，及行動路線略加說明，並進一步分析「中堂」的位置及其作用。

六月丁卯（二十七，按，據陳垣《二十史朔閏表》，太寧二年六月辛丑朔，丁卯爲二十七日），晉明帝主持軍事部署，爲此對人事安排進行調整，具體情況如下：

（1）加司徒王導大都督、領揚州刺史。對王導職務所進行的調整，實爲明升暗降，王導並無領兵權，這主要是因爲王導和王敦同出琅邪王氏，且親未出五服，關係特殊。

（2）丹陽尹溫嶠，「都督東安北部諸軍事」。據胡三省注云：「以下文應詹都督橋南諸軍觀之，則東安北部謂秦淮水北諸軍也。」（《資治通鑒》卷九三，第 2924 頁）這條信息很重要，爲《晉書》帝紀所未載，這表明凡秦淮河以北（即示意圖中朱雀航所在之東西方向河流）之軍隊，均在溫嶠都督之下，溫嶠有權對其指揮調動。

（3）右將軍卞敦，出任鎮南將軍、假節。卞敦出任此職，旨在配合溫嶠，共同負責石頭城的防衛。

（4）應詹爲護軍將軍、都督前鋒及朱雀橋南諸軍事。應詹所統軍隊，相當於主動迎戰之前鋒部隊，結合示意圖及其時軍事形勢分析，應詹所部當駐紮在朱雀航附近。

（5）郗鑒出任「行衛將軍、都督從駕諸軍事」。郗鑒此職，主要負責晉明帝的近身安全保衛工作。晉明帝聽從郗鑒提議，發詔徵劉遐、蘇峻、王邃、祖約、陶瞻等外藩入衛京師以後，隨即出「屯于中堂」。

（6）庾亮領左衛將軍、卞敦行中軍將軍。卞敦由此前的鎮南將軍、假節，轉爲「行中軍將軍」，和庾亮出任「領左衛將軍」，從史

料所載很難看出有什麼具體作戰任務及駐防地點，估計應該是根據
形勢需要，充當預備隊，或假以名號隨機策應，以壯軍威的一種策
略。〔註35〕

以上就是東晉朝廷面對王敦之亂時，在京師建康所進行的軍事防衛部署。對
於這個軍事安排，郗鑒提出了補充意見，作為一個富於軍事鬥爭經驗和軍事
指揮才能的老資格流民帥，郗鑒深知其時建康的軍事狀況，他十分清楚以建
康現有的的禁衛軍武力，並不足以抵禦王敦叛軍的攻勢，故而他在朝廷作軍
事佈防的同時，向晉明帝提議緊急徵調臨淮太守蘇峻、兗州刺史劉遐等人
（按，蘇、劉等人所率實亦流民武裝）火速入京增援。對於郗鑒的這個提議，
胡三省給予了充分肯定，云：「夫理順者難恃，勢弱則不支。以（王）敦、（錢）
鳳同惡相濟，率大眾以犯闕，雖諸公忠赤，若只以臺中見兵拒之，是復周、
戴石頭之事，微郗鑒建請而召劉遐、蘇峻，殆矣！」〔註36〕聯繫後來戰爭進
程的情況，可知胡三省的這個判斷是準確的，如果沒有上述外藩武力的及時
馳援，則建康肯定無法保全。

　　結合對戰爭進程的具體剖析，可以明瞭「中堂」之位置及其重要作用。

　　七月壬申朔（初一），戰鬥正式打響。王含等率領叛軍五萬餘人水陸並進，
奄至江寧南岸，據胡三省注云：「武帝太康二年，分秣陵立臨江縣，二年，更
名江寧。南岸，即秦淮南岸也。」〔註37〕結合示意圖可知，王含等叛軍進至
秦淮河南岸，下一步行動計劃應當是通過朱雀航，打通朱雀門，然後沿御道
向北，直接攻擊宣陽門，進而攻佔其背後之「中堂」。叛軍進至秦淮河南岸的
消息傳來，建康城內人情震動，因為大家心中明白，一旦朱雀航失守，叛軍
可能很快就兵臨宣陽門了。

　　就在城內人心浮動的時刻，「都督東安北部諸軍事」溫嶠出於穩定人心之
考慮，遂移師向前，進駐秦淮河北岸，加強朱雀航的守衛力量。同時，溫嶠
還下令燒毀朱雀航（朱雀桁），斷絕叛軍渡橋而進的念想，暫時遲滯叛軍的前
進速度，史言「溫嶠移屯水北，燒朱雀桁以挫其鋒，（王）含等不得渡」，表
明溫嶠燒橋的做法，是可取的。因為當時劉遐、蘇峻等外藩援兵尚未趕到，

〔註35〕據《資治通鑒》卷九三晉明帝太寧二年（324）六月丁卯條云：「郗鑒以為軍
　　　　號無益事實，固辭不受」（第2924頁），從郗鑒的認識及其反應來看，庾亮、
　　　　卞敦二人的將軍號似有虛張聲勢之嫌疑。
〔註36〕《資治通鑒》卷九三晉明帝太寧二年（324）六月丁卯條胡注，第2924頁。
〔註37〕《資治通鑒》卷九三晉明帝太寧二年（324）七月壬申條胡注，第2925頁。

只有斷橋一途可以遲緩叛軍的進攻鋒芒和進軍速度。〔註38〕

由於朱雀航已經燒毀，叛軍一時無法渡河，雙方遂成隔岸對峙的態勢。在這種情況下，晉明帝遂率部離開「中堂」，向前移師至南堂皇。結合示意圖分析，晉明帝此次向南移動，應該已經出了宣陽門，沿御道向南，進至秦淮河北岸某處屯駐。癸酉（初二）夜晚，晉明帝派遣將軍段秀、中軍司馬曹渾等人率壯士千人，乘夜渡過秦淮河，於次日淩晨對王含叛軍發動突然襲擊，在越城大破叛軍，斬殺其前鋒何康。越城，據胡三省注云：「在秦淮南。」〔註39〕按，越城爲秦淮河以南的一處軍事堡壘，具體位置已不可詳考。越城之戰，具有偷襲的性質，利用了叛軍鬆懈的心理。同時，此戰也大大鼓舞了守軍的信心，因爲戰役指揮者爲晉明帝本人。

正是由於先受阻於秦淮河（朱雀航已燒毀，一時無法攻破臺軍防線），復敗於越城，叛軍最高首領王敦因此發憤死去。王敦雖死，但叛軍圍城的形勢，依然未有根本性的緩解，就在王敦死後，叛軍沈充（東路軍）與王含（西路軍）兩路人馬匯合，準備對建康發起大規模攻勢。就在這時，司馬顧颺爲沈充分析形勢，並提出上中下三策，供其選擇，略云：

> 沈充帥眾萬餘人與王含軍合，司馬顧颺説充曰：「今舉大事，而天子已扼其咽喉，鋒摧氣沮，相持日久，必致禍敗。今若決破柵塘，因湖水以灌京邑，（胡注：此即玄武湖水也，在建康城北，今在上元縣北十里。）乘水勢，縱舟師以攻之，此上策也；藉初至之銳，并東、西軍之力，（胡注：東軍，謂沈充軍；西軍，謂王含、錢鳳等軍也。）十道俱進，眾寡過倍，理必摧陷，中策也；轉禍爲福，召錢鳳計事，因斬之以降，下策也。」充皆不能用，颺逃歸于吳。〔註40〕

〔註38〕《資治通鑒》卷九三晉明帝太寧二年（324）七月壬申，第 2925～2926 頁。不過，對於溫嶠燒橋的做法，晉明帝一度很不理解，因爲他曾設想親自帶兵進攻王含，並因此而對溫嶠發怒。溫嶠解釋説：「今宿衛寡弱，徵兵未至，若賊豕突，危及社稷，宗廟且恐不保，何愛一橋乎！」（第 2926 頁）

〔註39〕《資治通鑒》卷九三晉明帝太寧二年（324）七月癸酉條胡注，第 2927 頁。按，關於越城所在地，前揭楊寬氏《中國古代都城制度史研究》也有指陳，略云：「東晉、南朝的建康城如同東吳的建業城，依然是内城性質，建康城的南、東、西三面城郊，具有外郭性質。外圍的長江、石頭山，玄武湖、鍾山成爲天然的防禦屏障；先後在外圍利用山頭丘陵等險要形勢建成的許多小城堡，又形成一個軍事防衛圈。城南石子崗（今雨花臺）西北原有越城，城西石頭山南有石頭城。」（第 164 頁）

〔註40〕《資治通鑒》卷九三晉明帝太寧二年（324）七月，第 2928 頁。

顧颺所說「天子已扼其咽喉，鋒摧氣沮」，指晉明帝的朝廷軍隊已經控制朱雀航，及越城之戰襲破王含軍二事。顧颺認為，在這種形勢下，如果與建康方面作持久戰，則必致失敗，因為朝廷外藩援軍可能很快就會到達。因此，顧颺建議，應主動放棄渡秦淮河北進的計劃，而以奇兵北進襲破柵塘，引玄武湖水浸灌建康城，然後利用水勢，以水軍進攻，則可穩操勝券。結合示意圖及雙方當時的軍事部署形勢來看，其時朝廷守軍主力，已經全部移至宣陽門外、秦淮河以北的地區（因為晉明帝這時前進至此），沿御道進行佈防，而東府城以北的玄武湖附近，防守則相對空虛。因此，若顧颺上策為沈充採納，則建康城必不保矣。

然而，沈充拒絕了顧颺的上中下三策，繼續與朝廷守軍隔秦淮河對峙。七月丁亥（十六日），劉遐、蘇峻率精兵終於趕到建康，晉明帝不顧多日疲憊，連夜接見了他們，並加以賞賜慰勞。沈充、錢鳳等叛軍首腦則決定趁援軍勞師以遠、疲勞困頓之機，率先發動進攻。

七月乙未（二十四日）夜，叛軍改變主攻方向，避開朱雀航，從旁邊的竹格渚渡過秦淮河，在接連擊敗護軍將軍應詹、建威將軍劉胤之後，直造宣陽門，兵臨建康外城。表面上看，叛軍佔據了優勢，因為他們一舉進軍至宣陽門下。但實際上，劉遐、蘇峻的主力未受任何損失，他們乘機從南塘發起突然攻擊，大破叛軍；劉遐隨後又在青溪一帶，擊破沈充所部。在接連遭受重創以後，七月丙申（二十五日），王含等人燒營夜遁。七月丁酉（二十六日），晉明帝返回宮中，發佈大赦，惟王敦黨羽不在赦免之列。

全面梳理晉明帝在此次戰役中的活動線路，不難發現，「中堂」實為雙方一切行動所關注之焦點。六月二十七日，晉明帝進行軍事部署以後，即出屯「中堂」；七月二日夜，從中堂前進至南皇堂，募壯士發起越城偷襲戰；派遣沈楨遊說沈充，以及其它一系列人事任命；七月十六日夜，接見劉遐、蘇峻等援軍將領；七月二十六日，返回建康宮城。在這前後一個月的時間裏，除七月二日前後從「中堂」移師前往南皇堂（在宣陽門外、秦淮河以北某處）外，晉明帝其它時間基本上都是在「中堂」坐鎮指揮部署。

「中堂」既為晉明帝之所在，那麼，它也就是叛軍主攻的方向。從叛軍一方來說，只要能夠捕獲晉明帝，完成「斬首」行動，則大功告成。這就是我們所看到的，叛軍主攻方向始終為朱雀航的原因所在，因為只要能夠打通此航，過河北進，就可沿御道直造城下，進而對「中堂」發起進攻。從朝廷

一方來說，也一直以重兵防守朱雀航，無論是從最初的兵力配置，還是選擇偷襲的方向，其所針對的對象，也都是來自朱雀航的正面進犯之敵。七月十四日，頓兵日久的叛軍，決定改變主攻方向，從旁邊的竹格渚渡河北進，並一直攻至宣陽門外。然而，由於其時形勢已經發生根本性逆轉，朝廷外藩援兵已經趕到，所以，當叛軍進至宣陽門，喘息未定之機，就立即遭到劉遐、蘇峻精銳兵力的猛烈攻擊，非但下一步攻擊「中堂」的行動無法展開，而且從此一蹶不振，以致於最終全線敗退。

2. 劉宋桂陽王劉休範之叛

劉宋後廢帝元徽二年（474）五月壬午（十二，按，元徽二年五月辛丑朔，壬午為十二日），桂陽王劉休範以誅殺佞倖楊運長、王道隆為名，舉兵向闕，於是一場統治集團內部權力鬥爭的活劇，就此上演。以下據《資治通鑑》卷一三三蒼梧王元徽二年五月敘事，結合前揭示意圖，將雙方軍事行動線路，具列如下：

> 五月壬午（十二日），桂陽王休範宣佈起兵；丙戌（十六日），休範率兵二萬、騎五百，從尋陽出發，並移書朝廷執政大臣。

> 五月庚寅（二十日），大雷戍主杜道欣馳下告變，朝廷惶駭。褚淵、張永、劉勔、劉秉、蕭道成、戴明寶、阮佃夫、王道隆、孫千齡、楊運長等人，於中書省商討對策。最終接受蕭道成的軍事部署計劃：蕭道成領兵出屯新亭（秦淮河南岸，為「兵衝」之地），張永屯兵白下（建康城北臨江城壘，又名白石壘），沈懷明戍守石頭城（建康城西石頭山南面，建有烽火臺和糧倉，具有要塞性質〔註41〕），劉勔出屯宣陽門（節度諸軍，負責「中堂」之防守），袁粲、褚淵入衛殿省（和皇帝在一起）。

> 五月辛卯（二十一日），劉休範前鋒進至新林（據胡三省注云：「新林浦去今建康城二十里。」第4178頁），時蕭道成修築新亭城壘，尚未完工。蕭道成派遣高道慶、陳顯達、王敬則等帥水軍迎戰，頗有殺獲。

> 五月壬辰（二十二日），劉休範自新林捨舟上岸，分兵部署：以丁文豪率兵，直攻臺城；休範本人則率主力，進攻新亭。

〔註41〕前揭《中國古代都城制度史研究》，第164頁。

休範登上新亭城壘南臨滄觀，僅以數十人自衛。張敬兒、黃回以詐降計，刺殺劉休範得逞，持其首級以歸新亭。蕭道成令隊主陳靈寶攜帶休範首級返回臺城，途中遇到叛軍，陳靈寶棄首級還臺城，無法證明劉休範已死，雙方繼續交兵。

休範部將杜黑騾急攻新亭，另一部將蕭惠朗率敢死隊突入新亭城壘東門，至射堂下，蕭道成親與搏戰，惠朗乃退，蕭道成復保住城壘。蕭道成與杜黑騾激戰，自晡至旦，其夜大雨，雙方反覆爭奪。

正當蕭道成與杜黑騾激戰正酣，丁文豪部在新亭北面的皂莢橋，設伏擊破臺軍，直插朱雀桁。當時駐守朱雀桁者，爲右軍將軍王道隆，他所統帥的羽林精兵，全數部署在朱雀門內。王道隆立即急召劉勔，前來支持。〔註42〕

劉勔到達後，下令關閉朱雀桁，阻斷叛軍前進的道路。〔註43〕但是，王道隆不同意劉勔的計劃，反而強令劉勔渡桁南進，結果造成劉勔戰死，朱雀桁失守，杜黑騾乘勝渡過秦淮河，直插宣陽門的態勢。朱雀桁失守的消息傳來，對守軍信心形成重大打擊，駐守白

〔註42〕 據《資治通鑑》卷一三三蒼梧王元徽二年（474）五月載：「右軍將軍王道隆將羽林精兵在朱雀門內，急召鄱陽忠昭公劉勔於石頭。」（第4180頁）又《宋書》卷八六《劉勔傳》亦云：「桂陽王休範爲亂，奄至京邑，加勔使持節、領軍，置佐史，鎮扞石頭。」（第2196頁）《南齊書》卷一《高帝紀》則不言劉勔自何處移至朱雀航，然其後文紀事卻明確記爲：「車騎典籤茅恬開東府納賊，冠軍將軍沈懷明於石頭奔散，張永潰於白下」（第9頁），這清楚表明，鎮守石頭城者爲沈懷明。因此，綜合諸史所載，《資治通鑑》、《宋書·劉勔傳》此處記載恐有誤，因爲按照此前的軍事部署，駐守石頭城的應該是沈懷明，劉勔其時應駐守宣陽門，「節度諸軍」，負責「中堂」的守衛。

〔註43〕 按，此處究竟是「開桁」，還是「閉桁」，諸史記載間有扞格之處。《南齊書》卷一《高帝紀》云：「賊帥丁文豪設伏破臺軍於皂莢橋，直至朱雀桁，劉勔欲開桁，王道隆不從，勔及道隆竝戰沒。」（第9頁）《資治通鑑》卷一三三蒼梧王元徽二年五月云：「勔至，命撤桁以折南軍之勢，道隆怒曰：『賊至，但當急擊，寧可開桁自弱邪！』勔不敢復言。」（第4180頁）是《南齊書》、《資治通鑑》均以爲劉勔主張「開桁」，即打開朱雀桁迎敵。然而，《宋書》卷八六《劉勔傳》則云：「勔至，命閉航，道隆不聽，催勔渡航進戰。率所領於航南戰敗，臨陳死之」（第2196頁）綜合諸史所載，並聯繫當時形勢及劉勔戰死等情節，我認爲當以《劉勔傳》所載爲是，即劉勔當時主張關閉朱雀桁，但王道隆不同意，反而強令劉勔通過朱雀桁，進至秦淮河南岸與敵對戰，結果造成劉勔戰死，叛軍從而得以順利通過朱雀桁，並造成隨後一系列的軍事失利。

下、石頭的張永、沈懷明部，也相繼潰敗。

五月甲午（二十四日），撫軍長史褚澄打開東府城門，迎接叛軍，杜黑騾等遂擁立安成王劉準，佔據東府城。在褚澄等人的導引下，杜黑騾乘勢攻入建康外城，直抵臺城南掖門外的杜姥宅，在這種情勢下，中書舍人孫千齡打開承明門，出城投降。按，承明門即臺城北掖門。〔註44〕正是因爲建康外城已被突破，叛軍已經接近臺城，故造成了「宮省恇擾……眾莫有鬥志」的局面。

不過，也正是在這個時候，丁文豪等叛軍也知道劉休範已死的消息，因此產生了動搖。蕭道成乘機派遣陳顯達、張敬兒、任農夫、周盤龍等人，率兵從石頭渡過秦淮河，並從承明門進入臺城。陳顯達利用叛軍猶豫不決之機，引兵出戰，在杜姥宅大破杜黑騾。

五月丙申（二十六日），張敬兒等軍又在宣陽門附近，再次大敗叛軍，斬殺杜黑騾、丁文豪等，並乘勝攻入東府城，餘黨悉平。

此次戰爭從五月二十一日起，迄於二十六日，前後歷時六天。在這六天的戰爭過程中，雙方攻守形勢幾經逆轉。本來，蕭道成在新亭阻擊戰中，擊殺劉休範，已經占得先機；然而，當丁文豪部繞過新亭，在皂莢橋擊破臺軍，直插朱雀桁以後，形勢發生了逆轉，開始朝向有利於叛軍的方向發展。

雙方形勢的大逆轉，發生在劉勔離開宣陽門，前往朱雀桁協助王道隆以後，隨劉勔戰死，叛軍直攻宣陽門，白下、石頭兩處守軍也相繼潰敗。劉勔戰死何以會產生如此後果？其實主要不在於劉勔戰死，而在於在他率軍離開宣陽門以後，「中堂」的防守就已經空虛，因爲一般情況下，中堂作爲「置兵地」，是整個軍事部署中具有「節度諸軍」的樞紐地位。所以，「中堂」不動如山，則整個戰局形勢安穩；節度諸軍的主帥離開中堂，則表明形勢危急。

〔註44〕據《資治通鑑》卷一三三蒼梧王元徽二年（474）五月甲午條「中書舍人孫千齡開承明門出降」胡三省注云：「文帝元嘉二十五年，新作閶闔、廣莫二門，改廣莫門曰承明門。」（第4181頁）按，據前揭楊寬氏《中國古代都城制度史研究》所附「圖44：南朝梁都建康平面圖（據朱偰《金陵古迹圖考》，商務印書館1936年出版）」所示，梁朝都城建康外城北面有廣莫門，臺城之北掖門又稱承明門。（第166頁）如此，則梁都之北掖門，亦即承明門，當爲宋文帝元嘉二十五年所作之廣莫門；而梁都建康外城之廣莫門，則爲後來新作之門，但借用了當初宋文帝元嘉二十五年廣莫門之名。此處孫千齡所開之承明門，即相當於後來梁都之臺城北掖門也。

這才是白下、石頭聞訊後，相繼潰敗的原因所在。〔註45〕

雙方形勢不久又發生逆轉，是五月二十六日張敬兒等在宣陽門大敗叛軍，斬殺杜黑騾、丁文豪，並在隨後的軍事行動中，一舉攻克東府城。此前叛軍驍勇善戰，但到宣陽門之戰失利後，便從此不振，不能不說仍然與「中堂」有所關聯。其實，宣陽門不過就是建康外城眾多城門中的一個，但在諸多史料記載中，其得失卻成為多次軍事形勢轉變的風向標，原因到底何在？我想大概就在於宣陽門不僅距離「中堂」最近，還是連接「中堂」與朱雀門、朱雀桁直線距離最為近便的城門；而將中堂與朱雀桁串連起來的御道，又是當時建設水平最高的道路，非常方便它們之間的信息通傳或人員往來吧。

通過以上 11 例事件，特別是對晉明帝太寧二年、劉宋後廢帝元徽二年兩次軍事活動所進行的個案剖析，我們可以明確認識到，「中堂」在魏晉南朝都城建康的軍事防禦體系中佔有尤其重要的地位，特別是在京師禁衛、護衛君主等軍事行動中，「中堂」防衛更是重中之重。大凡權臣或叛亂者要專制朝廷、發動政變，首先就要對這裏實施軍事控制；作為朝廷一方，「中堂」則是京師軍事防衛的最後一道堡壘，因此在進行軍事佈防時，這裏也是需要重點加強的地方。以上所列圍繞「中堂」所展開的 11 次軍事行動中，屯衛「中堂」的領兵將領均由重臣或主帥擔當，甚至有時候君主本人也「御駕」坐鎮「中堂」，凡此都只能表明這樣一個事實，即「中堂」在都城建康的軍事防衛體繫上，佔有至關重要的地位，因為一旦「中堂」不守，實際上也就意味著建康城的最後一道防線已經被攻破，進而意味著江山易主已成定局——因為王朝的政治中心已經被敵人所控制。

三、「中堂」與魏晉南朝政治之關係

考察魏晉南朝「中堂」的政治作用，除了首先著眼於它在六朝都城建康軍事防禦體系中的核心地位外，「中堂」其實還有其它多方面的政治作用。徵諸史載，「中堂」在魏晉南朝政治生活中的作用，還體現在如下幾個方面：

〔註45〕《資治通鑑》卷一三三蒼梧王元徽二年（474）五月條，敘述劉勔戰死、王道隆戰敗還臺途中被殺後，胡三省注云：「蕭道成所謂諸貴不須競出者，正慮此也。」（第 4180 頁）蕭道成當初的軍事安排中，劉勔以領軍將軍的身份，出鎮宣陽門「節度諸軍」，主要就是要從政治上穩定人心考慮，這是因為宣陽門為「中堂」的直接屏障，只要劉勔能夠守住宣陽門，也就意味著「中堂」作為置兵之地，就足夠為臺城的安全提供軍事支持。

1. 中堂是君主「釋奠」祭孔的場所

據《晉書·禮志》載：「禮，始立學必先釋奠于先聖先師……穆帝升平元年三月，帝講《孝經》通。孝武寧康三年七月，帝講《孝經》通。並釋奠如故事，穆帝、孝武並權以中堂爲太學。」〔註46〕同書又載：「成、穆、孝武三帝，亦皆親釋奠。孝武時，以太學在水（案，即秦淮河）南懸遠，有司議依升平元年，於中堂立行太學。」〔註47〕此事可與《晉書》諸帝本紀所載互爲印證，據《晉書·穆帝紀》載，升平元年（357）「三月，帝講《孝經》，壬申，親釋奠于中堂。」〔註48〕《晉書·孝武帝紀》寧康三年（375）十二月，「癸巳，帝釋奠于中堂，祠孔子，以顏回配。」〔註49〕凡此均可證《晉書·禮志》所載不虛。

2. 中堂是君主「聽訟」的場所

中堂「聽訟」似始於劉宋，僅據《宋書》諸帝本紀所載：宋明帝劉彧，泰始五年（469）三月「丙寅，車駕幸中堂聽訟。」〔註50〕後廢帝劉昱，元徽三年（475）四月「丙戌，車駕幸中堂聽訟。」〔註51〕南齊皇帝於中堂「聽訟」事例更多：齊高帝蕭道成，建元二年（480）十二月「乙巳，車駕幸中堂聽訟。」〔註52〕齊武帝蕭賾，永明二年（484）六月「癸卯，車駕幸中堂聽訟。」〔註53〕永明三年（485）八月「乙未，車駕幸中堂聽訟。」〔註54〕大概由於南朝諸帝常在中堂「聽訟」的緣故，所以中堂又被稱爲「聽訟堂」。蕭梁時，梁武帝又曾將「聽訟堂」改名爲「儀賢堂」。〔註55〕

3. 中堂是君主策試秀才孝廉、考試學士學業的場所

據前揭許嵩《建康實錄》：「儀賢堂，吳時造，號爲中堂，在宣陽門內路西，七間，亦名聽訟堂，每年策孝廉秀才、考學士學業，歲暮習元會儀于此，

〔註46〕 《晉書》卷一九《禮志上》，第599頁。
〔註47〕 《晉書》卷二一《禮志下》，第670～671頁。
〔註48〕 《晉書》卷八《穆帝紀》，第202頁。
〔註49〕 《晉書》卷九《孝武帝紀》，第227頁。
〔註50〕 《宋書》卷八《明帝紀》，第164頁。
〔註51〕 《宋書》卷九《後廢帝紀》，第184頁。
〔註52〕 《南齊書》卷二《高帝紀下》，第37頁。
〔註53〕 《南齊書》卷三《武帝紀》，第48頁。
〔註54〕 《南齊書》卷三《武帝紀》，第50頁。
〔註55〕 《梁書》卷二《武帝紀中》，天監六年（507）九月，「乙亥，改閱武堂爲德陽堂，聽訟堂爲儀賢堂。」（第46頁）

前在鴻臚寺。」許嵩所說「中堂」爲策試孝廉秀才、考學士學業的場所，乃是就陳朝情況而言。不過，驗諸正史，在中堂策試秀才、孝廉，亦見於宋、齊兩朝，如宋孝武帝劉駿大明六年（462）正月，「丁未，策秀、孝于中堂。揚州秀才顧法對策曰：『源清則流潔，神聖則刑全。躬化易於上風，體訓速於草偃。』上覽之，惡其諒也，投策於地。」〔註56〕齊武帝永明四年（486）正月，「辛卯，車駕幸中堂策秀才。」〔註57〕

4. 中堂是皇帝、大臣講習學問的場所

其例似僅見於蕭梁，據諸史載，梁武帝大同六年（540），朱异「啓於儀賢堂奉述高祖（蕭衍）《老子義》，敕許之。及就講，朝士及道俗聽者千餘人，爲一時之盛。」〔註58〕考慮到朱异乃是梁武帝的寵臣，因此，將「儀賢堂」（即「中堂」）作爲講習的場所，有可能只是特殊情況，不能視爲六朝之通例也。

5. 中堂是皇帝即位的場所

即位於「中堂」，在魏晉南朝亦所見不多。其中一例是宋文帝劉義隆即位於中堂，元嘉元年（424）八月「丁酉，謁初寧陵，還於中堂即皇帝位。」〔註59〕宋文帝之所以要在中堂即位，實與當時的政治局勢有關，因爲宋文帝的即位，實際上是政變的結果，因此必須確保即位典禮不出現意外情況，而「中堂」乃是禁衛軍屯駐地，能夠從軍事上提供保障。第二例是「侯景之亂」時，蕭正德即「僞位」於儀賢堂，據諸史載，太清二年（548）十一月，侯景立蕭正德爲帝，「即僞位於儀賢堂，改年曰正平。」〔註60〕蕭正德爲侯景所扶植的傀儡，因此無論在什麼地點即位，均非他本人的意志。

〔註56〕《資治通鑒》卷一二九宋孝武帝大明六年（462）正月，第4059頁。
〔註57〕《南齊書》卷三《武帝紀》，第51頁。
〔註58〕《梁書》卷三八《朱异傳》，第538頁。
〔註59〕《宋書》卷五《文帝紀》，第72頁。
〔註60〕《梁書》卷五六《侯景傳》，第843頁。

宋明帝安排輔政格局及其破壞

在南朝諸政權中，劉宋（420～479）王朝存在了 60 年，爲南朝宋、齊、梁、陳四個政權中最爲長命的一個。劉宋滅亡之原因，應當從宋孝武帝、宋明帝屠戮宗室方面尋找原因，已成爲歷代治史者之共識。如《宋書》的作者沈約，在《明帝紀》中就明確指出，宋明帝「親近讒慝，剪落皇枝，宋氏之業，自此衰矣」〔註1〕，這就是說，劉宋帝業之衰微，始於宋明帝親近小人、殺戮宗室。不過，沈約的目光並非聚焦於宋明帝一人，而是用一種歷史發展的眼光，指出劉宋王朝屠戮宗室的做法或政策，並非宋明帝的發明，而是其來有自，他在接下來的「史臣曰」中，繼續說道：

> 聖人立法垂制，所以必稱先王，蓋由遺訓餘風，足以貽之來世也。太祖負扆南面，實有君人之懿焉，經國之義雖弘，而隆家之道不足。彭城王照不窺古，本無卓爾之資，徒見昆弟之義，未識君臣之禮，冀以此家情，行之國道，主猜而猶犯，恩薄而未悟，致以呵訓之微行，遂成滅親之大禍。開端樹隙，垂之後人。雖天倫之重，義殊凡戚，而中人以下，情由恩變。至於易衣而出，分苦而食，與夫別宮異門，形疎事隔者，宜有降矣。太宗因易隙之情，據已行之典，剪落洪枝，顧不待慮。既而本根無庇，幼主孤立，神器以勢弱傾移，靈命隨樂推回改。斯蓋履霜有漸，堅冰自至，所從來遠也。〔註2〕

沈約此論，有助於我們進一步分析宋亡之遠因。在沈約看來，宋明帝「剪落

〔註1〕《宋書》卷八《明帝紀》，第170頁。
〔註2〕《宋書》卷八《明帝紀》「史臣曰」，第171頁。

洪枝」的行為，既是「因易隙之情」，更是「據已行之典」，至於這「已行之典」，則不僅可以上溯至孝武帝劉駿，更應溯及宋文帝劉義隆。正是宋文帝未能妥當處理與彭城王劉義康的兄弟關係（即所謂「經國之義雖弘，而隆家之道不足」），開啓了劉宋皇室的「滅親之大禍」。因此，後來宋孝武帝、宋明帝對宗室的大肆殺戮，其實都是導因於宋文帝的「開端樹隙，垂之後人」。綜觀劉宋皇室手足相殘的血腥歷史，我們不能不承認，沈約「履霜有漸，堅冰自至，所從來遠也」的判斷確為卓識。

清代史家趙甌北也曾論述劉宋子孫屠戮之慘狀，云：「孝武既以多殺文帝子而絕嗣，明帝又以多殺孝武子，而其子亡國殞身，無復孑遺，真所謂自作之孽也。」〔註3〕甌北所論，雖不以劉宋滅亡原因為著眼點，但也隱約指出，劉宋之亡與皇室自相魚肉實有脫不開的干係。現代史家呂思勉氏論及劉宋政治，云：「宋氏開國，政事粗有可觀，實由武、文二世之恭儉，而孝武帝及明帝壞之。」〔註4〕於劉宋滅亡原因，呂氏則云：「明帝誅鉏宗戚，翦伐大臣，於可疑者，可謂除之殆盡，然卒失之於蕭道成。」〔註5〕

上述諸家看法，論說途徑不盡一致，觀點亦未必盡同，但以宋明帝一朝政治作為觀察之視角或論述之切入點，卻有共通之處。宋明帝其人其政，究竟該作何樣評判，自是見仁見智。這裏要討論的是，宋明帝在其執政晚年，曾精心為儲君設計了一個輔政格局，目的就是確保繼嗣子孫的安寧和劉氏江山的穩固。然而，宋明帝精心安排的輔政格局，在其死後很快就遭到破壞，而輔政格局的破壞，實際上就意味著劉宋滅亡只是一個時間的問題了。

一、宋明帝誅除宗室、清整恩倖與防範外戚

宋明帝劉彧在位期間，大肆屠殺宗室親王，其酷烈程度遠超宋孝武帝劉駿。關於宋明帝大殺宗室，自剪羽翼的原因，史家歷來就有評說。綜觀諸家之說，關注點主要有二，一者，宋明帝之為人，性格猜忌；二者，宋明帝之皇位，得之不正。〔註6〕

〔註3〕 【清】趙翼撰，王樹民校證：《廿二史札記校證》卷十一「宋子孫屠戮之慘」條，第241頁，北京，中華書局，1984。
〔註4〕 呂思勉撰：《兩晉南北朝史》（上冊）第九章《宋齊興亡》，第442頁，上海，上海古籍出版社，1984。
〔註5〕 《兩晉南北朝史》（上冊）第九章《宋齊興亡》，第445頁。
〔註6〕 明末清初思想家王船山對此已有深刻認識，云：「（劉）子業死，明帝與（劉）子勛兩俱有可立之勢，而子勛兄弟為尤正。明帝據非所有，逞鴆毒以殄懿親，

　　揆諸史籍所載，上述諸家論斷並無虛誇。這裏需要指出的是，宋明帝之殘忍好殺，並不止於屠戮宗室，舉凡他認爲有威脅的人物，都在屠滅範圍。另外，宋明帝殘忍好殺的變態心理，亦非從得政初始就是如此，而有一個轉變的過程，且愈到晚年，猜忌心愈重，殘酷程度也愈強，司馬溫公對此有十分形象的描述，云：「初，上爲諸王，寬和有令譽，獨爲世祖所親。即位之初，義嘉之黨多蒙全宥，隨才引用，有如舊臣。及晚年，更猜忌忍虐，好鬼神，多忌諱，言語、文書，有禍敗、凶喪及疑似之言應回避者數百千品，有犯必加罪戮。改『驍』字爲『𩣡』，以其似禍字故也。左右忤意，往往有剖斷者。」〔註7〕

　　宋明帝劉彧之所以殫精竭智地要替儲君安排好未來的輔政格局，就是擔心自己一旦離世，儲君孤弱不足以把控局面。儲君劉昱，也就是史籍所載之後廢帝或蒼梧王，《宋書》等典籍所載有關他的種種劣跡惡行，其實都不免誣衊之辭，未盡可信。但是，作爲未來劉宋的最高主宰者，儲君劉昱既缺乏實際政治的歷練，亦無可靠且足以依恃的親信勢力，也確是不爭之事實。怎樣才能確保幼弱的儲君，能夠在未來政局中有效地掌控局面？這就是宋明帝晚年最爲擔心的事情，可以說，正是出於穩固太子地位之慮，宋明帝在臨終前的一年多時間裏，不得不對自己去世後的劉宋未來政局進行精心謀劃。

（一）誅除宗室

　　既是有鑒於劉宋已往的歷史經驗，更是基於對自身政治生涯的反思和總結，宋明帝在籌謀未來政局的時候，將防範宗室放在了首位。宗室親王因此首當其衝地遭到了殺戮，對此，沈約明確指出：「太宗晚途，疑隙內成，尋斧所加，先自至戚。」〔註8〕司馬溫公也說，宋明帝「以太子幼弱，深忌諸弟。」

寧養假子而必絕劉氏之宗……孝武忌同姓亦至矣，子業虐諸父亦酷矣，至於明帝而抑甚焉。」（【清】王夫之撰：《讀通鑒論》卷十五《明帝一》，第446頁，北京，中華書局，1975。）宋明帝起兵，四方紛起卻擁戴劉子勛，前揭呂思勉氏分析其原因，云：「案孝武以討元凶立，實不得謂爲不正，孝武正則子業亦正；所云淫虐，事既多誣；則明帝實爲篡弒，此所以四方同契，不謀而咸奉尋陽也。」（《兩晉南北朝史》上冊第九章《宋齊興亡》，第424頁。）

〔註7〕《資治通鑒》卷一三三宋明帝泰始七年（471）二月，第4156頁。按，宋明帝之殘忍好殺，《宋書》卷八《明帝紀》已有明確記述，《通鑒》之史料即源於《宋紀》，唯《通鑒》敘述前後連貫照應，能夠看出宋明帝性格轉變的過程，故此處引《通鑒》爲據。

〔註8〕《宋書》卷七二《文九王傳》「史臣曰」，第1886頁。

〔註9〕實際上，無論前揭王船山「明帝據非所有」，抑或呂思勉氏「明帝實爲篡弒」之言，均道出這樣的事實，即宋明帝以後廢帝從父的身份即位，帝位原本就得之不正，因此很難壓服人心，故終其在位期間，對於宗室諸王的防範，一直都沒有鬆懈。再者，儲君劉昱的身份，也讓明帝一直耿耿於懷，因爲對於自己身患陽痿之症，劉昱並非親生，且民間已有訛言，宗室諸王又焉能一無所聞？〔註10〕可以說，正是基於這樣的難言之隱，宋明帝在安排未來政治格局時，防範杜絕宗室諸王之覬覦，就必然成爲其首要謀劃的大事。

追溯宋明帝屠戮宗室親王的歷史，其實早在當初擊敗尋陽王劉子勛，繼承大統之後就已經展開，而且一出手便大開殺戒，可謂辣手無情。及其帝位穩固之後，對宗室的瘋狂迫害始告一段落。然而，到統治晚年，當宋明帝爲儲君謀劃未來的時候，又開始「尋斧所加，先自至戚」了。大概從泰始七年（471）起，宋明帝先後將自己認爲最有可能威脅到太子皇位的三個弟弟除掉，他們分別是晉平剌王劉休祐、巴陵王劉休若、建安王劉休仁。先來看三王與宋明帝的關係，及其被殺等情況。

1. 晉平剌王劉休祐

晉平剌王劉休祐（445～471），宋文帝劉義隆第十三子，宋明帝十三弟（按，宋明帝劉彧，字休炳，宋文帝第十一子）。

關於劉休祐的歷官，這裏不擬多說。僅就《宋書》本傳所描述的個人品性及才能來看，劉休祐均不得稱才智之士，亦非有遠大抱負之人。據諸本傳云：

〔註9〕《資治通鑑》卷一三三宋明帝泰始七年（471）二月，第4156頁。
〔註10〕按，宋明帝劉彧患陽痿之症，不能生育，史籍確有其載，並爲歷代治史所認可。如沈約在《宋書》卷九《後廢帝紀》中說：「先是民間訛言，謂太宗不男，陳太妃本李道兒妾，道路之言，或云道兒子也。昱每出入去來，常自稱劉統，或自號李將軍。」（第189頁）《南齊書》卷三四《劉休傳》：「（宋明）帝素肥，痿不能御內，諸王妓妾懷孕，使密獻入宮，生子之後，閉其母於幽房，前後十數。從帝（按，即宋順帝劉準，《南齊書》完成於梁朝，梁武帝父親名蕭順之，作者蕭子顯出於避諱的原因，改宋順帝爲從帝），桂陽王休範子也，蒼梧王亦非帝子，陳太妃先爲李道兒妾，故蒼梧微行，嘗自稱爲李郎焉。」（第612頁）司馬溫公《資治通鑑》則明確認爲：「上素無子，密取諸王姬有孕者內宮中，生男則殺其母，使寵姬子之。」（卷一三三宋明帝泰始七年（471）二月，第4157頁）前揭清代史家趙甌北則指出，明帝雖有十二子，皆非親子也。（《廿二史札記校證》卷十一「宋子孫屠戮之慘」條，第241頁）對於宋明帝陽痿不能生育，後廢帝必非其所生一事，近世治史者也多數認可。

休祐素無才能，強梁自用，大明之世，年尚少，未得自專，至
是貪淫，好財色。在荊州，哀刻所在，多營財貨……凡諸求利，皆
悉如此，百姓嗷然，不復堪命。泰始六年，徵爲都督南徐・南兗・
徐・兗・青・冀六州諸軍事、南徐州刺史，加侍中，持節、將軍如
故。上以休祐貪虐不可莅民，留之京邑，遣上佐行府州事。

休祐狠戾強梁，前後忤上非一。在荊州時，左右苑景達善彈棋，
上召之，休祐留不遣。上怒，詰責之曰：「汝剛戾如此，豈爲下之義！」
積不能平。且慮休祐將來難制，欲方便除之。〔註11〕

從中可知，劉休祐之被殺，絕非由於才智突出而犯忌，而是因爲其「狠戾強
梁」的性格，以及「前後忤上非一」的事實。陰摯如宋明帝者，劉休祐尚且
敢於再三再四地頂撞，那麼，未來年幼的儲君呢？基於此，宋明帝擔心劉休
祐「將來難制」，而必欲除之，以爲儲君清除未來執政道路上的難題，就勢所
必然了。

2. 巴陵哀王劉休若

巴陵哀王劉休若（448～471），宋文帝第十九子，宋明帝十九弟。

孝武帝孝建三年（456），休若封巴陵王，時年九歲。及至宋明帝泰始元
年（465），休若十八歲，步入成年行列。其時正值宋明帝與晉安王劉子勛相
爭激烈，休若被任命爲使持節、都督會稽等五郡諸軍事、領安東將軍，「率眾
東討」，在其後的泰始年間（465～471），休若曾歷任雍州、湘州、荊州刺史
諸職，並進號征西大將軍、開府儀同三司，表現出一定的政治才能和較高的
政治素質。儘管休若一直忠心事君，從來都沒有表現任何僭越的企圖，但宋
明帝對他還是不放心，因爲在宋明帝看來，休若性格溫和，「能諧緝物情」，
對儲君就是一種潛在威脅，故一直尋找機會除掉休若。就史籍所顯示的信息
來看，除掉劉休若遠比殺劉休祐大費周折，據諸《宋書》本傳云：

七年，晉平王休祐被殺，建安王休仁見疑，京邑訛言休若有至
貴之表，太宗以言報之，休若內甚憂懼。會被徵，代休祐爲都督南
徐・南兗・徐・兗・青・冀六州諸軍事、征北大將軍、南徐州刺史，
持節、常侍、開府如故。休若腹心將佐咸謂還朝必有大禍，中兵參
軍京兆王敬先固陳不宜入，勸割據荊楚以距朝廷，休若僞許之。敬

先既出，執錄，馳使白太宗，敬先坐誅死。休若至京口，建安王休仁又見害，益懷危慮。上以休若和善，能諧緝物情，慮將來傾幼主，欲遣使殺之。慮不奉詔，徵入朝，又恐猜駭，乃僞遷休若爲都督江郢・司・廣・交・豫州之西陽・新蔡・晉熙・湘州之始興四郡諸軍事、車騎大將軍、江州刺史，持節、常侍、開府如故。徵還召拜，手書殷勤，使赴七月七日，即於第賜死，時年二十四。〔註12〕

從中可知，「京邑訛言休若有至貴之表」，乃是劉休若見害的一個重要原因。休祐無才乏智，尚因性格剛戾而被誅殺，休若頗得人情，亦復薄有干略，且歷任外職皆有治績，又怎麼能夠逃脫宋明帝之猜忌？就上引史料所透露的信息來看，休若如果真有心造反或是抗命，必可放手一搏，然而休若不僅未生反抗之心，反而將規勸自己起兵割據的親信，執送宋明帝，試圖打消宋明帝對自己的猜忌。這充分說明，劉休若對於宋明帝的忠誠，無需懷疑。然而，從宋明帝猜忌成性的作風來說，殺心既起，便不再改弦易轍，所以當他看到休若進至京口，徘徊不前，遂「手書殷勤」，接連致以親筆書信，將休若騙至建康，賜死於府第。

3. 始安王劉休仁

始安王劉休仁（433～471），宋文帝第十二子，宋明帝十二弟。

據諸《宋書》本傳，在前廢帝劉子業時期，宋明帝及其兄弟均遭廢帝囚禁虐待，明帝更是幾乎遭到殺身之禍，正是劉休仁以智計化解，明帝才得以活命。及宋明帝舉兵定難，劉休仁又帶頭擁戴，「便執臣禮」。在隨後的征戰中，休仁又爲明帝效命奔走，功勳卓著。加之兄弟二人年齡接近，愛好相同，因此兄弟之間一向友愛有加。關於休仁和明帝的曲折關係，以及休仁被殺的過程，《宋書》本傳有詳盡敘述，云：

休仁年與太宗鄰亞，俱好文籍，素相愛友。及廢帝世，同經危難，太宗又資其權謫之力。泰始初，四方逆命，兵至近畿，休仁親當矢石，大勳克建，任總百揆，親寄甚隆。朝野四方，莫不輻輳。上漸不悅。休仁悟其旨，其冬，表解揚州，見許……太宗末年多忌諱，猜害稍甚，休仁轉不自安。及殺晉平王休祐，憂懼彌切。其年，上疾篤，與楊運長等爲身後之計，慮諸弟強盛，太子幼弱，將來不

〔註12〕《宋書》卷七二《文九王・巴陵哀王休若傳》，第1883～1884頁。

安。運長又慮帝宴駕後，休仁一旦居周公之地，其輩不得秉權，彌
贊成之。上疾嘗暴甚，內外莫不屬意於休仁，主書以下，皆往東府
休仁所親信，豫自結納，其或直不得出者，皆恐懼。上既宿懷此意，
至是又聞物情向之，乃召休仁入見。既而又謂曰：「夕可停尚書下省
宿，明可早來。」其夜，遣人齎藥賜休仁死，時年三十九。

上寢疾久，內外隔絕，慮人情有同異，自力乘輦出端門。休仁
死後，乃詔曰：「夫無將之誅，諒惟通典，知咎自引，實有偏介。劉
休仁地屬密親，位居台重，朕友寄特深，寵秩兼茂。不能弘贊國猷，
裨宣政道，而自處相任，妄生猜嫌，側納羣小之說，內懷不逞之志，
晦景蔽迹，無事陽愚。因近疾患沉篤，內外憂悚，休仁規逼禁兵，
謀為亂逆。朕曲推天倫，未忍明法，申詔誥礪，辨覈事原。休仁慚
恩懼罪，遽自引決。追尋悲痛，情不自勝，思屈法科，以申矜悼。
可宥其二子，并全封爵。但家國多虞，釁起台輔，永尋既往，感慨
追深。」

⋯⋯

上既殺休仁，慮人情驚動，與諸方鎮及諸大臣詔曰：

⋯⋯

上與休仁素厚，至於相害，慮在後嗣不安。休仁既死，痛悼甚至，
謂人曰：「我與建安年時相鄰，少便狎從。景和、泰始之間，勳誠實
重。事計交切，不得不相除。痛念之至，不能自已。今有一事不如
與諸侯共說，歡適之方，於今盡矣。」因流涕不自勝。〔註13〕

由此可見，休仁之見害，完全出於宋明帝的猜忌，「慮在後嗣不安」。實際上，
不僅劉休仁之死由此，其它宗室親王之死也都是同一原因，宋明帝所說的「事
計交切，不得不相除」，可謂坦白之極。

我們注意到，就在賜死劉休仁的次日，宋明帝「慮人情有同異，自力乘
輦出端門」，並隨後下詔，解釋休仁所以「遽自引決」的原因。幾乎與此同時，
「有司」也上了一道奏章，解釋休祐、休仁之死，乃是由於二王「共為奸謀，
潛伺機隙」；緊接「有司」奏章之後，又下第二道詔書，再次強調休仁「知釁
自引，情有可傷，可特為降始安縣王」；緊接著又下第三道詔書，這道詔書是

〔註13〕 《宋書》卷七二《文九王·始安王休仁傳》，第 1873～1878 頁。

下發給「諸方鎮及諸大臣」的，篇幅極長，全面解釋了休祐、休仁的各種非法行爲及其心懷不軌。

其中尤其引人矚目的是，在第三道詔書中，宋明帝反覆言及自己和休仁的兄弟情深，諸如「休仁身粗有知解，兼爲宰相；又吾與其兄弟情昵，特復異常」、「吾與休仁，少小異常，唯虛心信之，初不措疑」、「吾與休仁，親情實異，年少以來，恒相追隨，情向大趣，亦往往多同，難否之日，每共契闊」云云。

在賜死劉休仁以後，宋明帝爲何要強撐病體，親至端門向群臣加以解釋？又爲何要多次下詔，並反覆向方鎮、朝臣說明自己和劉休仁的兄弟感情？我認爲根本原因就在於，宗室二王幾乎同時被害（按，三王被殺順序，依次是晉平剌王休祐、始安王休仁、巴陵哀王休若，其時巴陵王劉休若尚未被殺），尤其是始安王劉休仁之死，已對劉宋政局造成強烈震蕩。不難想像，作爲長老級的宗室親王，二王生前又都擔任重要職務，突然之間全部以「共爲姦謀，潛伺機隙，圖造釁變，規肆凶狡」〔註14〕之類近乎相同的理由處死，如何能夠令人信服？因此，《劉休仁傳》所載宋明帝「慮人情有同異」、「慮人情驚動」，均有其實際政治內容，至少在宋明帝那裏，已經明顯感覺到殺害二王，對政局所造成的負面影響。所以，爲了安撫衆情、穩定政局，宋明帝才會抱病親出端門，隨後又接連下詔，極力說明清除諸王的必要性與合理性，並在詔書中反覆強調自己和劉休仁的兄弟情深，從而實現以情動人，以理服人，以勢壓人，爭取理解，穩定政局的終極目標。

休祐、休仁、休若三王被害以後，同輩人中只剩下桂陽王劉休範因爲人才凡劣，「不爲物情所向」，不爲宋明帝猜忌，始得以全身，從而成爲碩果僅存的長老級宗室親王。〔註15〕

（二）清整恩倖

清除宗室三王，只是宋明帝謀劃未來輔政格局的一個步驟。在清除宗室

〔註14〕《宋書》卷七二《文九王·始安王休仁傳》所載「有司」奏章中語，第1875頁。

〔註15〕《宋書》卷七九《文五王·桂陽王休範傳》：「休範素凡訥，少知解，不爲諸兄所齒遇。太宗常指左右人謂王景文曰：『休範人才不及此，以我弟故，生便富貴。釋氏願生王家，良有以也。』及太宗晚年，晉平王休祐以狠戾致禍，建安王休仁以權逼不見容，巴陵王休若素得人情，又以此見害。唯休範謹澀無才能，不爲物情所向，故得自保，而常懷憂懼，恒慮禍及。」（第2046頁）

三王的過程中，宋明帝主要是利用了驅走身邊的「恩倖」，及宗室親王誅除完畢，這些「鼠憑社貴，狐藉虎威」〔註16〕的驅走小臣，也就到了兔死狗烹、秋扇見捐的時候，因爲他們從來都只是被君主操縱、利用的工具。以宋明帝晚年之猜忌心態，他對於這些本就靠投機取利的「恩倖」輩，不可能沒有提防之心，於是在利用他們除掉宗室諸王後，宋明帝對其中他認爲的可疑人物也進行了誅除，如吳喜、壽寂之等人被殺，原因即在於「時太子及諸皇子並小，上稍爲身後之計，諸將帥吳喜、壽寂之之徒，慮其不能奉幼主，並殺之。」〔註17〕

壽寂之，事見《宋書》卷九四《恩倖傳》，其人在政治上發跡，始於宋明帝泰始年間，歷任羽林監，太子屯騎校尉，寧朔將軍、南泰山太守諸職。壽寂之平素最喜歡說的話就是：「利刀在手，何憂不辦」，實足一副小人得志的嘴臉。關於壽寂之之死，本傳有載，云：「鞭尉吏，斫邏將。（泰始）七年，爲有司所奏，徙送越州，行至豫章，謀欲逃叛，乃殺之。」〔註18〕需要指出的是，壽寂之被殺原因，本傳所載未得其實。那麼，眞正原因在哪裏？司馬溫公敘述壽寂之死因，洵得其情，云：「上惡太子屯騎校尉壽寂之勇健；會有司奏寂之擅殺邏尉，徙越州，於道殺之。」〔註19〕要之，擅殺邏尉，謀欲叛逃云云，均是藉口，擔心其「勇健」難制，儲君無法駕馭，才是壽寂之被殺的眞正原因。

吳喜，傳在《宋書》卷八三。吳喜，吳興臨安人，出身甚低，以領軍府白衣吏入職，後以刀筆才爲人驅馳。吳喜雖未入《恩倖傳》，但觀其行爲事蹟，實與壽寂之諸恩倖輩並無實質性差異，且前揭《宋書·王景文傳》將其與壽寂之相提並論，可知其距「恩倖」之流亦不遠矣。吳喜善於投機，宋明帝初即位時，反對者來自四面八方，其中東方的戰事尤爲急迫。吳喜當時自告奮勇，主動請戰，宋明帝大悅，立即假其建武將軍，配以羽林勇士，遣其東征。當時有人提出異議，認爲吳喜在孝武帝時，一直耍弄刀筆，不曾領兵征戰。但最終結果，卻大出宋明帝意外，吳喜連戰皆捷，很快克定禍亂，由此獲得宋明帝的賞識。〔註20〕

〔註16〕 《宋書》卷九四《恩倖傳序》，第2302頁。
〔註17〕 《宋書》卷八五《王景文傳》，第2181頁。
〔註18〕 《宋書》卷九四《恩倖·壽寂之傳》，第2316頁。
〔註19〕 《資治通鑑》卷一三三宋明帝泰始七年（471）五月，第4160頁。
〔註20〕 詳參《宋書》卷八三《吳喜傳》，第2114～2116頁。

關於吳喜之死，《宋書》本傳及《資治通鑑》均有記載，茲錄《通鑑》所載如下：

> 上以其新立大功，不問，而心銜之。及克荊州，剽掠，贓以萬計。（胡注：尋陽既平，建安王休仁遣喜進克荊州。）壽寂之死，喜爲淮陵太守，督豫州諸軍事，聞之，內懼，啓乞中散大夫，上尤疑駭。或譖蕭道成在淮陰有貳心於魏，上封銀壺酒，使喜自持賜道成。道成懼，欲逃，喜以情告道成，且先爲之飲，道成即飲之。喜還朝，保證道成。或密以啓上，上以喜多計數，素得人情，恐其不能事幼主；乃召喜入內殿，與共言讔甚款，既出，賜以名饌。尋賜死，然猶發詔賻賜。〔註21〕

由此可知，吳喜之死的主要原因，在於他「多計數，素得人情」，有功高震主之嫌，宋明帝擔心他不能忠心於幼主，在這一點上，《宋書》本傳與《通鑑》所載相同。至於《通鑑》所載宋明帝猜疑蕭道成，以吳喜持酒前往試探一事，《宋書》本傳無載。據此，我認爲，吳喜之死，並不止於其「多計數，素得人情」，和宋明帝猜忌蕭道成一事可能也有某種關係。據上引材料，吳喜告蕭道成以實情，回朝後又嚮明帝「保證道成」。其實，吳喜本人並不知道，他在淮陰的所作所爲，早已被人密報給宋明帝了。要之，從吳喜向蕭道成透露實情一事，可以推知，他與蕭道成之間可能早有溝通，吳喜以驅走小臣而與出鎮外藩的蕭道成暗中勾連，這一點也恰恰是宋明帝所深以爲忌的。

另外，從上引胡注可知，吳喜曾是始安王劉休仁的部下，當初他正是奉劉休仁的命令，前往攻克荊州。劉休仁既被宋明帝賜死，那麼，吳喜作爲休仁昔日麾下將領，是否也會受到一定牽連？也就是說，吳喜之見殺，與他曾經在休仁帳下聽令，是否也有某些關係？當然，這一點純屬揣測，姑志之待證。

（三）防範外戚

在皇權專制政治體制下，與皇權最爲接近的政治勢力，無外乎宗室、宦官、外戚、恩倖幾種（按，徵諸《史記》、《漢書》、《後漢書》等所載，兩漢時期宦官、恩倖、外戚三種勢力，有時混爲一體），魏晉南朝時期宦官一直未能在政治上有所表現，代之而起的主要就是南朝諸史所載之「恩倖」或「佞

〔註21〕《資治通鑑》卷一三三宋明帝泰始七年（471）六月，第4162～4163頁。

侔」。以本文所論，宋明帝安排輔政格局，在三王既除、驅馳恩倖亦經清整之後，接下來要處理的就只有外戚干政的問題。史實表明，在處理完宗室、恩倖的問題之後，宋明帝還對外戚專權的可能性進行了防範。宋明帝防範外戚，最典型的例子，莫過於處死王景文。

王景文，琅邪臨沂人，名彧，字景文，爲避宋明帝諱，而以字行。琅邪王氏是劉裕篡宋所急需拉攏的世家大族，因此王景文祖、父兩輩，自宋武帝創業開國起，即爲宋室倚重的人物。王景文的父親王僧朗，在宋文帝元嘉時期歷任侍中、湘州刺史諸職，孝武帝大明（457～464）末年，任尚書左僕射。宋明帝劉彧王皇后，即僧朗之女、景文之妹，故宋明帝即位以後，僧朗加侍中、特進，死贈開府，謚元公。因此，王景文作爲王皇后的嫡親兄長，從親屬關係講，又是宋明帝的妻兄。〔註22〕

基於王景文與宋明帝的特殊關係，在宋明帝爭奪天下，及統治期間，王景文都是他不能不倚恃的重臣之一。在宋明帝一朝，王景文歷任中書令、江州刺史、揚州刺史、尚書僕射、中書監、太子太傅等顯職。不過，綜觀王景文一生經歷，不難發現，宋明帝在處理如何使用王景文的問題上，實際上一直處於一種自惑或矛盾的狀態：王景文崇高的門第聲望、突出的政治才幹、與皇室的姻親關係，一方面確是宋明帝「欲引朝望以佐大業」之所需；另一方面，王景文上述諸般優勢，又不能不令宋明帝有所顧忌，從內心深處擔憂景文「將來難信」，儲君難以駕馭。

其實，對於宋明帝的這種矛盾心態，王景文本人也並非沒有察覺。我們注意到，景文在泰始（465～471）年間，曾多次推辭高官爵位，尤其是不止一次謝絕到中央任職，此事該當何解？〔註23〕我以爲，這正是王景文憂患意

〔註22〕《宋書》卷八五《王景文傳》，第2177～2178頁。
〔註23〕王景文在泰始年間多次辭官讓爵，並多次婉辭到中央任職，事見《宋書》卷八五《王景文傳》：（1）宋明帝即位不久，景文丁父憂，後起復爲冠軍將軍、尚書左僕射、丹陽尹，固辭僕射；改授散騎常侍、中書令、中軍將軍，丹陽尹如故，辭不就任；（2）出爲使持節、散騎常侍、都督江州、郢州之西陽、豫州之新蔡·晉熙三郡諸軍事、安南將軍、江州刺史，辭散騎常侍，服闋乃受；（3）明帝平定四方，加封王景文、蔡興宗，景文封江安縣侯，食邑八百戶，「景文固讓」，不許，乃受五百戶；（4）不久，徵爲尚書左僕射，領吏部，揚州刺史，加太子詹事，常侍如故，景文「不願還朝，求爲湘州刺史」，不許；（5）「景文屢辭內授，上手詔譬之曰……固辭詹事領選」，徙爲中書令、常侍、僕射、揚州如故；（6）又進中書監，領太子太傅，常侍、揚州如故，景文固辭太傅，不得已乃拜；（7），及吳喜、壽寂之等人被殺，「景文彌懼，乃自陳

識的反映，對於宋明帝的猜忌性格，王景文不會不知，功高震主、盈滿則溢的道理，他更是明白。所以，王景文在宋明帝一朝，看似權勢顯赫、風光無限，實則一直處於極度的精神煎熬之中——有苦說不出，才是真的苦！

　　儘管百般謙退、委曲求全，王景文最終還是沒有逃脫被殺的命運。《宋書》本傳敘其被殺原委甚詳，略云：

> 　　時上既有疾，而諸弟並已見殺，唯桂陽王休範人才本劣，不見疑，出爲江州刺史。慮一旦晏駕，皇后臨朝，則景文自然成宰相，門族強盛，藉元舅之重，歲暮不爲純臣。泰豫元年春，上疾篤，乃遣使送藥賜景文死，手詔曰：「與卿周旋，欲全卿門戶，故有此處分。」死時年六十。追贈車騎將軍、開府儀同三司、常侍、中書監、刺史如故，諡曰懿侯。〔註24〕

其實，王景文雖在政治上素居高位，卻一直主動避勢遠疑，更未表現出一絲一毫弄權的企圖。就品性氣質來說，王景文不過是一個坐談玄理之書生，和那些汲汲於仕途的勢利之徒，有著根本上的不同，他參與政治在很大程度上是被動捲入，並非對現實政治真有多少興趣。因此，王景文之死，純粹由於宋明帝病態的猜忌心理所致，明帝擔心景文日後「藉元舅之重，歲暮不爲純臣」等諸般情況，不過是他猜忌心理極度病態發展所產生的臆想。而且，在宋明帝看來，殺王景文完全是爲對方考慮，是爲了「全卿門戶」，言外之意，王景文不但不應怪他手辣，反而應當心生感激！這也難怪呂思勉氏寫史至此，不禁喟然長歎：「景文乃一坐談玄理之人，而亦忌而殺之，天下尚有可信之人邪？」〔註25〕

二、宋明帝安排輔政格局

　　像宋明帝這種猜忌一切的人，除了自己以外，對任何人原本都不會信任，這正是他清除宗室、恩倖及外戚等勢力的心理依據。然而，國家機器的運轉，又非一己之智力能夠做到，究竟哪些人可以依恃，誰又能效忠儲君，其實宋明帝本人也是心中沒底。不過，有一點宋明帝還是十分清楚的，即保證儲君地位穩固，以及國家政權的有效運轉，不是單純的誅殺就可以做到，還必須

　　求解揚州」。從以上可知，王景文至少7次辭讓官爵或封邑，其中包括多次辭讓（「屢辭」）到中央任職的徵召。
〔註24〕《宋書》卷八五《王景文傳》，第2184頁。
〔註25〕前揭《兩晉南北朝史》（上冊）第九章《宋齊興亡》，第441頁。

爲儲君找到可資依靠的政治勢力作爲支撐。這就是宋明帝著手清除幼主潛在威脅的同時，開始爲幼主精心設計輔政格局時的心理。

隨著宗室三王、「勇健難制」諸恩倖輩，以及「元舅之重」的王景文等人誅殺完畢，宋明帝爲後主構建的輔政格局也基本形成。徵諸史載，宋明帝爲儲君所安排的輔政格局，包含中央、地方（藩鎮）兩個系統，兼有朝臣、藩鎮、「恩倖」三種政治力量。爲便於後面的分析，茲將宋明帝所安排的輔政格局人員構成，簡表示之如下（表一：宋明帝安排輔政格局成員簡況表）：

表一：宋明帝安排輔政格局成員簡況表

所屬系統		輔政者姓名	輔政時所任職務	資料來源
中央（內）	朝臣	袁粲★	丹陽尹、守尚書令	宋/89/2231
		褚淵★	中書令、護軍將軍，加散騎常侍	南齊/23/426
		劉勔★	守尚書右僕射、中領軍	宋/86/2196
		劉休範	江州刺史，進位司空，侍中	宋/79/2046
		蕭道成	右衛將軍，領衛尉	南齊/1/7
	宮臣（恩倖）	阮佃夫	驍騎將軍、淮南太守，加淮陵太守	宋/94/2315
		王道隆	中書通事舍人、太子翊軍校尉	宋/94/2317
		楊運長	員外散騎侍郎，南平昌太守	宋/94/2318
地方（外）	藩鎮	沈攸之★	郢州刺史，安西將軍，加散騎常侍	宋/74/1931
		蔡興宗★	荊州刺史，征西將軍，開府，散騎常侍	宋/57/1583

說明：①「資料來源」一項，主要根據各人傳記（本紀），如「宋/89/2231」指《宋書》第89卷第2231頁；「南齊」則指《南齊書》，以下同；②「輔政時所任職務」只列其輔政的職務，受表格空間限制，同時所兼之「都督諸軍事」省略，「開府儀同三司」簡稱「開府」。

表中所列諸人，在宋明帝所安排之輔政格局中，地位有輕重，任務有分工。其中，後加「★」之袁粲、褚淵、劉勔、沈攸之、蔡興宗五人，爲宋明帝親任之顧命五大臣，從理論上說，乃是輔政格局的權力核心。其它如桂陽王休範、蕭道成及三恩倖等人的情況，則要具體分析。

先來看桂陽王劉休範。桂陽王劉休範當初正是以「謹澀無才能，不爲物情所向」，從而得免殺身之禍，在宋明帝看來，休範不足以對幼主構成威脅，

故而宋明帝死後，「遺詔」休範進位司空、改散騎常侍爲侍中，加班劍三十人。其時休範任江州刺史，並未進入宋明帝指定的「顧命大臣」之列，只是休範本人自以爲「宗戚莫二，應居宰輔」，正是因爲未能進入輔政的核心層，所以休範後來才會舉兵向闕。〔註26〕

再來看蕭道成。蕭道成的情況也較爲特殊，據《南齊書》本紀云：「(宋)明帝崩，遺詔爲右衛將軍，領衛尉，加兵五百人。與尚書令袁粲、護軍褚淵、領軍劉勔共掌機事。又別領東北選事。尋解衛尉，加侍中，領石頭戍軍事。」〔註27〕按，遍檢《宋書》袁粲、劉勔、沈攸之、蔡興宗諸傳，以及《南齊書·褚淵傳》，均不載蕭道成參與「顧命」事。由此可知，《南齊書》本紀所載宋明帝遺詔，及蕭道成與袁粲、褚淵、劉勔「共掌機事」諸事，可能並非實錄，或者「共掌機事」並非指「顧命」，而另有所指。要之，蕭道成並沒有進入宋明帝所安排的顧命核心層，可以肯定無疑，正是由於沒能成爲顧命大臣，故本紀敘事使用了「共掌機事」這樣含糊其辭的話語。〔註28〕

至於宮臣（恩倖）輩阮佃夫等人，以其身份、地位、政治聲譽均不入流的緣故，宋明帝當然不會讓他們進入「顧命大臣」的行列。但是，我們在分析輔政格局的時候，卻又不能對恩倖這一政治力量視而不見，因爲他們在輔政格局中的作用，微妙而重要，只不過不能將之公開於臺面而已。

接下來看顧命五大臣。桂陽王劉休範、蕭道成的情況敘述完畢，接下來讓我們對顧命五大臣的構成情況進行剖析，以便尋繹輔政格局的奧秘所在。

宋明帝安排的顧命五大臣中，來自中央（內）系統有三人，地方（外）系統有二人，從表面上看，外藩與內廷朝臣共同輔政，內外相制，權力分配基本平衡。然而，深入探察，卻不難發現宋明帝用心之所在，在這個政治格局中，眞正起作用的實際上只有外藩的沈攸之和蔡興宗，內朝袁、褚、劉三人在很大程度上只是點綴性的人物。茲徵諸相關史實，試爲發明。

（1）袁粲（420～477），陳郡陽夏人。據《宋書》卷八九本傳，袁粲在孝武帝一朝，仕途並不算順暢，其開始發達於政壇，是在宋明帝統治時期。

〔註26〕《宋書》卷七九《文五王·桂陽王休範傳》，第2046頁。

〔註27〕《南齊書》卷一《高帝紀上》，第7頁。

〔註28〕又《南齊書》卷一《高帝紀上》載元徽三年正月甲寅策蕭道成齊公書，敘述蕭道成之功績，其中有云：「泰始之末，入參禁旅，任兼軍國，事同顧命。」（第16頁）其中明確指出，蕭道成「事同顧命」，也就是說並非顧命，也可證蕭道成並未入預顧命大臣行列。

宋明帝駕崩前，「並受顧命，加班劍二十人，給鼓吹一部」。綜觀袁粲之為人，實有「清標簡貴」之名士氣息，而非汲汲於功名權勢之徒。〔註29〕本傳記載袁粲領受顧命，輔佐後廢帝期間之政治表現甚為詳細，由此可以分析他對於政治權力之態度，略云：

> （元徽）三年，徙尚書令，衛軍、開府如故，並固辭，服終乃受。加侍中，進爵為侯，又不受。時粲與齊王（蕭道成）、褚淵、劉秉入直，平決萬機，時謂之「四貴」。粲閑默寡言，不肯當事，主書每往諮決，或高詠對之，時立一意，則眾莫能改。宅宇平素，器物取給。好飲酒，善吟諷，獨酌園庭，以此自適。居負南郭，時杖策獨遊，素寡往來，門無雜客。及受遺當權，四方輻湊，閑居高臥，一無所接，談客文士，所見不過一兩人。〔註30〕

袁粲其時雖為「四貴」之一，然對權勢冷漠蔑如，且一向如此，在成為「四貴」之後，依然「不肯當事」，或是「獨酌園庭」，或是「杖策獨遊」，處在一種與世無爭的閑適狀態。事實上，袁粲對權力素乏熱情的政治態度，宋明帝生前也已有所認識，他曾在詔書中加以指陳，云：「令袁粲作僕射領選，而人往往不知有粲……粲作（尚書）令來，亦不異為僕射。人情向粲，淡淡然亦復不改常。」〔註31〕袁粲淡漠於政治權勢的人生態度，卓然可見。

（2）劉勔（417～473），彭城人。據《宋書》卷八六本傳，劉勔出身寒素，以軍功起家於宋文帝元嘉時期，其後一直征戰沙場。在宋明帝與晉安王劉子勛的對決中，劉勔軍功卓著，後又長期活躍於抗禦北魏的前線，並屢立功勳。綜觀劉勔一生政治經歷，完全稱得上宋明帝的心腹宿將。宋明帝臨終前，劉勔以守尚書右僕射、中領軍的身份，成為顧命大臣。然而，劉勔一生戎馬倥傯，為人知足常樂，「以世路糾紛，有懷止足」〔註32〕，及至晚年，「頗慕高尚，立園宅，名為東山，遺落世務，罷遣部曲。」〔註33〕由此可見，劉勔也是一個並不汲汲於權力之爭，在政治上樂天知命的人。

〔註29〕《宋書》卷八九《袁粲傳》「史臣曰」，第2234頁，又同傳載袁粲「清整有風操，自遇甚厚，常著《妙德先生傳》以續嵇康《高士傳》以自況」（第2230頁），知足表明袁粲確有名士風範。

〔註30〕《宋書》卷八九《袁粲傳》，第2232頁。

〔註31〕《宋書》卷八五《王景文傳》，第2182～2183頁。

〔註32〕《宋書》卷八六《劉勔傳》，第2195頁。

〔註33〕《資治通鑒》卷一三三蒼梧王元徽二年（474）五月，第4180頁。

（3）褚淵（435～482），河南陽翟人。據《南齊書》卷二三本傳，褚淵父湛之，尚宋武帝女始安哀公主，褚淵本人又尚宋文帝女南郡獻公主。褚淵少年即有名譽，兼有家世，一生榮華富貴，多憑人主恩賞、平流進取。褚淵能夠成爲顧命大臣，主要因爲他和宋明帝之間淵源甚早，史載褚淵與宋明帝「以風素相善，及即位，深相委寄，事皆見從。」〔註34〕就褚淵一生觀之，其人不但僅毫無政治氣節，且無實際政治才能。〔註35〕

（4）沈攸之（？～478），吳興武康人。事詳《宋書》卷七四《沈攸之傳》。關於吳興沈氏與南朝的政治關係，學界早有論列。〔註36〕沈攸之的父親沈叔仁，政治地位不顯，顯赫的是其從伯沈慶之。沈攸之少年「孤貧」，依靠軍功起家，元嘉二十七年（450）宋文帝大舉北征，發三吳民丁，時攸之隨從伯沈慶之出征，二十九年（452），沈攸之始補隊主。在隨後的一系列軍事活動中，沈攸之屢立戰功，但一直受到伯父沈慶之的排抑，因此「甚恨之」。

沈攸之在政治上開始顯赫，始於前廢帝劉子業時期，曾一度出任直閣將軍，封東興縣侯，官至右軍將軍。及宋明帝即位，沈攸之因告發宗越、譚金等謀叛有功，並在之後的一系列征戰中，頻頻立功，歷任尋陽太守、雍州刺史、郢州刺史、南兗州刺史諸職。泰始五年（469），出爲持節、監郢州諸軍事、郢州刺史，六年（470），進監豫州之西陽、司州之義陽二郡軍事，進號鎮軍將軍。宋明帝臨終前，沈攸之與蔡興宗「在外蕃，同豫顧命，進號安西將軍，加散騎常侍，給鼓吹一部。」〔註37〕

（5）蔡興宗（415～472），濟陽考城人。據《宋書》卷五七《蔡興宗傳》，興宗之父蔡廓，「博涉群書，言行以禮」，東晉末年起家爲著作佐郎，故蔡氏可以算作詩禮傳家之族。在東晉末年的政治鬥爭中，蔡廓較早投靠了宋武帝劉裕，及劉宋建國，蔡廓歷任御史中丞、司徒左長史、豫章太守、吏部尚書、祠部尚書諸職，元嘉二年（425），蔡廓卒，時年47歲，時興宗年僅10歲。

宋文帝元嘉後期，蔡興宗起家爲彭城王義康司徒行參軍，其後歷任王府、東宮僚佐諸職。在孝武帝一朝，蔡興宗歷任中書、門下、尚書、東宮、王府

〔註34〕《南齊書》卷二三《褚淵傳》，第426頁。
〔註35〕李文才、賀春燕撰：《張敬兒、王敬則政治生涯之異同及其時代意義》，《許昌師專學報》2000年第1期，第67～71頁。
〔註36〕關於吳興沈氏與南朝政治的關係，可參前揭陳群氏《吳興沈氏與南朝政治》、王永平氏《六朝江東世族之家風家學研究》等著作。
〔註37〕《宋書》卷七四《沈攸之傳》，第1927～1931頁。

等內職，以及州府僚佐、太守、刺史等外職。在前廢帝末年的政治風雲變幻中，蔡興宗較早投身宋明帝陣營，但其時宋明帝的處境十分窘迫，蔡興宗因此提出了「鎮之以靜，以至信待人」的應對方略，幫助宋明帝逐漸扭轉了局勢。從此，蔡興宗在宋明帝一朝，歷任要職。宋明帝臨終前，蔡興宗與上述四人「同被顧命」，時任使持節、都督荊・湘・雍・益・梁・寧・南、北秦八州諸軍事、征西將軍、開府儀同三司、荊州刺史，加班劍二十人。〔註38〕

　　在宋明帝看來，由上述五人組成的輔政班子，足以保證儲君地位的穩固。那麼，宋明帝憑什麼確信居中的三位朝臣，不會對儲君有侵逼之虞呢？首先，三人的政治經歷、政治品質，尤其是他們對權力的態度，讓宋明帝感到放心；其次，就是外藩的沈、蔡二人，各居強鎮，足以制衡在內的朝臣。

　　在宋明帝所安排的輔政格局中，外藩以郢州刺史沈攸之、荊州刺史蔡興宗充當，顯然是他思之再三，精心考慮之後才做出的決定。我們首先要明確一點，那就是宋明帝對沈、蔡二人能夠忠於幼主，可謂信心滿滿。徵諸史籍所載，從宋明帝即位起，沈攸之即憑藉告發宗越、譚金之功，而成為其心腹戰將。泰始初年政局動盪不安，沈攸之更是南征北討，成為一時頗牧，尤其在平定「義嘉之亂」〔註39〕中，乃是宋明帝最為倚重、信賴的將領。

　　至於蔡興宗，則是宋明帝創基時最重要的謀臣，「義嘉之亂」起，天下群起響應晉安王劉子勛，正是蔡興宗挺身而出，替宋明帝謀劃時局，史籍略云：

> 時諸方並舉兵反，國家所保，唯丹陽、淮南數郡，其間諸縣，或已應賊。東兵已至永世，宮省危懼，上集羣臣以謀成敗。興宗曰：「今普天圖逆，人有異志，宜鎮之以靜，以至信待人。比者逆徒親戚，布在宮省，若繩之以法，則土崩立至，宜明罪不相及之義。物情既定，人有戰心，六軍精勇，器甲犀利，以待不習之兵，其勢相萬耳。願陛下勿憂。」上從之。〔註40〕

其時宋明帝境況艱窘，支持者少，蔡興宗較早選擇宋明帝作為效忠對象，

〔註38〕《宋書》卷五七《蔡廓附子興宗傳》，第1573～1584頁。

〔註39〕按，在後廢帝末年的政治鬥爭中，江州長史鄧琬等人推戴晉安王劉子勛，以廢立為名起事（時子勛10歲），從而形成和宋明帝爭奪帝位的態勢。宋明帝即位後，遣使招撫子勛，鄧琬等人拒不受命，並於泰始二年（466）正月七日，奉子勛為帝，改年號為義嘉元年。及宋明帝打敗鄧琬、袁顗諸軍，子勛被殺之後，或稱此事為「義嘉之亂」。

〔註40〕《宋書》卷五七《蔡廓附子興宗傳》，第1581頁。

除抱有一種賭博的心理因素之外，與他對前廢帝先已不忠、早存成見，有直接關係。對於蔡氏這一棄此從彼的政治投機行為，前揭呂思勉氏曾有評論，云：「綜觀傳文，興宗蓋夸者死權之徒……初無盡忠於廢帝之心。且其人之好惡，頗與人殊。景和革孝建、大明之奢，平心論之，必不能謂非善政，而興宗亦以為非，則其於廢帝，實早存一疾視之成見，職是一念，遂為太宗所中，其答袁顗，尚僅以自全為念者，未幾即與太宗為徒黨，而為之四出說誘焉。」〔註41〕要之，蔡興宗乃是宋明帝一直都較為信任而少猜忌的少數幾個人物之一。

此外尚需注意者，沈、蔡二人出任郢、荊二鎮的微妙關係。沈攸之，來自南朝以軍功起家的新興門族吳興沈氏，在吳興沈氏家族中，攸之屬於社會政治地位較低的一枝，元嘉二十七年，北魏南侵，徵發三吳民丁，沈攸之亦在被徵之列，其出身之低可見一斑。與沈氏不同，蔡興宗出自濟陽蔡氏，其父蔡廓「博涉羣書，言行以禮」，興宗亦「少好學，以業尚素立見稱」，蔡氏雖非南朝第一流高門，但與沈氏相比，則不失為禮詩相傳之文化家族，因此二人在氣質上頗有差異。如果再聯繫郢州、荊州在地理構成上的制衡關係，就不能不讓人思索，宋明帝安排二人同預顧命，可謂有深意在焉：沈、蔡二人共同獎掖王室、輔佐幼主，則同為忠臣；若其中一人心懷叵測，則另一人足以牽制。又沈攸之、蔡興宗二人，政治、軍事閱歷豐富，俱稱名將，具備相互抗衡的能力。所以，我認為宋明帝以蔡興宗居荊、沈攸之居郢，二人同以外藩的身份輔政，確乎頗費心機。只不過，後來事情突起變化，導致政治局面隨之改變，卻是宋明帝始料未及者。總之，就顧命大臣的人員配置情況來看，宋明帝為幼主所設計的輔政班子，乃是一種內廷朝臣垂拱無為，外鎮強藩忠誠職守，內外相制的政治格局。

然如前所論，輔政的袁、劉、褚三朝臣其實無權，在內外相制的局面中，外（地方）足以制內（中央），內則無法制外，那麼所謂的「內外相制」，又該如何實現？怎樣才能有效地制衡外藩呢？竊以為，在宋明帝安排的輔政格局中，另有一種政治勢力，即由王道隆、阮佃夫、楊運長等「恩倖」所組成的「宮臣」勢力，他們在事實上把握著中央政局的實權，因此制衡外藩的任務實際上就由王、阮、楊諸恩倖輩承擔。回顧宋明帝的政治發展歷史，趨走左右的恩倖既是他打拼天下的一個重要依憑，也是他治理天下期間不容輕忽

〔註41〕前揭《兩晉南北朝史》（上冊）第九章《宋齊興亡》，第 415 頁。

的一股力量。綜觀宋明帝一朝，恩倖勢力始終能夠參與最高政治決策，其中原因蓋在於，恩倖掌握著一支有相當戰鬥力的禁衛部隊。因此，在為儲君安排的輔政格局中，「內外相制」的任務，袁、劉、褚三朝臣既無力承擔，自然就落在王、阮、楊諸恩倖輩的身上。

如果我們對輔政格局中三種政治勢力構成作進一步分析，還會發現，三股政治勢力不但彼此相互掣肘，其各自內部也不無互相牽制。茲試舉一例以成其說。蕭道成坐鎮淮陰期間，本已遭宋明帝懷疑，然而在臨終前，宋明帝不僅沒有將蕭氏剷除以絕隱患，反而將其徵還京師，並讓其擔任右衛將軍、領衛尉一職，承擔起京師的禁衛任務。其事該作何解釋？前揭呂思勉氏曾說，上一年宋明帝曾下詔徵蕭道成入京，但遭蕭氏婉辭拒絕，明帝遂以劉勔出鎮廣陵，目的可能就是為了防範蕭氏之不軌。〔註42〕宋明帝既然曾經以劉勔防制蕭道成，那麼，在安排輔政格局的時候，又為何不能利用蕭氏以防制劉勔？否則，急召蕭道成入京統帥禁衛，就難以解釋通融。

綜而言之，宋明帝在臨終前為幼主所安排的輔政格局中，內廷三朝臣袁、劉、褚和外藩沈、蔡五「顧命」大臣，構成輔政格局的核心層，外圍則輔以宗室桂陽王劉休範和統率禁衛的蕭道成，而阮佃夫、王道隆、楊運長為首的恩倖勢力，則作為一直隱伏的政治力量，居間監視溝通，既可助內制外，也可聯外壓內，可謂矛盾縱橫交錯，結構錯綜複雜。那麼，宋明帝為何要給幼主留下這樣一個充滿矛盾的複雜政治局面？其中根本原因，當在於宋明帝充分顧念幼主年智皆弱，根本無力駕御各種政治力量，因此，所安排的政治格局中，首先就要使各種勢力之間互相牽制、彼此掣肘。或許在宋明帝看來，宗室、外戚對皇權均已構不成威脅，那麼，輔政格局中各種勢力之間的彼此掣肘、相互制衡，就可以確保儲君地位的穩定和劉氏江山的永固。

三、宗室、恩倖與輔政格局的破壞

宋明帝精心為後主安排的輔政格局，在他死後不久就遭到了破壞。造成輔政格局破壞的原因，當然有多個方面；輔政格局破壞的過程，也並非一下子完成，而且呈現出較為明顯的階段性。不過，大出宋明帝意料的是，造成輔政格局破壞的直接推手，恰恰是他一生依恃的「恩倖」，以及他認為業已經過清除而無需多加防範的宗室。然而，無論恩倖還是宗室，儘管他們破壞了

〔註42〕前揭《兩晉南北朝史》（上冊）第九章《宋齊興亡》，第446頁。

宋明帝安排的輔政格局，卻都不是最終的最大受益者，坐收漁人之利者，乃是掌中央禁衛軍兵權的蕭道成。在後廢帝即位以後的宋末權力爭奪中，由於掌握了禁衛軍權，蕭道成一步一步控制了劉宋朝政，形成了權臣專制政權的局面，並最終易宋建齊。

宋明帝輔政格局遭到第一次破壞的表現，同時也是破壞的結果，乃是外藩荊、郢兩州之間互相制衡形勢的打破，以及由此所導致的沈攸之實力進一步增強。徵諸史載，造成這次破壞的始作俑者，正是右軍將軍王道隆等「恩倖」。

在宋明帝安排的輔政格局中，沈攸之居郢州，蔡興宗居荊州（新任，取代宗室、建平王劉景素），荊、郢二州相互制衡。然而，到泰豫元年（472）閏七月，「右軍將軍王道隆以蔡興宗強直，不欲使居上流，閏月，甲辰，以興宗為中書監；更以沈攸之為都督荊襄等八州諸軍事、荊州刺史。」〔註43〕當然，王道隆等人推動以沈攸之取代蔡興宗出鎮荊州，需要找到適當的藉口。恰在此時，益州地區發生民亂，遂為王道隆等人利用，史載：

> 泰豫元年，太宗崩，攸之與蔡興宗在外蕃，同豫顧命，進安西將軍，加散騎常侍，給鼓吹一部。未拜，會巴西民李承明反，執太守張澹，蜀土騷擾。時荊州刺史建平王（劉）景素被徵，新除荊州刺史蔡興宗未之鎮，乃遣攸之權行荊州事。攸之既至，會承明已平，乃以攸之都督荊・湘・雍・益・梁・寧・南、北秦八州諸軍事、鎮西將軍、荊州刺史，持節、常侍如故。〔註44〕

我們注意到，當荊州刺史一職處於劉景素、蔡興宗進行交接的空檔期間，偏偏此時益州發生民變，以致「蜀土騷擾」，王道隆等「恩倖」遂以此為藉口，先以沈攸之「權行」（代理）荊州刺史之職，然後，再予以正式任命，從而達到排斥蔡興宗出鎮荊州的目的。

王道隆等恩倖用移花接木的手法，雖成功阻止蔡興宗出鎮荊州，但這樣做的後果，卻直接破壞了宋明帝外藩荊、郢相制的政治格局。沈攸之泰始五年出鎮郢州的時候，鑒於郢州實力弱於荊、雍等州，到鎮後即「繕治船舸，營造器甲」〔註45〕，郢州軍事實力在短期內已有較大提升。及移鎮荊州，「擇郢州士馬、器仗精者，多以自隨」，就任荊州刺史以後，又「以討蠻為名，大

〔註43〕《資治通鑒》卷一三三宋明帝泰豫元年（472）七月，第 4171 頁。
〔註44〕《宋書》卷七四《沈攸之傳》，第 1931 頁。
〔註45〕《宋書》卷七四《沈攸之傳》，第 1931 頁。

發兵力，招聚才勇，部勒嚴整，常如敵至。重賦斂以繕器甲，舊應供臺者皆割留之，養馬至二千餘匹，治戰艦近千艘，倉廩、府庫莫不充積。士子、商旅過荊州者，多爲所羈留；四方亡命，歸之者皆蔽匿擁護。」〔註46〕沈攸之刺荊後，荊州實力迅速膨脹，在外藩中形成一枝獨秀之勢，原因固然不一而足，但外藩荊、郢之間互制局勢的破壞，乃是其中重要一端。不過，這裏需要指出的是，《宋書‧沈攸之傳》、《南齊書‧高祖紀》及《資治通鑒》等相關諸史，均眾口一詞地指認，沈攸之自出鎮郢州時，已有不臣之心，及其移鎮荊州以後，更是一心圖謀反叛，這些都是站在南齊統治者蕭道成立場上，對沈攸之所加的誣詞。〔註47〕但其中所言沈攸之到荊州後實力更加壯大，則是實情。沈攸之由郢轉而刺荊以後，荊州軍事實力快速壯大，正是宋明帝輔政格局破壞的結果，同時也是輔政格局破壞的具體表現。

宋明帝輔政格局遭到第二次破壞，亦即進入輔政格局破壞的第二個階段，則是由桂陽王劉休範起兵反叛所引起。蒼梧王元徽二年（474），桂陽王劉休範在尋陽起兵，進攻建康。劉休範舉兵向闕，導致宋明帝輔政格局的進一步破壞，統率禁衛軍的蕭道成在平叛中崛起，成爲中央權力核心，這樣一來，宋明帝精心設計的外藩相互牽制、內廷朝臣居中無爲的政治格局，終於演變成爲權臣專政的局面。劉宋政治格局，也從此變成長江下游的蕭道成（中央）和上游沈攸之（荊州）之間的內外相抗形勢。

桂陽王劉休範才智平庸、素乏識見，因爲沒能入預顧命大臣而心生怨恨，最後終於舉兵稱叛，此事確實出乎宋明帝的意料。面對劉休範的進攻，此時的長江上下游之間仍能保持一致，荊州刺史沈攸之不僅直接拒絕了劉休範的招引〔註48〕，還立即派遣軍隊沿江東下，接受郢州刺史晉熙王劉燮的節度。

〔註46〕《資治通鑒》卷一三三宋明帝泰豫元年（472）閏七月，第4171～4172頁。
〔註47〕如《宋書》卷七四《沈攸之傳》有云：「自至夏口（按，夏口爲郢州治所，在今漢口附近），便有異圖……至荊州，政治如在夏口，營造舟甲，常如敵至。時幼主在位，羣公當朝，攸之漸懷不臣之迹，朝廷制度，無所遵奉。」（第1931頁）卷八五《王景文附兄子蘊傳》云：「時沈攸之爲荊州刺史，密有異志，（王）蘊與之結厚。及齊王輔朝政，蘊、攸之連謀爲亂……」（第2185頁）《資治通鑒》卷一三三也說：「沈攸之自以材略過人，自至夏口以來，陰蓄異志……及徙荊州……舉錯專恣，不復承用符敕，朝廷疑而憚之。」（第4171～4172頁）至於《南齊書‧高祖紀》，更是站在蕭道成的立場上，所言沈攸之陰蓄異志、圖謀造反，均爲赤裸裸的誣衊之辭，並不足爲信。
〔註48〕據《宋書》卷七四《沈攸之傳》載：「江州刺史桂陽王劉休範密有異志，以微旨動攸之，使道士陳公昭作天公書一函，題云『沈丞相』，送付攸之門者，攸

儘管劉休範的反叛很快就被壓平，沈攸之的荊州軍隊並未來得及直接參與軍事攻討。〔註49〕但是，沈攸之在當時的情況下旗幟鮮明地表白立場，對於整個形勢的影響，卻不能忽視。這一點正如《宋書・沈攸之傳》所載的那樣，當劉休範舉兵的消息傳來，沈攸之即對僚佐說：「桂陽今反朝廷，必聲云與攸之同。若不滇沛勤王，必增朝野之惑。」〔註50〕由此可見，沈攸之在荊州表白立場，對於當事雙方影響甚大，從劉休範一方來說，之所以聲言荊州為自己的同志，就是為了增加「朝野之惑」；從朝廷一方來說，沈攸之表明立場，在軍事上就擁有了長江上游的順流之勢。所以，沈攸之在荊州明確表白立場，意義遠遠大於派出數千軍隊參戰，當然，派軍隊馳援也是宣示立場的一種表現形式。

劉休範起兵雖不久即被平定，但還是引起劉宋中央內部的政局變動。元徽二年（474）五月，劉休範起兵，以誅殺楊運長、王道隆等恩倖輩為名，移書中央「諸執政」，接到告變文書以後，劉宋朝廷立即在中書省召開緊急會議，商討對策。參加者有護軍褚淵、征北將軍張永、領軍劉勔、僕射劉秉、右衛將軍蕭道成、游擊將軍戴明寶、驍騎將軍阮佃夫、右軍將軍王道隆、中書舍人孫千齡、員外郎楊運長。其中褚淵、劉勔係原顧命大臣，劉秉係宗室成員，張永、蕭道成都不是原輔政格局的成員，餘者戴、阮、王、孫、楊五人，均為「恩倖」，也就是說，參與此次最高決策的人員中，恩倖集團所佔比例達到50%，正好一半。因此，恩倖實際上主宰了這次決策。

王道隆、阮佃夫、楊運長等恩倖不僅把握實權、主導決策，還親自干預軍務，凌駕於軍事統帥劉勔之上，其直接結果，就是造成戰爭的初期失利和劉勔戰死。〔註51〕劉勔戰死後，掌握禁衛軍兵權的蕭道成，開始負責軍事指

之不開書，推得公昭，送之朝廷。」（第 1931～1932 頁）劉休範此舉有兩重用意，如果能夠說動沈攸之與自己聯手起事，自然是最理想的結果；沈攸之即便拒絕，畢竟已經探知沈攸之的態度。

〔註49〕據《宋書》卷七四《沈攸之傳》載：「於是遣軍主孫同、沈懷奧興軍馳下，受郢州刺史晉熙王（劉）燮節度。同等始過夏口，會（劉）休範平，還。」（第1932 頁）

〔註50〕《宋書》卷七四《沈攸之傳》，第 1932 頁。

〔註51〕按，在此次京城守衛戰中，劉勔負責臺城守衛，實為軍事防守的重點。他最後戰死，完全是由於恩倖指揮失當所造成。劉勔戰死的經過，《宋書》卷八六《劉勔傳》、卷九四《恩倖・王道隆傳》、《資治通鑑》卷一三三等均有較為詳細的記述，以《資治通鑑》敘事條理性較為清楚，茲錄之以供分析：「丁文豪破臺軍於包莢橋，直至朱雀桁南，杜黑騾亦捨新亭北趣朱雀桁。右軍將軍王

揮，並成功地挽回了敗局，這樣蕭道成的政治地位迅速提高。元徽二年六月，蕭道成遷中領軍，由於掌握了禁衛軍兵權，因此他就在實際上壓倒了袁粲、褚淵等人，成爲劉宋中央朝政的眞正主宰者。史云：「六月，庚子，以平南將軍蕭道成爲中領軍、南兗州刺史，留衛建康，與袁粲、褚淵、劉秉更日入直決事，號爲四貴。」胡三省在「留衛建康」下注曰：「道成自此得政矣。」〔註52〕這樣，劉宋中央政治的運作，在事實上已由原來的諸貴聯合執政，變成蕭道成大權獨攬，宋明帝安排的輔政格局已然破壞。

蕭道成雖然專制朝綱，在中央形成權臣專決的局面，但一時仍不能掌握全國政局，原因在於沈攸之控制荊州，仍具備匡扶朝廷、擊敗任何覬覦帝位者的軍事實力。因此，蕭道成欲成其篡奪之事，必須首先排除沈攸之的干擾或反對，當然，最好是能夠將他拉到自己一邊。一開始，蕭道成還是希望能夠將沈攸之拉到自己的陣營，並爲此進行了一番嘗試，這是因爲蕭、沈二人不僅曾經同朝爲官，頗有交情，而且還是兒女親家。〔註53〕然而，沈攸之雖然在一些事情上默認蕭道成的做法，但是在「廢立」大事上，態度卻十分明確，那就是堅決反對。因此，對於蕭道成來說，要成功實現篡宋大業，就只剩下擊敗沈攸之一途。

沈攸之與蕭道成之間的較量，從蕭道成遷中領軍，「留衛建康」，專制朝政即已開始。不過，蕭沈雙方的較量起初一直在暗中進行，甚至在元徽四年（476），建平王劉景素據京城反叛（實際上也是反對蕭道成專制朝廷），沈攸

道隆將羽林精兵在朱雀門內，急召鄱陽忠昭公劉勔於石頭。勔至，命撤桁以折南軍之勢，道隆怒曰：『賊至，但當急擊，寧可開桁自弱邪！』勔不敢復言。道隆趣勔進戰，勔渡桁南，戰敗而死……於是中外大震，道路皆云『臺城已陷』，白下、石頭之眾皆潰，張永、沈懷明逃還。宮中傳新亭亦陷，太后執帝手泣曰：『天下敗矣！』」（第4179～4180頁）由此可見，劉勔戰死，完全由於王道隆不懂軍事，卻干預軍務所造成，劉勔之死的後果，不僅導致「中外大震」，以及白下、石頭兩處接連潰敗，更爲深遠的影響卻是，蕭道成從此獨力掌握禁衛軍權，進而專制朝政。

〔註52〕《資治通鑑》卷一三三蒼梧王元徽二年（474）六月庚子條及胡注，第4182頁。

〔註53〕據《南齊書》卷一《高帝紀上》：「初，荊州刺史沈攸之與太祖於景和世同直殿省，申以歡好，以長女義興公主妻攸之第三子元和。」（第11頁，據校勘記二五，沈攸之第三子「元和」，《資治通鑑》同，《冊府元龜》卷一八四、《宋書·沈攸之傳》作「文和」。）由此可見，沈、蕭二人之間頗有淵源，這當是後來蕭道成試圖拉攏沈攸之的重要原因。

之「復應朝廷」〔註54〕，至少在表面上仍與劉宋中央保持一致，也就是和蕭道成保持同一步調。直到蕭道成殺後廢帝劉昱、立宋順帝劉準，蕭、沈雙方之間的對抗始終沒有公開化、表面化，而是處於一種「暗戰」的狀態，劉宋政局也就在蕭道成與沈攸之的對抗中發展。關於蕭、沈雙方之間的暗戰，史籍頗有其載：

其一，桂陽王劉休範起兵壓平之後，蕭道成操縱朝政，企圖將沈攸之從荊州調到中央任職，但被沈攸之拒絕。其中曲折原委，《宋書・沈攸之傳》載之較詳，略云：

> 攸之自擅閫外，朝廷疑憚之，累欲徵入，慮不受命，乃止。羣公稱皇太后令，遣中使問攸之曰：「久勞于外，宜還京輦，然任寄之重，換代殊為未易，還止之宜，一以相委。」欲以觀察其意。攸之答曰：「荷國重恩，名器至此，自惟凡陋，本無廊廟之姿。至如戍防一蕃，撲討蠻、蜒，可強充斯任。雖自上如此，豈敢厝心去留，歸還之事，伏聽朝旨。」朝廷逾惕憚，徵議遂息。〔註55〕

據此，則欲徵召沈攸之回京的人乃是「羣公」，即在中央聯合執政的「四貴」，實際情況並不如此，所謂「羣公」語意含混，即使是以「羣公」聯名提出倡議，真正策劃人也只能是蕭道成。在這件事情上，《資治通鑑》的敘事較為明確，云「執政欲徵攸之而憚於發命，乃以太后令遣中使謂曰……」〔註56〕，此處司馬溫公以「執政」一詞取代「羣公」，並不僅僅是為了措辭，顯然有所專指，所指對象當然只能是操控朝政的蕭道成。

蕭道成所以召沈攸之到中央任職，目的在於以調虎離山之計，對沈氏加以有效控制；對於蕭道成的企圖，沈攸之自然心知肚明，遂以「本無廊廟之姿」，及撲討山蠻之事為由，婉言謝絕。此事乃是桂陽王劉休範壓平之後，蕭、沈之間的第一次較量，結果是蕭道成沒能達到目的。

其二，沈攸之獲悉建平王劉景素起兵的消息以後，急追前往討蠻的軍隊，令他們順流東下，前往支持建康。然而，所派援軍卻遭到巴東太守劉攘兵、建平太守劉道欣的阻截。根據記載，二劉所以阻兵，是因為懷疑沈攸之遣軍東下別有企圖。面對二劉阻兵，沈攸之只好派劉攘兵的姪子劉天賜前往解釋。

〔註54〕《宋書》卷七四《沈攸之傳》，第1932頁。
〔註55〕《宋書》卷七四《沈攸之傳》，第1932頁。
〔註56〕《資治通鑒》卷一三三蒼梧王元徽二年（474）七月，第4183頁。

在瞭解下游情況以後，巴東太守劉攘兵釋甲謝罪，並被沈氏任命爲軍府司馬。但是，建平太守劉道欣在情況明瞭之後，卻依然堅守阻兵，不向沈攸之屈服，並最終被劉攘兵和沈攸之的伐蠻軍聯合殄滅。〔註57〕

對於二劉出兵阻截沈氏東下軍隊一事，我總感其中頗有費解之處。因爲建平、巴東二郡均在荊州都督區管轄範圍，沈攸之作爲都督諸軍事、荊州刺史，乃是二劉的直接領導。因此，他們沒有理由去阻截轄區最高領導所派出的軍隊。所以，我懷疑劉攘兵駐守巴東、劉道欣駐守建平，可能另有隱情，即二劉可能同時接受來自朝廷的某種指令？易言之，巴東、建平阻兵之背後，可能就有蕭道成暗中操縱。〔註58〕因爲二劉阻兵，明顯都是針對沈攸之，職此之故，我認爲此事可能正是沈攸之與蕭道成暗中較量的一個反映。

徵調沈攸之進京之圖謀未能成功，蕭道成只能另做打算，再圖良策。因爲沈攸之居荊鎮守，已經成爲他所謀大事的最大障礙。元徽三年（475），張敬兒出鎮雍州，就是蕭道成對付沈攸之的重要一招。張敬兒出任雍州刺史，目的在於制衡沈攸之，史書言之鑿鑿，云：

> 太祖（蕭道成）以（張）敬兒人位既輕，不欲便使爲襄陽重鎮，敬兒求之不已，乃微動太祖曰：『沈攸之在荊州，公知其欲何所作？不出敬兒以防之，恐非公之利也。』太祖笑而無言，乃以敬兒爲持節、督雍・梁二州郢司二郡軍事〔註59〕、雍州刺史，將軍如故，封

〔註57〕《宋書》卷七四《沈攸之傳》：「及景素反，攸之急追峽中軍，巴東太守劉攘兵、建平太守劉道欣並疑攸之自有異志，阻兵斷峽，不聽軍下。時攘兵兄子天賜爲荊州西曹，攸之遣天賜譬說之，令其解甲，一無所問。攘兵見天賜，知景素實反，乃釋甲謝愆，攸之待之如故，後以攘兵爲府司馬。劉道欣堅守建平，攘兵譬說不回，乃與伐蠻軍攻之，破建平，斬道欣。」（第1932～1933頁）。

〔註58〕按，巴東太守劉攘兵經過解釋以後，雖然「釋甲謝愆」，並出任沈攸之軍府司馬，但對沈攸之一直存有貳心。據《南齊書》卷二五《張敬兒傳》：「敬兒與攸之司馬劉攘兵情款，及蒼梧廢，敬兒疑攸之當因此起兵，密以問攘兵，攘兵無所言，寄敬兒馬鐙一隻，敬兒乃爲之備。」（第466頁）張敬兒出鎮雍州，目的即在於防制沈攸之，作爲沈攸之軍府最重要的僚屬之一，劉攘兵卻和張敬兒暗通消息，不能僅從他和張敬兒的私人友情考慮，恐怕劉攘兵當初出任巴東太守，就和蕭道成有某種關係，這也是他阻兵斷峽的原因所在。因此，聯繫起來看，劉攘兵之於沈攸之，可謂志慮不純，三心二意。

〔註59〕據《南齊書》卷二五《張敬兒傳》校勘記【二〇】引錢大昕《廿二史考異》云：「按雍州刺史常兼督郢州之竟陵，司州之隨郡，非盡督司、郢二州也。《柳世隆傳》稱『持節督雍梁二州郢州之竟陵司州之隨郡諸軍事、征虜將軍、寧

襄陽縣侯，二千戶。

……

> 沈攸之聞敬兒上，遣人伺覘。見雍州迎軍儀甚盛，慮見掩襲。
> 密自防備。敬兒至鎮，厚結攸之，信饋不絕。得其事迹，密白太祖。
> 〔註60〕

張敬兒與蕭道成結緣，始於桂陽王劉休範舉兵之時，而且正是他以詐降之計，親自斬下劉休範的首級。事前，蕭道成與張敬兒約定「卿若能辦事，當以本州相賞」，故而在事成之後，張敬兒主動提出，要求蕭道成兌現承諾，讓自己出鎮雍州。

其實，蕭道成以所謂「人位既輕」，不想讓張敬兒出刺雍州，非得張敬兒求之不已，並主動提出監視荊州沈攸之，然後才許以雍州之任，不過是蕭道成的惺惺作態，這是他的用人策略。實際上，對於雍州刺史一職，蕭道成也一直在尋找合適的人選，此人既要忠誠於己，又容易駕馭，張敬兒出身低微，勇猛有餘，遠謀未足，更無遠大志向，乃是一位較為單純的職業軍人，因此，張敬兒實為雍州刺史的上佳人選。

有了張敬兒坐鎮雍州，蕭道成對於戰勝沈攸之的信心，也就增添了幾分，因為雍州本無實土，宋文帝元嘉時期，從荊州割出五郡劃歸雍州，雍州從此才有了實土。由此可見，荊雍二州在地緣構成上，實有著天然的聯繫，由於雍州所領五郡，地處抗胡前線，故人多習於戰鬥，從而成為荊州在江北地區的屏障。但從另一方面說，雍州同時又是對荊州的有效制衡，「荊州本畏襄陽人」，乃至「以雍制荊」的說法，都緣於荊、雍二州的特殊地緣構成。〔註61〕

蠻校尉、雍州刺史、新除鎮軍將軍張敬兒』，蓋得其實。此但云郢、司二郡，殊未核也。敬兒初鎮雍州，官征虜將軍，本傳亦未之及。」（第477頁）按，校勘記所引錢氏考異，是也。

〔註60〕《南齊書》卷二五《張敬兒傳》，第465～466頁。

〔註61〕按，雍州治所襄陽（今湖北襄樊），在北；荊州治所江陵（今湖北江陵），在南。荊、雍二州地緣構成，也是雍北荊南，雍州在魏晉南北朝時期，一直是南北雙方的戰場，因此，雍州在北，對荊州而言，就是一道防護的屏障，如《南齊書》卷一五《州郡志下》「荊州「條下云：「……江陵去襄陽步道五百，勢同脣齒，無襄陽則江陵受敵」，（第273頁）「雍州」條下云：「宋元嘉中，割荊州五郡屬，遂為大鎮。疆蠻帶沔，阻以重山，北接宛、洛，平塗直至，跨對樊、沔，為鄢郢北門。」（第282頁）是雍州可以充當荊州北面之屏障。反過來，雍州又可成為荊州掣肘，對其構成威脅，如《梁書》卷一《高祖紀上》載：「先是，東昏（即南齊東昏侯蕭寶卷）以劉山陽為巴西太守，配精兵

　　實際上，作爲相互掣肘的雙方，對於蕭道成耍弄手腕及其種種措置，沈攸之並未坐以待斃，也採取了相應的反制措施。如張敬兒就任雍州刺史以後，沈攸之曾對其進行招引，試圖反間〔註62〕；再如，蕭道成在報沈攸之書信中，曾指責他與袁粲、劉秉等人互爲表裏，以圖非份。〔註63〕儘管這個指責不一定是事實，但也不可能全爲空穴來風，因爲即便是袁、劉等人並未主動與之溝通，也不能排除沈攸之有心結緣袁、劉諸貴，以圖匡復大計。據《宋書·袁粲傳》載，湘州刺史王蘊（王景文弟）、丹陽尹劉秉（宗室）均爲袁粲同謀誅殺蕭道成，而王蘊則與沈攸之關係密切，因此要說袁、沈之間毫無牽連，於理似有不通。及沈攸之起兵，蕭道成前往袁粲府上，希望他能夠與自己聯手，但袁粲以患病爲由，避而不見。隨後，袁氏徒黨即謀殺蕭氏，客觀上與沈攸之的起兵形成呼應。此事或可側證袁、沈之間的某種微妙關係。〔註64〕

三千，使過荊州就行事蕭穎冑以襲襄陽。高祖知其謀，乃遣參軍王天虎、龐慶國詣江陵，遍與州府書。及山陽西上，高祖謂諸將曰：「荊州本畏襄陽人……我若總荊、雍之兵，掃定東夏，韓、白重出，不能爲計。」（第4頁）是雍州可以直接威脅荊州的安全。

〔註62〕據《南齊書》卷二五《張敬兒傳》：「敬兒至鎮，厚結攸之，信饋不絕。得其事迹，密白太祖。攸之得太祖書翰，論選用方伯密事，輒以示敬兒，以爲反間，敬兒終無二心。」（第466頁）

〔註63〕沈攸之起兵後，曾致書蕭道成，指斥他「竊天府金帛以行姦惠，盜國權爵以結人情」，蕭道成在回覆中則指斥他與袁、劉勾結，圖謀不軌，其中有云：「袁粲、劉秉，受遇深重，家國既安，不思撫鎮，遂與足下表裏潛規，據城之夜，豈顧社稷？」（《南齊書》卷二五《張敬兒傳》，第469、471頁。）

〔註64〕據《宋書》卷八九《袁粲傳》：「時齊王功高德重，天命有歸，粲自以身受顧託，不欲事二姓，密有異圖。丹陽尹劉秉，宋代宗室，前湘州刺史王蘊，太后兄子，素好武事，並慮不見容於齊王，皆與粲相結。將帥黃回、任候伯、孫曇瓘、王宜興、彭文之、卜伯興等，並與粲合。昇明元年，荊州刺史沈攸之舉兵，齊王自詣粲，粲稱疾不見……時齊王入屯朝堂，秉從父弟領軍將軍韞入直門下省，伯興爲直閤，黃回諸將皆率軍出新亭。粲謀克日矯太后令，使韞、伯興率宿衛兵攻齊王於朝堂，回率軍來應。秉、候伯等並赴石頭，本期夜發，其日（劉）秉恇擾不知所爲，晡後便束裝，未暗，載婦女席卷就粲，由此事洩。」（第2232～2233頁）由此可見，在中央以袁粲爲核心，確實存在一股反對蕭道成的政治力量，他們在沈攸之起兵時，於中圖謀誅殺蕭道成，最終事洩敗亡。其中不言袁粲與沈攸之與任何關聯。然而，袁粲黨中重要成員王蘊，曾任湘州刺史，他與沈攸之的密切關係卻非同尋常，這在《宋書》相關諸傳及《資治通鑑》中均有明確記述，據《資治通鑑》卷一三四宋順帝昇明元年（477）十二月：「湘州刺史王蘊遭母喪罷歸，至巴陵，與沈攸之深相結。」（第4204頁）因此，後來沈攸之起兵向闕，袁粲於中謀殺蕭道成，二事看似毫無聯繫，實際未必然也。

　　宋明帝爲何要安排這樣一個矛盾重重、錯綜複雜的輔政格局？輔政格局壞的根本原因究竟是什麼？宋明帝安排輔政格局，除文中所分析的那些原因外，還在於對孝武帝一朝經驗和教訓的總結和借鑒。劉宋孝武帝時期，以宗室親王出居強藩大鎮，結果卻造成後來宗室之間的混戰，宋明帝以此爲鑒，改以異姓親信大臣出鎮、同時以中央近習掣肘的辦法，來加強對地方的控制。客觀地說，宋明帝此舉，對於孝武帝的宗室政策具有一定糾偏的傾向，不無積極意義，對於強化皇權也確實產生了一定的實際效果。

　　但是，我們也必須同時指出，宋明帝的許多做法，尤其是對宗室的血腥殺戮，不免矯枉過正，大殺宗室直接削弱了劉宋皇族的力量，這甚至成爲不久之後劉宋即被他姓取代的關鍵性原因〔註65〕；過分依賴「恩倖」等驅走小臣，降低了執政者的素質，進一步加深了朝政腐敗的程度。另外，政局中矛盾過多，互相制約的機制自然也就很容易遭到破壞，就如同多米諾骨牌，只要一個環節出現問題，其它環節也就會發生連鎖反應而遭到破壞，這正是文中所述輔政格局很快崩潰的原因。

　　當然，造成這一切的根本原因，主要還是在於統治階級內部的權力爭奪，如果沒有統治集團內部的權力之爭，所有這些血腥屠殺都不會發生。然而，這只能是一種假設，因爲在階級社會中，權力之爭無時不有、無處不在，而只要存在這種爭奪，再怎麼精心安排輔政格局，也是遲早要被破壞的，也就是說任何精緻的政治安排，都無法挽救一個腐朽政權的滅亡命運。這正如呂思勉氏所說：「凡好用權術駕馭者，無不思爲萬全之謀，然終不能收萬全之效，以此知智計之有時而窮，不如道義之足任矣。」〔註66〕呂氏所論，其中「智計」、「道義」云云，雖不免些微迂闊，但所言權謀、智計並不能收萬能全之效，則是矣。

〔註65〕　【唐】李延壽撰：《南史》卷四三《齊高帝諸子傳下・長沙威王晃傳》云：「高帝大漸時，戒武帝曰：『宋氏若骨肉不相圖，佗族豈得乘其弊？汝深戒之。』」（第1080頁，北京，中華書局，1975。）蕭道成宋氏骨肉相殘一語，可謂切中肯綮。
〔註66〕　前揭《兩晉南北朝史》（上冊）第九章《宋齊興亡》，第445頁。

南齊政權的建立與淮陰

　　南齊政權的建立，與淮陰的關係十分密切，對此梁朝史學家蕭子顯即已有所認識，云：「太祖作牧淮、兗，始基霸業。」〔註1〕顯然，在蕭子顯看來，南齊基業的奠定，始於蕭道成在淮陰一帶的政治、軍事活動。蕭子顯不僅指出淮陰對於蕭道成奠定基業的重要意義，還進一步說明了蕭道成「作牧淮、兗，始基霸業」的內涵，云：「恩威北被，感動三齊。青、冀豪右，崔、劉望族，先睹人雄，希風結義。」〔註2〕蕭道成在淮陰所招聚的清河崔氏、平原劉氏等南遷淮、徐一帶的青、冀豪族，不僅成為他攫取劉宋政權的依恃，也成為南齊建立後抗禦北魏、穩固政權的主要武力。〔註3〕

　　實際上，關於蕭道成在淮陰的政治活動，及其實力積聚等情況，不僅有關魏晉南北朝正史諸傳紀有所記載，即通常受治史者所冷落的《祥瑞志》、《五行志》等迷信色彩濃厚的志書，也可以為我們提供考察的線索。

〔註1〕《南齊書》卷二八「史臣曰」，第532頁。

〔註2〕《南齊書》卷二八「史臣曰」，第532頁。

〔註3〕關於蕭道成崛起於政治舞臺及其所依恃的武裝力量，學界已頗有矚目者，如周一良氏在論「東晉以後政權嬗代之特徵」時，指出：「蕭道成之據點在淮陰。」（周一良撰：《魏晉南北朝史札記》之《南齊書札記》「東晉以後政權嬗代之特徵」條，第257頁，北京，中華書局，1985。）其它如羅新氏、韓樹峰氏等，也都認為蕭道成建立南齊，依靠的力量乃是南遷鬱洲、淮陰一帶的青、齊豪族，甚而在南齊建立以後，青齊豪族也是蕭道成唯一可以依恃的武裝力量。（羅新撰：《青齊豪族與宋齊政治》，《原學》第1期，北京，中國廣播電視出版社，1994。韓樹峰撰：《南北朝時期淮漢迤北的邊境豪族》，北京，社會科學文獻出版社，2003。）

一、青齊豪族與蕭齊建國之祥瑞

《南齊書》卷一八《祥瑞志》、卷一九《五行志》記載有許多關於宋齊革命的讖語或「靈徵」，這些應驗如神的斷語，絕大多數自然是南齊擁蠆者牽強附會的曲解或刻意編造，其目的則是爲了讓人們相信南齊取代劉宋乃是不可抗拒的天意。儘管這些記述因爲充滿深厚的迷信色彩，以致看起來荒誕不經，但深入剖析，仍不難發現其中的史料價值。這些看似荒誕不經的史料記述，仍然在有意無意之間透露出有關南齊政治的某些信息，諸如蕭道成在劉宋末年的崛起，以及他和青齊豪族的密切關係等方面的內容，在其中都有所反映。

《南齊書‧祥瑞志》中有二條史料值得我們關注，其一：「泰始七（據校勘記，『七』當爲『三』）年，明帝遣前淮南太守孫奉伯往淮陰監元會。奉伯與太祖同寢，夢上乘龍上天，於下捉龍脚不得。覺謂太祖曰：『兗州當大庇生民，弟不見也。』奉伯卒於宋。」〔註 4〕其二，「清河崔靈運爲上府參軍，夢天帝謂己曰：『蕭道成是我第十九子，我去年已授其天子位。』自三皇五帝至齊受命君，凡十九人也。」〔註 5〕《南齊書‧五行志》中也有一條，云：「宋泰始既失彭城，江南始傳種消梨，先時所無，百姓爭欲種植。識者曰：『當有姓蕭而來者。』十餘年，齊受禪。」〔註 6〕

以上三條史料，都充滿濃厚的迷信色彩，乃是與馬克思主義唯物史觀截然對立的唯心主義觀點。但現在的問題是，《祥瑞志》、《五行志》所載的這三條材料所表述的內容，和宋齊之際的三個史實，竟成一一對應的關係，甚至於完全吻合！這三個史實分別是：（1）泰始三年（467）孫奉伯奉命監淮陰「元會」，其所對應的眞實情況應該是，宋明帝劉彧對坐鎮淮陰的蕭道成已經產生懷疑，故而派遣孫奉伯於「元會日」前往刺探情況。（2）清河崔靈運夢見天帝，實際上曲折地反映出蕭道成在淮陰業已取得以清河崔氏爲代表的、南遷淮上的青齊豪族的支持。（3）蕭道成在宋末政治舞臺崛起，正是從泰始年間徐州失陷、蕭道成領兵北戍淮陰開始，十餘年後蕭道成憑藉在淮陰積聚的實力，完成了篡宋成齊的大業。應該怎樣解釋「靈徵」與史實之間的對應關係呢？

〔註 4〕《南齊書》卷一八《祥瑞志》，第 353 頁。
〔註 5〕《南齊書》卷一八《祥瑞志》，第 353 頁。
〔註 6〕《南齊書》卷一九《五行志》，第 381 頁。

我以爲要解答以上問題，就需要從尋找編寫或杜撰這類「靈徵」、讖語的動機或目的方面著手，搞清楚到底是什麼人，出於什麼樣的目的而編排出這些「靈徵」和讖語？他們又爲什麼能夠杜撰得與史實如此吻合？關於《南齊書·祥瑞志》的編撰，據其書《序》云：

> 天符瑞命，遐哉邈矣。靈篇秘圖，固以蘊金匱而充石室，炳《契》《決》，陳《緯》《候》者，方策未書。啓覺天人之期，扶獎帝王之運，三五聖業，神明大寶，二謀協贊，罔不由茲。夫流火赤雀，實紀周祚；雕雲素靈，發祥漢氏；光武中興，皇符爲盛；魏膺當塗之讖，晉有石瑞之文，史筆所詳，亦唯舊矣。齊氏受命，事殷前典。黃門郎蘇侃撰《聖皇瑞應記》，永明中庾溫撰《瑞應圖》，其餘眾品，史注所載。今詳錄去取，以爲志云。〔註7〕

據此可知，蕭子顯撰寫《南齊書·祥瑞志》，其內容即採自黃門郎蘇侃〔註8〕所撰《聖皇瑞應記》、庾溫所撰《瑞應圖》二書，從某種意義可以認爲，《南齊志》就是裁剪蘇、庾所著二書而成。這也就是說，記錄或編撰這些「祥瑞」的人，主要就是蘇侃和庾溫。那麼，蘇、庾二人的動機或目的何在？

蘇侃、庾溫編造或杜撰「祥瑞」的動機或目的，因諸史無載故不得而知，但無外乎以下兩種原因，一是奉南齊最高統治者的旨意而爲，二就是出於攀附南齊統治者的需要而爲。庾溫其人事蹟，史無詳載，他撰寫《瑞應圖》一書是在南齊武帝蕭賾永明（483～493）年間，徵諸《祥瑞志》所載，其中發生在永明年間或與齊武帝蕭賾有直接關係的「瑞應」，就多達九十餘條，而其中更有幾條「瑞應」的解釋，就是由庾溫本人所爲。茲具列如下：

> 世祖年十三，夢舉體生毛，髮生至足。又夢人指上所踐地曰「周文王之田」。又夢虛空中飛。又夢著孔雀羽衣。庾溫云：「雀，爵位也。」又夢鳳皇從天飛下青溪宅齋前，兩翅相去十餘丈，翼下有紫雲氣。及在襄陽，夢著桑屐行度太極殿階。庾溫云：「屐者，運應木也。」臣案桑字爲四十而二點，世祖年過此即帝位，謂著屐爲木行也。屐有兩齒有聲，是爲明兩之齒至四十二而行即眞矣。及在郢州，

〔註7〕《南齊書》卷一八《祥瑞志序》，第349頁。

〔註8〕按，「蘇侃」即「蘇侃」，《南齊書》卷二八《蘇侃傳》及其它相關文獻，「蘇侃」均作「蘇侃」，唯《南齊書》卷一八《祥瑞志》，作「蘇侃」。蓋「侃」爲「侃」之俗體字，爲求行文簡潔，本文除引《祥瑞志》原文仍寫作「侃」外，其它地方均寫作「侃」。

夢人從天飛下，頭插筆來畫上衣兩邊，不言而去。庾溫釋云：「畫者，
山龍華蟲也。」〔註9〕

世祖爲廣興相，嶺下積旱水涸不通船，上部伍至，水忽暴長。
庾溫云：「《易》利涉大川之義也。」〔註10〕

永明十年，鄱陽郡獻一角獸，麟首，鹿形，龍鷺共色。《瑞應圖》
云：「天子萬福允集，則一角獸至。」〔註11〕

其中第一條，齊武帝蕭賾早年的夢境，以及庾溫的解釋就頗有蹊蹺。因爲我
們知道，一個人的夢境內容，若非他本人講述出來，其它人絕對無從知曉。
也就是說，庾溫即便要對這些夢境進行詮釋，首先也得知道齊武帝做過什麼
樣的夢，而這夢的內容只能是由齊武帝本人告訴庾溫才可，換言之，庾溫解
夢肯定是秉承齊武帝蕭賾的旨意而爲之。由此我們可以初步推斷，庾溫與齊
武帝蕭賾之間應當有著十分私密的關係。基於庾溫多次替齊武帝解釋「祥
瑞」，以及《南齊書・祥瑞志》的主要來源之一就是他所撰寫的《瑞應圖》，
我們進而可以推知，庾溫撰寫《瑞應圖》很可能正是秉承了齊武帝的旨意，
其中一個主要動機則是爲了證明齊武帝蕭賾能夠繼承帝位乃是天命所歸。

至於蘇侃，他與齊高帝蕭道成的關係更是極爲私密，史籍載之甚爲顯明。
蘇侃與蕭道成結緣的地點，正是淮陰。據前揭《南齊書・蘇侃傳》云：

蘇侃字休烈，武邑人也。祖護，本郡太守。父端，州治中。

侃涉獵書傳，出身正員將軍，補長城令。薛安都反，引侃爲其
府參軍，使掌書記。安都降虜，侃自拔南歸。除積射將軍。遇太祖
在淮上，便自委結。上鎮淮陰，以侃詳密，取爲冠軍錄事參軍。是
時張永、沈攸之敗後，新失淮北，始遣上北戍，不滿千人，每歲秋
冬間，邊淮騷動，恒恐虜至。上廣遣偵候，安集荒餘，又營繕城府。
上在兵中久，見疑於時，乃作《塞客吟》以喻志曰……侃達上此旨，
更自勤勵。委以府事，深見知待。

元徽初，巴西人李承明作亂，太祖議遣侃銜使慰勞，還除羽林
監，加建武將軍。桂陽之難，上復以侃爲平南錄事，領軍主，從頓

〔註 9〕 《南齊書》卷一八《祥瑞志》，第 353～354 頁。
〔註 10〕 《南齊書》卷一八《祥瑞志》，第 354 頁。
〔註 11〕 《南齊書》卷一八《祥瑞志》，第 355 頁。

新亭，使分金銀賦賜諸將。事寧，除步兵校尉，出爲綏虜將軍、山陽太守，清脩有治理，百姓懷之。進號龍驤將軍，除前軍將軍。沈攸之事起，除侃游擊將軍，遷太祖驃騎諮議，領錄事，除黃門郎，復爲太祖太尉諮議。

侃事上既久，備悉起居，乃與丘巨源撰《蕭太尉記》，載上征伐之功。以功封新建縣侯，五百户。齊臺建，爲黃門郎，領射聲校尉，任以心膂。上即位，侃撰《聖皇瑞命記》一卷奏之。建元元年，卒，年五十三。上惜之甚至，追贈輔國將軍、梁·南秦二州刺史，諡質侯。〔註12〕

《蘇侃傳》所載《聖皇瑞命記》當即前揭《祥瑞志》所載之《聖皇瑞應記》。蘇侃卒於建元元年（479），時年53歲，由此可知蘇侃出生於427年。蘇侃「遇太祖在淮上，便自委結」是在什麼時間？按，宋明帝泰始二年（466）十月，薛安都投降北魏，蘇侃自拔歸宋，被任命爲積射將軍，時蕭道成正隨沈攸之、張永等人征戰於淮水前線。泰始三年（467）八月，蕭道成以行北徐州事的身份正式到淮陰任職。因此，蘇侃與蕭道成確立親密關係，時間當在泰始二年（466）十月至泰始三年（467）八月期間，當時蘇侃已40歲左右。

自結識蕭道成以後，蘇侃很快就成爲蕭道成的心腹，其後歷任蕭道成冠軍將軍府錄事參軍、平南將軍府錄事參軍、驃騎將軍府諮議領錄事、太尉府諮議等職，這些職務從性質上講，均相當於蕭道成私人機要秘書。正是因爲長期貼身追隨蕭道成，故而當蘇侃聽到蕭道成吟詠《塞客吟》，便能立刻明瞭蕭氏的眞實意圖，並因此「更自勤勵」，這說明蘇侃對蕭道成的所思所想，具有很強的領悟能力，而且能夠很快採取恰當的方式表達出來。在此後蕭道成與沈攸之的權力角逐中，蘇侃頻頻被委以重任，或是撫慰叛亂，或褒獎諸將，或綏撫地方，及齊臺建立，出任黃門郎，領射聲校尉，「任以心膂」。正是憑藉「事上既久，備悉起居」的有利條件，蘇侃在蕭道成篡宋前，與丘巨源聯合撰寫出「載上征伐之功」的《蕭太尉記》以歌頌蕭道成；及蕭道成即位，蘇侃後又立即寫成《聖皇瑞命記》，以說明蕭道成稱帝乃是「天意」。蘇侃接連完成這些替蕭道成鼓吹造勢的「宏文」，其中固然因爲他具有「事上既久，備悉起居」的有利條件，也不能排除他正是揣測甚至是秉承蕭道成旨意而爲

〔註12〕《南齊書》卷二八《蘇侃傳》，第527～529頁。

之可能。

根據以上分析，我們認為，前文所引《祥瑞志》、《五行志》中的三條記載，極有可能就是蘇侃編撰出來的，因為只有蘇侃最具備編撰的條件。蕭道成凸顯於宋末政治舞臺，正是從泰始年間出鎮淮陰開始，而蘇侃也正是從這時候追隨於蕭道成，並從此成為蕭氏心腹，對於蕭道成在政治上起步於淮陰，及其實力壯大的過程，蘇侃自然十分明瞭。

除了上述三條記載最有可能出自蘇侃之手外，《祥瑞志》中另有三條「祥瑞」也可能出自他的杜撰，云：

> 《尚書中候・儀明篇》曰：「仁人傑出，握表之象，曰角姓，合音之于。」蘇侃云：「蕭，角姓也。又八音之器有簫管也。」

> 史臣曰：案晉光祿大夫何禎解音之于為曹字，謂魏氏也。王隱《晉書》云：「卯金音于，亦為魏也。」《候》書章句，本無銓序，二家所稱，即有前釋，未詳侃言為何推據。〔註13〕

> 太祖年十七，夢乘青龍西行逐日，日將薄山乃止，覺而恐懼，家人問占者，云「至貴之象也」。蘇侃云：「青，木色。日暮者，宋氏末運也。」〔註14〕

> 宋泰始中，童謠云「東城出天子」，故明帝殺建安王休仁。蘇侃云：「後從帝（按，即宋順帝劉準）自東城即位，論者謂應之，乃是武進縣上所居東城里也。」熊襄云：「上舊鄉有大道，相傳云秦始皇所經，呼為『天子路』，後遂為帝鄉焉。」案從帝實當援立，猶如晉之懷、愍，亦有徵符。齊運既無巡幸，路名或是秦舊，疑不能詳。〔註15〕

蘇侃對《尚書中候・儀明篇》中將「蕭」解釋為「角姓」，後來儘管遭到《南齊書》作者蕭子顯的質疑，但當初蘇氏的解釋出於迎合蕭道成，或為蕭氏製造符瑞，則是沒有疑問的。蕭道成夢乘青龍，及卜者云至貴之象，既然是夢境，若非他本人告訴蘇侃，蘇氏又何從得知？至於劉宋泰始年間「東城出天子」這一童謠，蘇侃將之解釋為蕭道成的祥瑞，自然也是出於同一目的，即為了證明蕭道成篡宋成齊乃是早有定數的天命攸歸。

〔註13〕《南齊書》卷一八《祥瑞志》，第350頁。
〔註14〕《南齊書》卷一八《祥瑞志》，第353頁。
〔註15〕《南齊書》卷一八《祥瑞志》，第353頁。

正是從鎮守淮陰開始，蕭道成的勢力逐漸壯大起來，這主要歸功於他到淮陰以後大力邀聚英豪，對此，無論是司馬溫公還是爲《資治通鑑》作注的胡三省，都已經明確指出。〔註16〕蕭道成在淮陰所招聚的英豪，主要就是劉宋末年南遷淮上的青齊豪族，他們就是後來蕭道成打天下所依恃的主要武力。宋末南遷淮上的青齊武力集團，其代表人物主要有清河崔氏、平原劉氏等家族，從某種意義上說，以清河崔氏、平原劉氏等爲核心的青齊豪族，正是能夠決定蕭道成生死成敗的「天帝」。因此，前引《祥瑞志》所載崔靈運在夢中接受「天帝」諭旨，焉知不是青齊豪族的夫子自道？至於蘇侃何以能夠知悉崔靈運受夢於「天帝」，並在後來將其編入《聖皇瑞應記》，那是因爲蘇侃本人就是來自於青齊武力集團的一份子。

特別要指出的是，蕭道成禪宋建國，選定「齊」爲國號，在很大程度上正是在清河人崔祖思的提議下所決定。據《南齊書・崔祖思傳》云：

> 崔祖思，字敬元，清河東武城人，崔琰七世孫也⋯⋯

> 太祖在淮陰，祖思聞風自結，爲上輔國主簿，甚見親待，參豫謀議。除奉朝請，安成王撫軍行參軍，員外正員郎，冀州中正。宋朝初議封太祖爲梁公，祖思啓太祖曰：「讖書云『金刀利刃齊刈之』。今宜稱齊，實應天命。」從之。轉爲相國從事中郎，遷齊國內史。建元元年，轉長兼給事黃門侍郎。〔註17〕

劉宋政權在討論蕭道成封邑時，本擬以「梁」爲其國號，但崔祖思提出不同意見，認爲根據讖語應該將國號定爲「齊」，並最終被蕭道成所接受。及南齊建立以後，崔祖思又全面陳述了南齊國家治理的主張，涉及南齊各項大政方針，均得到蕭道成的首肯。〔註18〕

〔註16〕《資治通鑑》卷一三二宋明帝泰始三年（467）八月：「壬寅，以（沈）攸之行南兗州刺史，將兵北出；使行徐州事蕭道成將千人鎮淮陰。道成收養豪俊，賓客始盛。（胡注：爲後蕭道成取宋張本。）」（第4137～4138頁）

〔註17〕《南齊書》卷二八《崔祖思傳》，第517頁。

〔註18〕據《南齊書》卷二八《崔祖思傳》載，蕭齊建立以後，崔祖思即「啓陳政事」，共分九個議題，內容如下：（1），加強考課，刪除冗官，修闡文教，治兵積穀；（2），提倡節儉，移風易俗；（3），慎選獄官，研習律令，減輕刑罰，刪除繁苛；（4），整頓禮儀制度，裁減冗餘人員，使給養充足，風俗轉淳；（5），明賞罰，嚴法令，協調德教、名法之關係；（6），簡役敦農，開田廣稼，罷山澤之戍禁，抑豪右之攘奪；（7），整飭史官制度，促直筆風氣之形成；（8），加強諫官制度建設，發揮諫官議政職能；（9），選賢任能。（第518～521頁）以

由此可見，從議定未來國號，到建國初年的治國方策，以崔祖思爲代表的青齊豪族的意見，對於蕭道成來說具有決定性的意義，這爲我們準確解讀崔靈運夢見「天帝」一事，正可以提供某種啓示。徵諸同書卷一八《祥瑞志》所載：「歌又曰：『三禾摻摻林茂葦，金刀利刃齊刈之。』刈，剪也。《詩》云：『實始翦商。』」〔註19〕崔祖思所據「讖語」與《祥瑞志》所載「歌」辭一字不差，因此我以爲，這些「讖語」極有可能正是清河崔氏等青齊豪族有意編造出來，同時也反映出青齊豪族在南齊政權創建過程中，乃是具有決定意義的勢力集團。

二、蕭道成出鎮淮陰與青齊諸豪之招聚

齊高帝蕭道成在臨終前，告誡即將繼位的齊武帝蕭賾，云：「宋世若不骨肉相圖，他族豈得乘其衰弊，汝深戒之。」〔註20〕蕭道成的話很是直白，並無費解之處。在他看來，自己所以能夠篡宋建齊，主要是因爲劉宋皇室的自相殘殺，爲他提供了可乘之機。徵諸史實，齊高帝此語確乎不虛，正是在劉宋統治集團的內爭中，蕭道成發展壯大了自己的政治軍事實力。泰始元年（465）十一月，劉宋湘東王劉彧聯合諸恩倖，殺前廢帝劉子業後稱帝，是爲宋明帝。同年十二月，江州刺史、晉安王劉子勛在其長史鄧琬等人操縱下，在尋陽起兵，荊州刺史、臨海王劉子頊，會稽太守、尋陽王劉子房等人也都在其長史的操控下，起兵響應。泰始二年（466）正月，劉子勛在尋陽稱帝，改元「義嘉」，是以這場內爭又被稱爲「義嘉之亂」。

「義嘉之亂」初起，蕭道成只是擁護宋明帝劉彧的一名普通將領，跟隨桂陽王劉休範在三吳地區征戰，征討對象則是以會稽大族孔覬爲首、擁護晉安王劉子勛的「東軍」。泰始二年二月，雙方在晉陵一帶展開大戰，此役《南齊書·高帝紀》有載：

> 時四方反叛，會稽太守·尋陽王（劉）子房及東諸郡皆起兵，（宋）明帝加太祖輔國將軍，率眾東討。至晉陵，與賊前鋒將程捍、孫曇

上九項內容，全方位闡釋了崔祖思關於南齊國家治理的方策，涉及南齊國家政治的方方面面，提出之後受到蕭道成的高度重視，「上優詔報答」。崔祖思九條建議的提出，從某種意義上說，不只代表了個人的意願，而是南遷淮上青齊豪族之政治主張。

〔註19〕 《南齊書》卷一八《祥瑞志》，第351頁。
〔註20〕 《南齊書》卷三五《長沙威王（蕭）晃傳》，第624頁。

瓛等戰，一日破賊十二壘。分軍定諸縣，晉陵太守袁摽棄城走，東
境諸城相繼奔散。〔註21〕

按，晉陵大捷實爲宋明帝劉或一方扭轉軍事上被動局面的關鍵性戰役，《南齊
書》將此役勝利首功歸諸蕭道成，並不符合史實，乃是修史者蕭子顯的「曲
筆」所致，是爲了頌揚蕭道成在宋末的功業。

實際上，當時負責東討的軍事統帥爲巴陵王劉休若〔註22〕，劉休若所統
帥之東征軍，主要由建威將軍沈懷明、尚書張永、輔國將軍蕭道成三支軍隊
構成。而據諸《宋書・孔覬傳》所載，會稽山陰大族孔覬在三吳起兵後，「太
宗（按，即宋明帝劉或）遣建威將軍沈懷明東討，尚書張永係進，鎮東將軍
巴陵王休若董統東討諸軍事。」〔註23〕可見，在宋明帝劉或最先派出的東討
諸軍中並無蕭道成，其時統帥東討諸軍者，爲沈懷明、張永、巴陵王劉休若
三人，蕭道成所部參與東討的時間稍微要後一些。易言之，沈懷明、張永所
部在此次東討軍事行動中的地位，比蕭道成所部更爲重要。〔註24〕

此次晉陵之戰的前線指揮，則是南臺御史、恩倖王道隆。在王道隆到來
之前，包括蕭道成所部在內的諸軍，在九里西部地區和「東軍」一時呈對峙
狀態。據《資治通鑑》略云：

〔註21〕《南齊書》卷一《高帝紀上》，第4頁。
〔註22〕《宋書》卷七二《文九王・巴陵哀王（劉）休若傳》：「巴陵哀王休若，文帝
　　　　第十九子也……太宗泰始元年，遷散騎常侍、中書令，領衛尉。未拜，復爲
　　　　左衛將軍，常侍、衛尉如故。又未拜，出爲使持節、都督會稽・東陽・永嘉・
　　　　臨海・新安五郡諸軍事、領安東將軍、會稽太守，率眾東討。進督吳、吳興、
　　　　晉陵三郡。尋加散騎常侍，進號衛將軍，給鼓吹一部。又進督晉安、囗門二
　　　　郡諸軍事。」（第1882～1883頁）可見，「義嘉之亂」起，負責東征的軍事統
　　　　帥爲巴陵王劉休若，其職務則爲「使持節、都督會稽・東陽・永嘉・臨海・
　　　　新安五郡諸軍事、領安東將軍、會稽太守。」
〔註23〕《宋書》卷八四《孔覬傳》，第2156頁。
〔註24〕這一點從東討諸軍出征時所發佈的檄文內容，也可以瞭解一二。據前引《宋
　　　　書》卷八四《孔覬傳》所載檄文，其中云：「前將軍、吳興太守張永，東南標
　　　　秀，協贊戎機。建威將軍沈懷明、鎮東中兵參軍劉亮、武衛將軍壽寂之，霜
　　　　銳五千，熊騰虎步。龍驤將軍王穆之、龍驤將軍頓生，鐵騎連鞶，風驅電邁。
　　　　右軍將軍齊王（按，即蕭道成，沈約修《宋書》，以避諱而改稱齊王）、射聲
　　　　校尉姚道和，樓艦千艘，覆川蓋汜。左軍垣恭祖、步兵校尉杜幼文、冗從僕
　　　　射全景文、員外散騎侍郎孫超之，並率虎旅，駱驛雲赴。殿中將軍杜敬眞、
　　　　殿中將軍陸攸之、建武將軍吳喜，甲楯一萬，分趣義興。」（第2157頁）從
　　　　排序看，張永、沈懷明等人均在蕭道成之前，均可說明在張、沈所部比蕭道
　　　　成更加重要。

　　（宋明帝泰始二年二月），沈懷明、張永、蕭道成等軍於九里西，
與東軍相持。東軍聞義興敗，皆震恐。上遣積射將軍濟陽江方興、
御史王道隆至晉陵視東軍形勢。孔覬將孫曇瓘、程捍宗列五城，互
相連帶。捍宗城猶未固，王道隆與諸將謀曰：「捍宗城猶未立，可以
藉手，上副聖旨，下成眾氣。」辛酉，道隆帥所領急攻，拔之，斬
捍宗首。永等因乘勝進擊曇瓘等，壬戌，曇瓘等兵敗，與袁標俱棄
城走，遂克晉陵。〔註25〕

另據《宋書‧孔覬傳》載，參戰部隊除這三支以外，另有劉亮、杜幼文、全
景文、垣恭祖、吳喜等部。由此可見，晉陵大捷實為諸軍協同作戰的結果，
在這次戰役中，蕭道成並非前線指揮官，所部亦非主力。也就是說，直到這
時，蕭道成仍舊只是一位普通軍官，無論在政治上還是在軍事上，都還羽翼
未豐，力量依舊單薄。

　　不過，「時勢造英雄」，隨劉宋軍事主攻方向轉向淮北，蕭道成作為領兵
將帥，又隨大軍北討，第二次征戰於淮徐大地，並最終在這裏積聚起篡宋建
齊的力量。蕭道成所以能夠在淮陰積纍起足夠力量，與劉宋末年淮陰軍事戰
略地位的提升，又有著直接的關係。

　　「義嘉之亂」雖然發生在南方的三吳地區，但淮河以北的青齊徐兗地區
也不可避免地受到了影響。「義嘉之亂」之影響淮北，主要表現為所謂「北豪」
的混戰，青齊豪族在這場混戰中本來分為兩派，但隨著宋明帝劉彧在三吳地
區節節勝利，原先反對他的那些青齊豪族，也都表示出歸順的意圖，在這種
情勢下，宋明帝劉彧原本有機會穩定淮北。但由於宋明帝措置失當，造成了
幽州刺史劉休賓、兗州刺史畢眾敬、徐州刺史薛安都、冀州刺史崔道固、青
州刺史沈文秀等鎮將先後投降北魏，隨著這批被稱為「北豪」的將領相繼入
北，「由是失淮北四州及豫州淮西之地」。〔註26〕對此，唐長孺氏曾有指陳，
略云：「宋明帝和他侄兒子劭皇位之爭，在青齊實際上是所謂北豪的混戰，終
於把這塊土地奉送給北魏。」〔註27〕

　　劉宋失去淮北地區的直接後果，就是造成淮南變成軍事前線。在抵禦北
魏南侵的過程中，南方沿淮水逐漸構築起一條新的軍事防線，這條新軍事防

〔註25〕《資治通鑒》卷一三一宋明帝泰始二年（466）二月，第4104頁。
〔註26〕《資治通鑒》卷一三二宋明帝泰始三年（467）正月，第4130頁。
〔註27〕前揭氏著《北魏的青齊土民》，《魏晉南北朝史論拾遺》，第92頁。

線西起汝南（今河南息縣），東迄鬱洲（今江蘇連雲港）。在這條綿延一千多
華里的緣淮防線，自西向東分佈幾個軍事據點，分別為：豫州的下蔡，北徐
州的馬頭、鍾離、睢陵，南兗州的盱眙，北兗州的淮陰、山陽，以及青、冀
二州的朐山等郡、縣、城、戍。〔註28〕對於這條新的緣淮軍事防線，尤其值
得我們關注的是，淮陰在軍事地位上的重要性有了顯著提升，作為兗州的治
所，淮陰已經在事實上取代了原徐州治所彭城，成為這條軍事防線東部最重
要的軍事基地。淮陰軍事地位之所以大幅度提升，主要就是因為兗、徐、青、
冀四郡降於北魏，劉宋不得已在淮陰、鬱洲等地僑置四州。〔註29〕對於淮陰
軍事地位的上陞，胡三省已經給予了充分關注，他在注宋明帝泰始五年（十
一月）閏月戊子「以輔師將軍孟陽為兗州刺史，始治淮陰」條時，指出：「是
歲，改輔國將軍為輔師將軍。兗州本治瑕丘；既入於魏，始治淮陰。蕭子顯
曰：淮陰縣，前漢屬臨淮郡，後漢屬下邳國，晉屬廣陵郡；穆帝永和中，荀
羨北討鮮卑，以淮陰舊鎮，地形都要，水陸交通，乃營立城池。是時既失淮
北，遂為重鎮；後為北兗州治所。《九域志》：楚州淮陰縣，在州西四十里。」
〔註30〕

　　要之，淮陰軍事戰略地位之所以有了大幅度提升，原因即在於薛安都等
人叛入北魏，造成淮北地區為北魏佔領。伴隨淮陰軍事戰略地位顯著上陞，
淮陰鎮將的政治、軍事地位也就水漲船高，身價自然也就不同凡響。蕭道成
正是在淮陰戰略地位顯著提高的情況下，又一次來到淮陰，並成為僑置兗州、
繼沈攸之以後的第二任淮陰鎮守將領。〔註31〕

〔註28〕譚其驤主編：《中國歷史地圖集》第四冊，「南朝齊：揚州・南徐州・豫州・
　　　　南豫州・南兗州・北兗州・北徐州・青州・冀州」，第27～28頁，北京，中
　　　　國地圖出版社，1982。
〔註29〕《資治通鑑》卷一三一宋明帝泰始二年（466）：「是歲（泰始二年），僑立兗
　　　　州，治淮陰；徐州治鍾離；青、冀二州共一刺史，治鬱洲。（胡注：兗、徐、
　　　　青、冀皆降於魏，故立僑州。）」（第4128頁）。
〔註30〕《資治通鑑》卷一三二宋明帝泰始五年（469）十一月閏月，第4149～4150
　　　　頁。
〔註31〕據《資治通鑑》卷一三二宋明帝泰始三年正月條載，泰始三年（467）正月，
　　　　在薛安都的導引配合下，北魏對淮河以北地區發起較大規模軍事行動，劉宋
　　　　在很短時間迅速推動舉淮北四州和豫州淮西之地，宋將張永、沈攸之僅以身
　　　　免，垣恭祖則被俘虜。此役戰敗後，張永降號為左將軍，沈攸之則以貞陽公
　　　　的身份領職，還屯淮陰。（第4129～4130頁）由此可知，在蕭道成出鎮淮陰
　　　　之前，擔任淮陰防守重任的將領為沈攸之。

　　泰始三年（467）八月，宋明帝劉彧下令再攻彭城，任命中領軍沈攸之代
理南兗州刺史，統率諸軍北進，同時以「行徐州事」蕭道成將兵千人鎮守淮
陰，作爲沈攸之的後方支持。蕭道成出鎮淮陰後，開始「收養豪俊，賓客始
盛」，對此胡三省評論說：「爲後蕭道成取宋張本。」〔註32〕徵諸史籍，蕭道
成易宋建齊所依恃的主要軍事將領，多數都是在鎮守淮陰期間所收聚的「豪
俊」、「賓客」，他們絕大多數是自青齊南遷淮陰、鬱州的豪族。茲據諸史載，
略述諸豪與蕭道成結緣之事蹟如下：

1. 垣崇祖（440～479）

　　　垣崇祖，字敬遠，下邳人也。族姓豪彊，石虎世，自略陽徙之
於鄴。曾祖敞，爲慕容德僞吏部尚書。祖苗，宋武征廣固，率部曲
歸降，仍家下邳，官至龍驤將軍、汝南新蔡太守。父詢之，積射將
軍，宋孝武世死事，贈冀州刺史……

　　　（宋）明帝立……虜既陷徐州，崇祖仍爲虜將游兵琅邪間不復
歸，虜不能制。密遣人於彭城迎母，欲南奔，事覺，虜執其母爲質。
崇祖妹夫皇甫肅兄婦，薛安都之女，故虜信之。肅仍將家屬及崇祖
母奔朐山，崇祖因將部曲據之，遣使歸命。太祖（即蕭道成）在淮
陰，板爲朐山戍主，送其母還京師，明帝納之……

　　　初，崇祖遇太祖於淮陰，太祖以其武勇，善待之。崇祖謂皇甫
肅曰：「此眞吾君也，吾今逢主矣，所謂千載一時。」遂密布誠節。
元徽末，太祖憂慮，令崇祖受旨即以家口託皇甫肅，勒數百人將入
虜界，更聽後旨。會蒼梧廢，太祖召崇祖領部曲還都，除游擊將軍。

　　　沈攸之事平，以崇祖爲持節、督兗青冀三州諸軍事，累遷冠軍
將軍、兗州刺史……

　　　初，崇祖在淮陰，見上，便自比韓信、白起，咸不信，唯上獨許
之，崇敬祖再拜奉旨。及破虜啓至，上謂朝臣曰：「崇祖許爲我制虜，
果如其言。其恒自擬韓、白，今眞其人也。」進爲都督號平西將軍，
增封爲千五百戶。崇祖聞陳顯達、李安民皆增給軍儀，啓上求鼓吹橫
吹。上敕曰：「韓、白何可不與眾異。」給鼓吹一部。〔註33〕

〔註32〕《資治通鑒》卷一三二宋明帝泰始三年（467）八月條，第4138頁。
〔註33〕《南齊書》卷二五《垣崇祖傳》，第459～463頁。

垣氏自十六國時期即爲能征慣戰之豪強，曾歷仕石趙、慕容燕，皆擔任軍職，並一直活動於南北交爭之黃淮地區。宋武帝劉裕北征南燕慕容德，崇祖之祖父垣苗歸降，但並未隨劉裕遷徙至江南，而是繼續留居緣淮南北交爭地帶；宋孝武帝劉駿在位期間，父垣詢之戰死王事，並獲贈諡。垣崇祖在宋明帝時期，爲薛安都部下將領，薛安都叛歸北魏，崇祖自拔南歸，在淮陰因緣結識蕭道成，並從此成爲蕭氏的得力戰將，長期征戰於淮河一帶抗魏前線，並屢立戰功，自許韓信、白起之儔，並爲蕭道成所認可。

2. 劉懷珍（420～482）

> 劉懷珍，字道玉，平原人，漢膠東康王後也。祖昶，宋武帝平齊，以爲青州治中，至員外常侍……

> 江夏王（劉）義恭出鎮盱眙，道遇懷珍，以應對見重，取爲驃騎長兼墨曹行參軍。尋除振武將軍、長廣太守。孝建初，爲義恭大司馬參軍、直閤將軍。懷珍北州舊姓，門附殷積，啓上門生千人充宿衛。孝武大驚，召取青、冀豪家私附得數千人，土人怨之。隨府轉太宰參軍……

> 初，孝武世，太祖爲舍人，懷珍爲直閤，相遇早舊。懷珍假還青州，上有白驄馬，齧人，不可騎，送與懷珍別。懷珍報上百匹絹。或謂懷珍曰：「蕭君此馬不中騎，是以與君耳。君報百匹，不亦多乎？」懷珍曰：「蕭君局量堂堂，寧應負人此絹。吾方欲以身名託之，豈計錢物多少。」

> 太祖輔政，以懷珍内資未多，二年冬，徵爲都官尚書，領前軍將軍，以第四子寧朔將軍（蕭）晃代爲豫州刺史。或疑懷珍不受代，太祖曰：「我布衣時，懷珍便推懷投款，況在今日，寧當有異？」
> 〔註34〕

本傳所載劉懷珍爲漢膠東王劉康後裔，其實未必可信。但劉氏自十六國時起，即爲青齊地區能征善戰之豪族，則可以肯定。劉懷珍祖父劉昶投奔宋武帝劉裕麾下，也是在劉裕北征南燕慕容德時，因此很有可能，劉氏是與垣氏同時歸順。劉懷珍入仕於宋文帝劉義隆元嘉末年，後歷宋孝武帝、宋明帝諸朝，多數時間征戰於淮河一帶；劉懷珍與蕭道成結緣，則在宋孝武帝世；及劉宋

〔註34〕《南齊書》卷二七《劉懷珍傳》，第 499～503 頁。

末年蕭道成控制朝政，劉懷珍作爲北防重將，繼續征戰於淮河流域。

3. 李安民（429～486）

> 李安民，蘭陵承人也，祖嶷，衛軍參軍。父欽之，殿中將軍，補薛令。安民隨父之縣，元嘉二十七年沒虜，率部曲自拔南歸……

> 淮北既沒，宋明帝敕留安民戍角城。除寧朔將軍、冗從僕射。戍泗口，領舟軍緣淮游防，至壽春。虜遣僞長社公連營十餘里寇汝陰，豫州刺史劉勔擊退之。虜荊亭戍主昇乞奴棄城歸降，安民率水軍攻前，破荊亭，絕其津逕。遷寧朔將軍、冠軍司馬、廣陵太守、行南兗州事。太祖在淮陰，安民遙相結事……

> 安民將東，太祖與別宴語，淹留日夜。安民密陳宋運將盡，曆數有歸。蒼梧縱虐，太祖憂迫無計，安民白太祖欲於東奉江夏王躋起兵，太祖不許，乃止。蒼梧廢，太祖徵安民爲使持節督北討軍事、冠軍將軍、南兗州刺史。沈攸之反，太祖召安民以本官鎮白下，治城隍，加征虜將軍。進軍西討，又進前軍將軍。

> 淮北四州聞太祖受命，咸欲南歸。至是徐州人桓摽之、兗州人徐猛子等，合義眾數萬，柴險求援。太祖詔曰：「青徐四州，義舉雲集。安民可長轡遐馭，指授羣帥。」安民赴救留遲，虜急兵攻摽之等皆沒，上甚責之。〔註35〕

蘭陵在行政區劃上亦屬於青齊地區，李氏當爲該地土豪，元嘉二十七年（450）北魏太武帝拓跋燾大舉南征，安民父欽之沒於北魏，安民自拔南歸。在劉宋時期，李安民一直在緣淮一帶從事北抗拓跋鮮卑的軍事鬥爭，蕭道成出鎮淮陰時，李安民主動結交。在宋末政爭中，李安民始終是蕭道成的堅定支持者，先後參與壓平桂陽王劉休範、建平王劉景素、沈攸之的軍事行動。後來，李安民又主動向蕭道成陳說天命，及蕭道成受禪後，李安民則奉命前往應接徐兗諸豪。綜合以上諸事以觀，自歸服蕭道成之後，李安民即爲蕭氏鎮撫緣淮地區的重要心腹將領之一。

4. 王玄載（413～488）

> 下邳人，字彥休，下邳人也。〔註36〕祖宰，僞北地太守。

〔註35〕《南齊書》卷二七《李安民傳》，第504～508頁。
〔註36〕據《南齊書》卷二七校勘記【三二】：「張森楷校勘記云：『《宋書·王玄謨傳》

〔註37〕父龔，東莞太守。

　　……

　　沈攸之〔之〕難，玄載起義送誠，進號後軍將軍，封鄂縣子。
徵散騎常侍，領後軍，未拜，建元元年，為左民尚書，鄂縣子如故。
會虜動，南兗州刺史王敬則奔京師，上遣玄載領廣陵，加平北將軍、
假節、行南兗州事，本官如故。事寧，為光祿大夫、員外散騎常侍。
永明四年，為持節監兗州緣淮諸軍事、平北將軍、兗州刺史。六年，
卒，時年七十六。諡烈子。〔註38〕

5. 王玄邈（426～497）

　　玄載弟玄邈，字彥遠……

　　太祖鎮淮陰，為帝所疑，遣書結玄邈。玄邈長史房叔安勸玄邈
不相答和。罷州還，太祖以經途令人要之，玄邈雖許，既而嚴軍直
過，還都啟帝，稱太祖有異謀，太祖不恨也。昇明中，太祖引為驃
騎司馬、冠軍將軍、太山太守，玄邈甚懼，而太祖待之如初。遷散
騎常侍、驍騎將軍，冠軍如故。〔註39〕

綜合以上王玄載、玄邈二傳，並參諸《宋書·王玄謨傳》所載，王玄載祖父
王宰（或王牢）既為「偽北地太守」（或「上谷太守」），可知王氏也是自北投
南的淮北土豪，不過，王氏居住下邳，很可能稍晚，當是由太原祁縣輾轉遷
至此地。

　　王玄謨、王玄載、王玄邈兄弟，為宋末齊初頗有勢力之家族。不過，王
氏兄弟更多時候是征戰於梁、南秦一帶，劉宋末年蕭道成與沈攸之進行權力
爭奪時，王氏兄弟乃是雙方都極力爭取的對象，但王氏兄弟態度似乎一直並

云太原祁人，後徙新興，不云下邳人。玄謨自稱老傖，即是玄載從兄，宗從
兄弟，不應郡地各異。』」（第516頁）按，王玄載與王玄謨確係從兄弟，玄
謨郡望為太原祁縣，亦無需置疑，玄載因此應當也是太原祁人。然而，本傳
所云「下邳」亦不能說錯，蓋「太原祁縣」為其郡望，下邳則為玄載家族後
來長期居住之地，一如河東柳氏因為長期居住於襄陽，而自認襄陽為其故土
鄉梓也。

〔註37〕據同傳校勘記【三三】：「祖宰，偽北地太守，『宰』《宋書·王玄謨傳》作『牢』，
　　　　為上谷太守。」（第516頁）未知孰是。

〔註38〕《南齊書》卷二七《王玄載傳》，第509頁。

〔註39〕《南齊書》卷二七《王玄載附弟玄邈傳》，第510～511頁。

不明朗，直到蕭道成和沈攸之對抗公開化以後，王玄載始「起義送誠」，這才明確支持蕭道成。此外，蕭道成出鎮淮陰，遺書邀結王玄邈，應當就是鑒於王氏兄弟所擁有的實力。儘管王玄邈當時並未追隨蕭氏，但是蕭道成在專劉宋政柄以後，對王氏依然重用有加。及蕭齊建國，王玄邈被委以重任，奉命前往梁、南秦一帶，壓平了當地土豪李烏奴等人叛亂，並於齊武帝蕭賾在位時期，出征淮徐地區。

6. 崔祖思（？～486）

崔祖思，字敬元，清河東武城人，崔琰七世孫……

祖思少有志氣，好讀書史。初州辟主簿，與刺史劉懷珍於堯廟祠神，廟有蘇侯像。懷珍曰：「堯聖人，而與雜神爲列，欲去之，何如？」祖思曰：「蘇峻今日可謂四凶之五也。」懷珍遂令除諸雜神。

太祖在淮陰，祖思聞風自結，爲上輔國主簿，甚見親待，參豫謀議。〔註40〕

關於崔祖思與蕭道成的特殊關係，前文已有詳論，此處不贅。

7. 劉善明（432～480）；8. 劉僧副（？）

劉善明，平原人。鎮北將軍（劉）懷珍族弟也。父懷民，宋世爲齊、北海二郡太守。元嘉末，青州飢荒，人相食。善明家有積粟，躬食饘粥，開倉以救鄉里，多獲全濟，百姓呼其家田爲「續命田」。

……

幼主新立，羣公秉政，善明獨結事太祖，委身歸誠。（元徽）二年，出爲輔國將軍、西海太守、行青冀二州刺史。至鎮，表請北伐，朝議不同。善明從弟僧副，與善明俱知名於州里。泰始初，虜暴淮北，僧副將部曲二千人東依海島，太祖在淮陰，壯其所爲，召與相見，引爲安成王撫軍參軍。蒼梧肆暴，太祖憂恐，常令僧副微行伺察聲論。使僧副密告善明及東海太守垣崇祖曰：「多人見勸北固廣陵，恐一旦動足，非爲長算。今秋風行起，卿若能與垣東海微共動虜，則我諸計可立。」善明曰：「宋氏將亡，愚智所辨。故胡虜若動，反爲公患。公神武世出，唯當靜以待之，因機奮發，功業自定。不可遠去根本，自貽猖蹶。」遣部曲健兒數十人隨僧副還詣領府，太

〔註40〕《南齊書》卷二八《崔祖思傳》，第517頁。

祖納之……

　　沈攸之反，太祖深以爲憂。善明獻計曰……事平，太祖召善明還都，謂之曰：「卿策沈攸之，雖復張良、陳平，適如此耳。」仍遷散騎常侍，領長水校尉，黃門郎，領後軍將軍、太尉右司馬……

　　善明……少與崔祖思友善，祖思出爲青、冀二州，善明遺書曰……〔註41〕

劉善明、劉僧副兄弟爲劉懷珍同族，爲青齊一帶門族強盛之豪傑，劉善明、劉僧副兄弟歸附蕭道成，始於劉宋末年蕭道成與沈攸之爭奪權力之時。劉氏勢力之根基即在青齊一帶，故其所任職也不出於此，蕭道成爲了在權力爭奪中佔據有利地位，本擬唆使劉氏兄弟與垣崇祖等人聯手，擾動北邊，迫使北魏兵鋒南下，但劉善明出言阻止，請求他不要擅離政治權力之根本（即都城建康），爲使蕭道成安心靜觀其變，劉善明派遣其弟僧副率部下勇健之士前往蕭道成領軍府以供驅使。及沈攸之之起兵，劉善明遂率部入衛建康，並在擊敗沈攸之的軍事行動中立下不世之功。

9. 蘇侃（427～479）

　　蘇侃，字休烈，武邑人也。祖護，本郡太守。父端，州治中。

　　侃涉獵書傳，出身正員將軍，補長城令。薛安都反，引侃爲其府參軍，使掌書記。安都降虜，侃自拔南歸。除積射將軍。遇太祖在淮上，便自委結。上鎮淮陰，以侃詳密，取爲冠軍錄事參軍。是時張永、沈攸之敗後，新失淮北，始遣上北戍，不滿千人。每歲秋冬間，邊淮騷動，恒恐虜至。上廣遣偵候，安集荒餘，又營繕城府。上在兵中久，見疑於時，乃作《塞客吟》以喻志曰：……侃達上此旨，更自勤勵。委以府事，深見知待。〔註42〕

蘇侃與蕭道成的特殊關係，前文已有詳論，此處不贅。

10. 垣榮祖（435～491）

　　垣榮祖，字華先，下邳人，五兵尚書（垣）崇祖從父兄也。父諒之，宋北中郎府參軍……

　　（薛）安都引虜入彭城，榮祖攜家屬南奔朐山，虜遣騎追之不

〔註41〕《南齊書》卷二八《劉善明傳》，第522～526頁。
〔註42〕《南齊書》卷二八《蘇侃傳》，第527～528頁。

及。榮祖懼得罪，乃逃遁淮上。太祖在淮陰，榮祖歸附，上保持之。及（宋）明帝崩，太祖書送榮祖詣僕射褚淵，除寧朔將軍、東海太守。淵謂之曰：「蕭公稱卿幹略，故以此郡相處。」……

除晉熙王征虜、安成王車騎中兵，左軍將軍。元徽末，太祖欲渡廣陵，榮祖諫曰：「領府去臺百步，公走，人豈不知？若單行輕騎，廣陵人一旦閉門不相受，公欲何之？公今動足下牀，便恐即有扣臺門者，公事去矣。」及蒼梧廢，除寧朔將軍、淮南太守，進輔國將軍，除游擊將軍、太祖驃騎諮議，輔國將軍、西中郎司馬、汝陰太守，除冠軍將軍，給事中，驍騎將軍。豫佐命勳，封將樂縣子，三百戶，以其祖舊封封之。出爲持節、督青冀二州刺史，冠軍如故。〔註43〕

垣榮祖歸於蕭道成麾下，與其從弟垣崇祖歸附的背景、時間大致相同，都是由薛安都北叛所造成。所不同者，垣榮祖因爲擔心受到宋明帝的懲處而逃遁於淮陰，從而得到蕭道成的保護，及宋明帝駕崩，蕭道成又向褚淵力薦，故榮祖被任命爲東海郡太守。在蕭道成創建南齊的大業中，垣榮祖也是以「豫佐命勳」的有功之臣。

11. 薛（道）淵（？～494）

薛淵，河東汾陰人也。宋徐州刺史（薛）安都從子。本名道淵，避太祖偏諱改。安都以彭城降虜，親族皆入北。太祖鎮淮陰，淵遁來南，委身自結。果幹有氣力，太祖使領部曲，備衛帳內，從征伐。元徽末，以勳官至輔國將軍，右軍將軍，驍騎將軍、軍主，封竟陵侯。

沈攸之難起，太祖入朝堂，豫章王（蕭）嶷代守東府，使淵領軍屯司徒左府，分備京邑。袁粲據石頭，豫章王（蕭）嶷夜登西門遙呼淵，淵驚起，率軍赴難，先至石頭焚門攻戰。事平，明旦眾軍還集杜姥宅，街路皆滿，宮門不開，太祖登南掖門樓處分眾軍各還本頓，至食後，城門開，淵方得入見太祖，且喜且泣。太祖即位，增邑爲二千五百戶。〔註44〕

〔註43〕 《南齊書》卷二八《垣榮祖傳》，第529～530頁。
〔註44〕 《南齊書》卷三〇《薛淵傳》，第553頁。

河東薛氏南遷至淮河流域的時間，大概在西晉末年永嘉離亂之際，屬於最早一批因「五胡亂華」南遷的老牌北方大族。薛道淵爲薛安都從子，薛安都降魏後，薛氏一門大多數同時入北，只有薛道淵隻身投奔蕭道成，並深得蕭氏的信任而成爲心腹。薛道淵的功績，除統帥蕭道成的親衛禁軍從事征伐外，主要表現爲蕭道成和沈攸之權力之爭過程中的軍功。

12. 戴僧靜（？～485）

> 戴僧靜，會稽永興人也。祖飾，宋景平中，與富陽孫法先謀亂伏法〔註45〕，家口徙青州。

> 僧靜少有膽力，便弓馬。事刺史沈文秀，俱沒虜。後將家屬叛還淮陰，太祖撫畜之，常在左右。僧靜於都載錦出，爲歐陽戍所得，繫兗州獄，太祖遣薛淵餉僧靜酒食，以刀子置魚腹中。僧靜與獄吏飲酒，既醉，以刀刻械，手自折鏁，發屋而出。歸，太祖匿之齋内。以其家貧，年給穀千斛。虜圍角城，遣僧靜戰盪，數捷，補帳内軍主。隨還京師，勳階至積射將軍、羽林監。

> 沈攸之事起，太祖入朝堂，僧靜爲軍主從，袁粲據石頭。太祖遣僧靜將腹心先至石頭……僧靜率力攻倉門，身先士卒，眾潰，僧靜手斬粲，於是外軍燒門入……僧靜以功除前軍將軍，寧朔將軍。

〔註46〕

戴僧靜原籍會稽永興，但從其祖父輩因爲犯罪徙家於青州，三代居於北方，在文化、習俗等方面已基本同化於青齊之風，因此在文化習養上也可視爲青齊豪族之輩。就本傳所載：（1）蕭道成營救戴僧靜的過程；（2）薛道淵領蕭氏部曲「備衛帳內」，而戴僧靜任「帳內軍主」，同屬蕭道成之親衛禁軍；（3）蕭道成與沈攸之爭的關鍵一役石頭城之戰，薛道淵與戴僧靜同爲心腹，征戰有功。綜合以上可以斷定，戴僧靜與薛道淵當是因爲氣類相投而關係近密，二者之所以能夠成爲蕭道成的心腹，則始於蕭氏在淮陰時期招聚北豪。

13. 荀伯玉（434～483）

> 荀伯玉，字弄璋，廣陵人也……

〔註45〕據《南齊書》卷三〇《戴僧靜傳》校勘記〔六〕：孫法先，《宋書·文帝紀》作「孫法光」，《褚淡之傳》作「孫法亮」。（第565頁）未知孰是。

〔註46〕《南齊書》卷三〇《戴僧靜傳》，第555～556頁。

太祖鎮淮陰，伯玉歸身結事，爲太祖冠軍刑獄參軍。太祖爲（宋）
明帝所疑，及徵爲黃門郎，深懷憂慮。伯玉勸太祖遣數十騎入虜界，
安置標榜，於是虜游騎數百履行界上，太祖以聞，猶懼不得留，令
伯玉卜，伯玉斷卦不成行，而明帝詔果復太祖本任，由是見親待。
從太祖還都，除奉朝請。令伯玉看宅，知家事……

初，太祖在淮南，伯玉假還廣陵，夢上廣陵城南樓上，有二青
衣小兒語伯玉云：「草中肅，九五相追逐。」……元徽二年而太祖破
桂陽（按，即桂陽王劉休範），威名大震；五年而廢蒼梧（按，指劉
宋後廢帝）。太祖謂伯玉曰：「卿時乘之夢，今且効矣。」〔註47〕

按，廣陵（今江蘇揚州）爲江北大鎮，自淮北失卻，廣陵也經常面臨北方虜
騎的襲擾，因此廣陵鎮將一般都兼督淮陰。荀伯玉雖然籍貫廣陵，本不屬於
青齊之豪族，但他歸附蕭道成，同樣始於蕭氏鎮守淮陰期間，荀伯玉在其後
政治生涯中，同上述青齊諸豪相似，也是蕭道成的「元從」功臣，且一度承
擔蕭道成「看宅」護院的家事，因此，若拋開單純的籍貫不論，荀伯玉也應
該可以列入蕭道成招聚的北豪陣營。

14. 崔慧景（438～500）

崔慧景，字君山，清河東武城人也……

慧景初爲國子學生。宋泰始中，歷位至員外郎，稍遷長水校
尉，寧朔將軍。太祖在淮陰，慧景與宗人（崔）祖思同時自結，
太祖欲北渡廣陵，使慧景具船於陶家後渚，事雖不遂，以此見親。
除前軍。沈攸之事平，仍出爲武陵王安西司馬、河東太守，使防
扞陝西。〔註48〕

崔慧景，清河崔氏，與崔祖思同宗。從崔慧景曾爲國子學生的經歷來看，可
知崔慧景一枝與崔祖思一枝的家風可能略有不同，後者長期征戰於淮河前
線，崔慧景一枝則可能在京師建康居住。不過，崔慧景之投附蕭道成，也是
在蕭氏鎮守淮陰期間，並曾親自替蕭道成北渡廣陵準備舟船，雖然事情沒有
成功，卻贏得了蕭道成的信任。鑒於崔慧景與崔祖思爲同宗，因此，也可將
其入列蕭道成招聚的青齊豪族。

〔註47〕《南齊書》卷三一《荀伯玉傳》，第 572～573 頁。
〔註48〕《南齊書》卷五一《崔慧景傳》，第 872 頁。

　　以上 14 人，就是蕭道成在鎮守淮陰期間，所招聚青齊豪族的事蹟梗概。從中可以清楚地看到，這批或被稱為「北豪」的青齊豪族，乃是蕭道成創建南齊所依恃的主要軍事力量，對於青齊諸豪在南齊建國過程所發揮的重要作用，蕭子顯除了在前述《南齊書》卷二八「史臣曰」有所揭示外，其實還有多次指陳，如同卷「贊曰」云：「淮鎮北州，獲在崔、劉。獻書上議，帝念忠謀。侃奉潛躍，皇瑞是鳩。垣方帶礪，削免虛尤。」〔註 49〕其中所說到的就有清河崔氏、平原劉氏、武邑蘇氏、下邳垣氏等「青齊豪族」，他們或是出謀劃策，或是編撰祥瑞，或是領兵征戰，從而奠定蕭道成開國的政治、軍事基礎。又如，同書卷二七「史臣曰」亦云：「宋氏將季，離亂日兆，家懷逐鹿，人有異圖。故蕃岳阻兵之機，州郡觀釁之會。此數子皆宿將舊勳，與太祖比肩為方伯，年位高下，或為先輩，而薦誠君側，奉義萬里。以此知樂推之非妄，信民心之有歸。」〔註 50〕本卷為劉懷珍、李安民、王玄載（附弟王玄邈）合傳，他們也是所謂的青齊諸豪，在劉宋末年擾攘之際，他們在亂世中識得「真主」，為蕭道成創業奔走呼號，從而成為蕭氏創立基業的「元從」功臣。

三、青齊諸豪與蕭道成篡宋成齊

　　劉宋末年，隨著淮陰軍事戰略地位的提升，以及淮陰處在南北交爭之地的特殊地理形勢，因此淮陰鎮將一職本來就極易引起朝廷的注意。職此之故，淮陰鎮將的言行舉止，需要格外小心謹慎，任何稍異平常的舉動，都可能招致最高統治者的猜忌。

　　徵諸史載，蕭道成在出鎮淮陰期間的活動，特別是他大力招引青齊豪族的行為，曾不止一次地引起了宋明帝劉彧的嚴重猜忌。如前揭《南齊書·李安民傳》載，「太祖在淮陰，安民遙相結事，明帝以為疑，徙安民為劉韞冠軍司馬、寧遠將軍、京兆太守……」〔註 51〕，據諸同傳，李安民時任「寧朔將軍、冠軍司馬、廣陵太守、行南兗州事」，坐鎮廣陵。如所週知，在淮北戰略緩衝地帶失去以後，淮陰、廣陵成為江淮之間兩個重要戰略支撐點，二鎮一北一南互為掎角，廣陵太守·行南兗州事也因此成為十分重要的軍事職務，李安民能夠被委以鎮守廣陵之重任，說明當時宋明帝劉彧對他還是頗為信任的。然而，李安民到任後卻與坐鎮淮陰的蕭道成「遙相結事」，這就引起了宋

〔註 49〕《南齊書》卷二八「贊曰」，第 532 頁。
〔註 50〕《南齊書》卷二七「史臣曰」，第 512 頁。
〔註 51〕《南齊書》卷二七《李安民傳》，第 505 頁。

明帝的嚴重懷疑。爲防不測，宋明帝遂下令將李安民調離，改任爲劉韞冠軍
將軍府司馬、寧遠將軍、京兆太守之職，後又任命爲寧朔將軍、司州刺史，
領義陽太守等職，儘管上述諸職，李安民都沒有實際到任，並最終就任寧朔
將軍、山陽太守一職。〔註52〕李安民職務所發生的這一系列變動，主要就因
爲對他和蕭道成之間的密切往還關係，引起了宋明帝的猜疑。不過需要指出
的是，宋明帝其時所防範的對象，主要是鎮守淮陰的蕭道成，而非李安民。

　　關於宋明帝劉彧對蕭道成的猜忌，前揭《王玄邈傳》則直言「太祖鎮淮
陰，爲帝所疑，遣書結玄邈」。而前揭《荀伯玉傳》，所載泰始末年，宋明帝
猜忌蕭道成一事更爲曲折詳盡，《資治通鑑》將此事繫於泰始六年（470），鑒
於《資治通鑑》敘事更爲完整，茲錄之如下，以供分析：

　　　　南兗州刺史蕭道成在軍中久，民間或言道成有異相，當爲天子。
　　上疑之，徵爲黃門侍郎、越騎校尉。道成懼，不欲內遷，而無計得
　　留。冠軍參軍廣陵荀伯玉勸道成遣數十騎入魏境，安置標榜，魏果
　　遣遊騎數百履行境上；道成以聞，上使道成複本任。秋九月，命道
　　成還鎮淮陰。」（胡注：按三年八月，蕭道成以行徐州事鎮淮陰，以
　　沈攸之北伐，使爲後鎮也。攸之北還，道成代爲南兗州刺史，鎮廣
　　陵，今復使還鎮淮陰。）〔註53〕

從中可知，宋明帝劉彧猜忌蕭道成，和民間傳言蕭道成有「異相，當爲天子」，
或有某種關係。但「異相」之說畢竟虛實難考，其實真正的原因，主要還是
由於蕭道成在淮陰所積聚起來的軍事實力，引起了宋明帝的疑慮不安。〔註54〕

　　至泰始七年（471），宋明帝對蕭道成的猜忌轉更加深，史言「或譖蕭道
成在淮陰有貳心於魏，上封銀壺酒，使（吳）喜自持賜道成。道成懼，欲逃，

〔註52〕《南齊書》卷二七《李安民傳》，第505～506頁。
〔註53〕《資治通鑑》卷一三二宋明帝泰始六年（470）八月、九月，第4152頁。
〔註54〕《資治通鑑》卷一三三宋明帝泰始七年七月條，載宋明帝猜忌蕭道成，是因
　　　爲有人向他進了讒言，云：「或譖蕭道成在淮陰有貳心於魏」，胡三省注云：「《考
　　　異》曰：《南齊書·太祖紀》云：『帝常嫌太祖非人臣相，而民間流言蕭諱當
　　　爲天子，帝愈以爲疑。』今從《宋略》。」（第4162頁）司馬溫公敘述宋明帝
　　　猜忌蕭道成的原因，取《宋略》而捨《南齊書·太祖紀》的記載，大概也是
　　　由於民間流言虛實難辨，且不能排除《南齊書》有爲宣揚蕭氏天命攸歸而捏
　　　造「異相」說法的嫌疑，也就是說，蕭道成之受到猜忌，並非因爲他有所謂
　　　「異相」，而是有人已經覺察他在淮陰實力的膨脹，可能將威脅劉宋政權，從
　　　而向宋明帝進行「譖」告。

喜以情告道成，且先爲之飲，道成即飲之。喜還朝，保證道成。」〔註55〕蕭道成因爲不堪猜忌的壓力，竟打算逃走，可見泰始末年蕭道成所受到的猜忌，已經到了什麼樣的程度！

事實上，我認爲蕭道成在淮陰期間可能一直處於被懷疑的處境，上引「或譖蕭道成在淮陰有貳心於魏」一事，就隱約透露出宋明帝劉彧暗中派人對其進行監視的信息。而且有跡象表明，當時劉宋朝廷內部對蕭道成持猜疑態度者，可能並非少數。如前引《蘇侃傳》載：「上在兵中久，見疑於時，乃作《塞客吟》以喻志曰……侃達上此旨，更自勤勵……」云云，這實際上是說，蕭道成在坐鎮淮陰期間，由於軍事實力快速增長，已然引起當時劉宋朝廷的普遍性懷疑。或問，既然宋明帝及其朝廷諸臣對蕭道成已經產生了深度猜疑，爲何不加以剷除以絕後患？其實類似這樣的設問或局面，在幾千年的中國政治史上並不罕見，封建帝王因爲猜忌大臣而或殺或留，這兩種情況都是客觀存在的事實，殺自有殺的理由，留也自有留的道理。因爲一切懷疑，畢竟都只是出於一己之揣測，蕭道成之受到猜忌而終於沒有被殺，當然有其背景和理由，其中最重要者爲，宋末齊初，緣淮防線一帶南北雙方的軍事鬥爭一直比較激烈，宋明帝對於蕭道成雖有所疑憚，但對他終究不能不有所依靠，因爲宋明帝也清楚地知道，環顧朝廷上下，能夠在緣淮前線與北魏抗衡者，除蕭道成和他所招聚的北方諸豪以外，並無更加可用的軍事力量了。

在宋末齊初錯綜複雜的政治鬥爭中，蕭道成最終成爲勝利者，其原因和理由自是不一而足，出人的政治才幹以及超出常人的忍耐力，都是他能夠成功的憑藉，但根本的原因還是得益於他鎮守淮陰期間所招聚的青齊諸豪，這是他最有力的政治、軍事資本。綜觀蕭道成創業的歷史，青齊豪族出力最巨，他們利用熟悉淮徐邊境情況的優勢，充分發揮他們在徐淮地區的活動能量，爲蕭道成積極奔走、謀劃對策，如上引荀伯玉的計策，就不僅使蕭道成成功擺脫內遷入朝的困境，又造成他再次移鎮淮陰，再鎮淮陰則進一步拉近蕭氏與青齊豪族之間的距離，強化了與他們之間的政治合作關係，也使得蕭氏的軍事實力更加強大。

淮陰作爲蕭道成政治、軍事之根據地，乃是他禪篡宋成齊的憑據，其重要性自無需多作申說。不過，僅有外部的根據地還不夠，因爲南朝政權的政治中心畢竟還在建康，欲成就大業還必須將它控制起來。對於建康在東晉南

〔註55〕《資治通鑑》卷一三三宋明帝泰始七年（471）七月，第4162頁。

朝政權嬗代過程中的重要性，已故著名歷史學家周一良氏曾有精闢的論述，他在討論「東晉以後政權嬗代之特徵」的問題時，明確指出：「奪取政權者在外建立根據地後，必須控制政治中心建康」〔註56〕，因此，蕭道成在淮陰建立根據地後，下一個重要步驟就是掌控建康的權力中樞。

泰始七年（471）七月，宋明帝劉彧下詔徵蕭道成入朝。鑒於此前頗受猜疑的事實，故而在接到詔書以後，對於是否應該奉詔前往建康，蕭道成及其親信部屬意見並不統一，從史實透露的信息看，不贊同前往建康的人員可能佔據了多數。不過，經過再三權衡之後，蕭道成力排眾議，決定應徵前往，並從此開始謀劃篡宋大業。〔註57〕

蕭道成入朝後，先是被任命為散騎常侍、太子左衛率，掌握了東宮衛隊的軍事指揮權。泰豫元年（472）四月己亥，宋明帝大漸，對後事作出安排，為儲君安排了五位顧命大臣，分別是：褚淵（尚書右僕射、護軍將軍），劉勔（中領軍、加尚書右僕射），袁粲（尚書令），蔡興宗（荊州刺史），沈攸之（郢州刺史）。褚淵素與蕭道成友善，在他的極力保薦下，蕭道成被任命右衛將軍，領衛尉，控制了中央禁衛軍權，並「與袁粲等共掌機事」〔註58〕，入預「顧命」之列，參與中央核心決策。由於蕭道成直接掌控了中央禁衛軍權，因此就在事實上擁有了壓倒諸貴、專制朝政的政治軍事實力。〔註59〕

有了淮陰強藩作為根據，又掌控著中央禁衛軍權，蕭道成在隨後的權力爭奪中就占盡了優勢，在陸續消滅袁粲、劉秉、桂陽王劉休範、建平王劉景素及沈攸之等強力政敵以後，篡宋為齊也就只是時間問題了。綜觀蕭道成剷除以上政敵的鬥爭歷史，不難發現：在淮陰所收攏的青齊豪族，不僅是宋齊革命過程中最為賣力的勢力集團，也是出力最多之分子。在蕭道成亡宋成齊

〔註56〕 前揭《魏晉南北朝史札記》之《〈南齊書〉札記》，「論東晉以後政權嬗代之特徵」條，第258頁。

〔註57〕 據《資治通鑒》卷一三三宋明帝泰始七年（471）七月：「戊寅，以淮陰為北兗州，徵蕭道成入朝。道成所親以朝廷方誅大臣，勸勿就徵，道成曰：『諸卿殊不見事！主上自以太子稚弱，翦除諸弟，何預他人！今唯應速發；淹留顧望，必將見疑。且骨肉相殘，自非靈長之祚，禍難將興，方與卿等戮力耳。』」胡注云：「史言骨肉相殘，則姦雄生心因之而起，為蕭氏取宋張本。」（第4163頁）蕭道成之所以這時候萌生篡位之心，主要就在於他已經在淮陰建立起堅固的根據地，而這時又得以回到首都，參與中央政治事務。

〔註58〕 《資治通鑒》卷一三三宋明帝泰豫元年（472）四月己亥條，第4170頁。

〔註59〕 《資治通鑒》卷一三三宋明帝泰豫元年（472）四月己亥「詔又以（蕭）道成為右衛將軍，領衛尉」條胡注：「史言禁衛兵柄皆歸道成。」（第4170頁）

的過程中，青齊豪族充分展示了他們的政治能量，但具體而論，青齊諸豪所發揮的作用、效命的方式，則不一而足。茲據相關史載，總結如下：

（1）秘密收集情報，爲蕭道成掌握宮廷動態提供信息支持。如，元徽（473～477）年間，「蒼梧（按，即後廢帝劉昱）肆暴，太祖憂恐，常令（劉）僧副微行伺察聲論。」〔註60〕是劉僧副奉命暗中偵察後廢帝劉昱的活動規律，並伺察其它朝臣的言行或態度。又如，北蘭陵人桓康，乃是自劉宋大明年間就追隨蕭道成的青齊諸豪，在宋齊嬗代之際，經常暗中伺察朝廷動靜虛實。〔註61〕後來，王敬則等人能夠成功發動政變、弑後廢帝，和準確掌握了後廢帝的行動規律，就有直接關係。〔註62〕

（2）謀劃於帷幄，決勝算於千里之外。據諸史載，蕭道成一度打算捨京師建康而北渡廣陵，是劉善明、劉僧副、垣榮祖等人極力勸阻，才使他放棄了這個錯誤的決定，從而堅持留在建康，並獲得最後的勝利。據《資治通鑑》略云：

> 道成憂懼，密與袁粲、褚淵謀廢立……領軍功曹丹陽紀僧眞言於道成曰：「今朝廷猖狂，人不自保；天下之望，不在袁、褚，明公豈得坐受夷滅！存亡之機，仰希熟慮。」道成然之。
>
> 或勸道成奔廣陵起兵。道成世子賾，時爲晉熙王長史，行郢州事，欲使賾將郢州兵東下會京口。道成密遣所親劉僧副告其從兄行青、冀二州刺史劉善明曰：「人多見勸北固廣陵，恐未爲長算。今秋風行起，卿若能與垣東海微共動虜，則我諸計可立。」亦告東海太守垣榮祖。善明曰：「宋氏將亡，愚智共知，北虜若動，反爲公患。

〔註60〕《南齊書》卷二八《劉善明傳》，第523頁。

〔註61〕據《南齊書》卷三〇《桓康傳》載：「元徽五年七月六日夜，少帝微行至領軍府，帝左右人曰：『一府人皆眠，何不緣牆入。』帝曰：『我今夕欲一處作適，待明日夜。』康與太祖所養健兒盧荒、向黑於門間聽得其語。」（第558頁）這表明桓康在這期間的主要活動，就是暗中偵察朝廷的動向。此事《資治通鑑》卷一三四宋順帝昇明元年（477）七月丁亥條（第4196頁）所載略同，可一併參看。

〔註62〕據《資治通鑑》卷一三四宋順帝昇明元年（477）六月：「越騎校尉王敬則潛自結於道成，夜著青衣，扶匐道路，爲道成聽察帝之往來。道成命敬則陰結帝左右楊玉夫、楊萬年、陳奉伯等一十五人，於殿中詞伺機便。」（第4196頁）雖然王敬則投靠蕭道成稍晚，也不屬於青齊諸豪，但他暗中偵察朝廷動靜的行爲與目的，與劉僧副、桓康等北豪都是一樣。既然目的相同，那麼他們在偵察的過程中相互交換信息，也就十分自然。王敬則作爲後來弑殺後廢帝的主要策動者，之所以能夠輕易得手，與準確掌握後廢帝的活動規律有直接關係。

公神武高世，唯當靜以待之，因機奮發，功業自定，不可遠去根本，自貽猖蹶。」榮祖亦曰：「領府去臺百步，（胡注：領府，謂領軍府也。）公走，人豈不知！若單騎輕行，廣陵人閉門不受，公欲何之！公今動足下牀，恐即有叩臺門者，公事去矣。」紀僧眞曰：「主上雖無道，國家累世之基猶爲安固。公百口，北度必不得俱。縱得廣陵城，天子居深宮，施號令，目公爲逆，何以避之！此非萬全策也。」道成族弟鎮軍長史順之及次子驃騎從事中郎嶷，皆以爲：「帝好單行道路，於此立計，易以成功；外州起兵，鮮有克捷，徒先人受禍耳。」道成乃止。〔註63〕

上述諸人，除紀僧眞爲丹陽人，蕭賾、蕭順之、蕭嶷爲其家人或宗人外，餘者皆爲在淮陰所招聚的青齊諸豪。事實上，青齊豪族爲蕭道成出謀劃策的事例遠不止此，在蕭道成勢力成長壯大的整個過程中，都可以找到他們活動的身影。如前揭劉善明，「沈攸之反，太祖深以爲憂。善明獻計曰……事平，太祖召善明還都，謂之曰：『卿策沈攸之，雖復張良、陳平，適如此耳。』」是蕭道成與沈攸之的對決中，劉善明實有運籌帷幄之功。

（3）攻城野戰，立斬將搴旗之功。蕭道成篡宋成齊，是在先後擊敗桂陽王劉休範、建平王劉景素及荊州刺史沈攸之以後，在這幾次軍事行動中，蕭道成之所以能夠成爲最後的勝利者，與這批來自淮陰的青齊豪族的浴血奮戰，是分不開的。茲略舉數加以說明：

劉懷珍，「桂陽（王劉休範）反，加懷珍前將軍，守石頭。爲使持節、督豫司二州郢州之西陽軍事、冠軍將軍、豫州刺史。建平王景素反，懷珍遣子靈哲領兵赴京師……沈攸之在荊楚，朝議疑惑，懷珍遣冗從僕射張護使郢，致誠於世祖（蕭賾），並陳計策。及攸之起兵……遣子靈哲領馬步數千人衛京師。」〔註64〕再如李安民，「沈攸之之反，太祖召安民以本官鎮白下，治城隍。加征虜將軍。進軍西討，又進前將軍。」〔註65〕在得知袁粲欲從內部起事後，蕭道成「遣軍主蘇烈、薛淵、太原王天生將兵助粲守石頭。」〔註66〕另外，戴僧靜也參加了這次戰鬥，「道成遣軍主會稽戴僧靜帥數百人向石頭助（蘇）

<hr>

〔註63〕《資治通鑒》卷一三四宋順帝昇明元年（477）六月，第4195～4196頁。
〔註64〕《南齊書》卷二七《劉懷珍傳》，第502頁。
〔註65〕《南齊書》卷二七《李安民傳》，第506～507頁。
〔註66〕《資治通鑒》卷一三四宋順帝昇明元年（477）十二月，第4205頁。

烈等，自倉門得入，與之并力攻（袁）粲。」〔註67〕其中蘇烈（按，即蘇侃弟）、薛（道）淵、王天生等人均爲青齊諸豪，戴僧靜自祖父輩即居於青齊地區，故也可列入青齊諸豪。上述劉懷珍、李安民、蘇烈、薛（道）淵、王天生等青齊諸豪在多次軍事行動中，均立有衝鋒陷陣、斬將搴旗之功勳。

（4）防範潛在威脅，剪除異己勢力。蕭道成在控制朝政以後，利用青齊豪族武裝，不僅接連取得一系列軍事征戰的勝利，更利用他們成功地防範、打壓乃至剪除異己，剷除禪代道路上的障礙，爲確保篡宋大業的順利進行奠定堅實的基礎。蕭道成利用青齊諸豪防範潛在威脅，剷除異己，可以黃回爲例，略加說明。

據《宋書·黃回傳》載，黃回，竟陵郡軍人，出身充郡府雜役，先後追隨臧質、戴明寶等人。黃回爲人，不僅「性便辟勤緊」，且「拳捷果勁，勇力兼人」，曾經在長江中游江、雍、荊等地，招聚楚子，屢爲劫盜。「義嘉之亂」中，在戴明寶的啓請之下，回江西招募楚子，並以此爲據征戰沙場，屢立戰功，官至將校，封爵食邑。桂陽王劉休範兵事起，黃回以屯騎校尉的身份隸屬蕭道成麾下，在新亭之戰中，黃回獻詐降計，配合張敬兒成功斬殺劉休範。及建平王劉景素舉兵，黃回再立軍功，加官進爵。沈攸之兵起，黃回任使持節、督郢州、司州之義陽諸軍事、平西將軍、郢州刺史，領兵出新亭爲前鋒。未及出發，袁粲等人擬從中發動政變，誅殺蕭道成，黃回和新亭諸將帥任候伯、彭文之、王宜興、孫曇瓘等密謀，準備暗中響應袁粲。

我們注意到，蕭道成在已經明知黃回密謀參與袁粲政變的情況下，仍「撫之如舊」，原因即在於黃回及其部眾頗多且勁勇善鬥。〔註68〕因此，蕭道成表面上對黃回一如從前，甚至更加重用，然而，暗中卻進行了積極防範。據《資治通鑑》略云：

> 道成移屯閱武堂，猶以重兵付黃回使西上，而配以腹心。（胡注：配以腹心，所以防回也。）回素與王宜興不協，恐宜興反告其謀，閏月，辛巳，因事收宜興，斬之。諸將皆言回握強兵必反，寧朔將軍桓康請獨往刺之，道成曰：「卿等何疑！彼無能爲也。」（胡注：史言道成才識雄於一時。）〔註69〕

〔註67〕《資治通鑑》卷一三四宋順帝昇明元年（477）十二月，第4207頁。
〔註68〕以上詳參《宋書》卷八三《黃回傳》，第2122～2125頁。
〔註69〕《資治通鑑》卷一三四宋順帝昇明元年（477）十二月，第4209頁。

及至昇明二年（478）三月，黃回不願繼續擔任郢州刺史一職，堅決要求到南兗州任職，並擅自率領部曲東返，於是蕭道成便讓其改任督南兗等五州諸軍、南兗州刺史，對此胡三省注云：「黃回，刃在其頸，乃輒東還，此送死也。」〔註70〕同年四月，「蕭道成以黃回終為禍亂；回有部曲數千人，欲遣收，恐為亂。辛卯，召（黃）回入東府。至，停外齋，使桓康將數十人，數回罪而殺之，并其子竟陵相僧念。（胡注：道成翦除異己，至是盡矣。）」〔註71〕

儘管由於史書敘事體例的關係，蕭道成「配以腹心」的具體人員，已經不得而知，但從桓康主動請纓，及其最後手刃黃回的事實來看，我們有理由推測，蕭道成所配之「腹心」，極有可能與桓康一樣，也出自青齊諸豪的陣營。

綜合以上所論，淮陰與南齊政權關係密切，不僅因為這裏是蕭道成篡宋成齊的根據地，還因為這裏是南齊穩固政權、抗禦北魏南侵軍事防線的的戰略據點。首先，南齊政權的創建，是由蕭道成在淮陰的政治活動拉開序幕，蕭道成在淮陰期間，積極籠絡南遷淮陰、鬱州的青齊豪族，形成宋末齊初最有實力的武裝集團，以青齊豪族為核心的武裝集團，就是蕭道易宋為齊所依恃的資本，淮陰則是青齊武裝集團的大本營；其次，南齊政權建立後，青齊豪族乃是蕭道成穩固政權，特別是沿淮河一線抗禦北魏的最主要武裝力量，南齊初年，無論是對北魏的防衛性作戰，還是進攻性戰役，其主力均為青齊豪族武裝，淮陰則是最重要的後方基地。

當然，蕭道成能夠把淮陰建成篡宋的根據地，與淮陰的戰略地位在宋末已大幅度提升，則有著直接的關係。宋末齊初，由於淮北被北魏攻佔，使得淮陰取代彭城成為南朝北方軍事防線的最重要戰略據點，淮陰的軍事戰略地位因此得到大幅度提升，正是在這個背景下，蕭道成出任淮陰鎮將。蕭道成在駐守淮陰時所招攬的青齊豪族武裝力量，在蕭道成篡宋過程中，或是出謀劃策，或是衝鋒陷陣，成為蕭道成建立霸業的最大功臣。而到南齊建立以後，青齊豪族又成為穩定新生政權的主要武力，特別在南齊初年緣淮抵禦北魏南侵的軍事鬥爭中，青齊豪族更是唯一可以依恃的武裝力量，關於這一點，前揭韓樹峰氏《南北朝時期淮漢迤北的邊境豪族》一書，所論比較詳贍，讀者可以參閱，這裏就不再贅述。

〔註70〕《資治通鑒》卷一三四宋順帝昇明二年（477）三月胡注，第4216頁。
〔註71〕《資治通鑒》卷一三四宋順帝昇明二年（477）四月，第4216頁。